LA VENTAJA EMOCIONAL

Randy Taran

La VENTAJA EMOCIONAL

El mapa que trazan tus
sentimientos hacia
la vida que quieres vivir

URANO
Argentina – Chile – Colombia – España
Estados Unidos – México – Perú – Uruguay

Para David, Alex, Ben y Zoe,
sois mis mayores regalos

Índice

Prólogo 11

Introducción 13

Felicidad 25

Tristeza 63

Deseo 89

Miedo 111

Ansiedad 143

Confianza 163

Ira 187

Tolerancia, aceptación y empatía 213

Culpa y vergüenza 235

Amor 261

Conclusión 285

Agradecimientos 293

Bibliografía seleccionada 297

Recursos adicionales 303

Prólogo

Cuantas más cosas sé del mundo, más claro veo que, con independencia de nuestra situación, ya seamos ricos o pobres, instruidos o no, miembros de una raza, sexo o religión, todos deseamos ser felices y evitar el sufrimiento. El propósito de la vida es la felicidad.

Cuando digo felicidad, no sólo me refiero al placer temporal de la comodidad. Más bien pienso en la felicidad duradera que se obtiene de la transformación y el desarrollo de la mente. Esto puede lograrse cultivando cualidades como la compasión, la paciencia y la sabiduría. Si eres capaz de desarrollarlas a nivel personal, enseguida verás que son una verdadera fuente de felicidad.

Todos podemos alcanzar la paz y la felicidad, porque todos poseemos algunos valores humanos buenos básicos. Por ejemplo, si puedes ser amable y eres capaz de confiar en los demás, estás más tranquilo y relajado. Pierdes el miedo y la desconfianza que solemos sentir hacia otras personas. Ya sea porque no las conocemos bien o porque creemos que nos amenazan o compiten con nosotros de algún modo. Cuando estamos tranquilos y relajados, podemos hacer un uso adecuado de nuestra capacidad mental para pensar con claridad; de modo que, hagamos lo que hagamos, tanto si estamos estudiando como si estamos trabajando, podremos hacerlo mejor.

En este libro, Randy Taran proporciona a los lectores la oportunidad de mirar más allá de los limitados intereses personales para descubrir y considerar qué es interesante y beneficioso para los demás. La idea de la igualdad básica de los seres humanos es tan sencilla como cierta; todos queremos felicidad. Podemos aprender mucho unos de otros, porque comprender las necesidades de los demás significa también respetar el deseo natural de las personas de tomar sus propias decisiones.

Es muy importante que intentemos hacer de nuestra vida algo positivo. No nacimos para causar problemas ni perjudicar a nadie. Pero para que nuestra vida sea valiosa, tenemos que favorecer y cultivar cualidades humanas buenas básicas como la afabilidad, la amabilidad y la compasión. Si podemos hacer eso, la vida puede ser más feliz y tener más sentido para todos.

SU SANTIDAD EL DALÁI LAMA

Introducción

¿Alguna vez una emoción se ha apoderado de tu estado de ánimo, sin que supieras su origen ni qué hacer con ella? ¿Alguna vez has tenido la impresión de que ahondar en esa emoción era algo que preferirías no hacer en ese momento? ¡Bienvenido a la raza humana! No tenemos ningún problema con las emociones que aprobamos: felicidad, aceptación, deseo y amor; adelante con ellas... Es el otro lado de la gama de emociones el que nos preocupa: el iceberg del miedo, las llamas de la ira, el pozo de la desesperación. ¿Qué podemos hacer? Si ya es difícil vivir estas emociones que suponen un desafío, mucho más lo es entenderlas. Y tampoco es que se esperen pacientemente a que las estudiemos; las emociones cambian drásticamente de un minuto a otro. Se supone que tenemos que «estar» con nuestras emociones, claro, pero la mayoría de la gente prefería estar en cualquier otra parte.

Conozco bien esta sensación. Durante muchos años, favorecí el lado «feliz». Era la optimista, la que encontraba soluciones a todos los problemas y la que lograba ver lo positivo de cada situación. Pero todo eso cambió un día, sentada a la mesa de la cocina con mi hija adolescente, que me dijo: «Mamá, estoy estresada. Quiero ser feliz, pero no sé cómo». Todas las células de mi cuerpo deseaban ayudarla, pero ninguna «solución» que intenté ofrecerle le servía lo más mínimo. Recurrí a los expertos y averigüé que, según la Organización Mundial de la Salud, hoy en día la depresión es la principal causa de sufrimiento en el mundo. Esto significa que en nuestro mismo entorno, y en cada país globalmente, hay mujeres, hombres y *niños* que están sufriendo. Y lo cierto es que no hablamos lo suficiente de ello; el estigma sigue siendo real.

El estigma y el silencio que lo acompaña son territorios que conozco bien. Mi abuelo tenía tendencias suicidas, mi madre padecía depresión crónica y, en mi familia paterna, mi tía era esquizofrénica. Mi hermana se enfrenta también a estos desafíos. Cada familia tiene sus cosas y, naturalmente, yo no era inmune. Así que... como imaginarás, después de la conversación en la cocina, mis alarmas interiores sonaban con muchísima fuerza. Cuando era pequeña, no estaba en condiciones de ayudar a mi madre, pero ahora que yo era madre, haría lo que fuera para ayudar a mi hija.

Esto me incitó a hacer algo, no sólo para ayudar a mi familia, sino también a los chavales de todo el mundo. Como contaba con experiencia en el mundo del cine, produje *Project Happiness*, un documental que reunía a jóvenes de Estados Unidos, Nigeria y el Tíbet para encontrar respuestas a una pregunta: ¿Qué es la felicidad? Entrevistamos a George Lucas, Richard Gere y al neurocientífico Richard Davidson, y nos reunimos con el dalái lama en su casa, en Dharamsala, India.

Eso me llevó a escribir un libro para enseñar a los chavales psicología positiva, mindfulness (o atención plena, su equivalente, una actitud frente a la vida que consiste en darse cuenta de lo que estamos haciendo, pensando y sintiendo en el mismo momento en el que eso ocurre) y la neurociencia de la felicidad. Y a fundar una organización sin ánimo de lucro que proporciona un plan de estudios para preescolar, primaria y secundaria que ha sido utilizado digitalmente en 120 países. Al ver cómo los suicidios ocupan un lugar destacado en las noticias, junto con los tiroteos en los centros educativos de Estados Unidos y como se percibe una ansiedad enorme a todos los niveles, tengo más ganas que nunca de compartir esta información para sirva de inspiración a jóvenes y adultos del mundo entero para desarrollar sus recursos *interiores*. Mi propio viaje me llevó a intentar aprender las herramientas que más adelante compartiría con los lectores, como la gratitud, la actitud, la resiliencia emocional y la capacidad de identificar los puntos fuertes de uno mismo, y estoy agradecida por cada paso del camino.

Es muy importante, incluso necesario, saber que la felicidad no es simplemente un estado de ánimo, es una habilidad que todos podemos desarrollar. Lo he comprobado, y la ciencia lo corrobora.

Pero algo en mi corazón me decía que había algo más. ¿Qué pasa con esa espiral de preocupaciones que nos asaltan a las tres de la madrugada? ¿Y con la ira que se desata en momentos inesperados, con la tristeza que se cierne sobre nosotros como una nube gris? ¿Hay habilidades que podrían aprenderse al navegar por esas emociones, las que no consideramos «socialmente aceptables», especialmente en una cultura que valora más la apariencia que la autenticidad?

Cuando ahondé en el tema, fue asombroso descubrir que cada emoción tiene su propio tipo de sabiduría. La palabra «emoción» procede del latín *emovere*, que significa «energía en movimiento». Las emociones, tanto si las consideramos «positivas» como «negativas», están cargadas no sólo de energía, sino de mucha información. Aunque en este libro emplearé las palabras «emociones» y «sentimientos» indistintamente, del mismo modo que hacemos en la vida real, existe una distinción entre ellas.

El neurocientífico Antonio Damasio explica que las emociones son las señales que se producen dentro del *cuerpo* en sí y que han evolucionado hasta servir de respuesta automática para abordar un peligro o una oportunidad. Esto suele ocurrir espontáneamente y sin que seamos conscientes de ello. Los sentimientos están provocados por las emociones pero se producen en nuestra *mente*, a partir de los pensamientos y las imágenes relacionados con la emoción. Según Damasio, los sentimientos son «el proceso de percibir lo que está pasando en el organismo (tú mismo) cuando estás inmerso en una emoción. Como tenemos sentimientos y como los sentimientos pueden permanecer en la memoria, tenemos una posibilidad de emplear los sentimientos de determinadas emociones para planificaciones futuras. Nos ayuda a formarnos una visión del mundo y a tenerla en cuenta cuando planeamos hechos futuros».[1] Esta concienciación crea una importante oportunidad.

¿Y si pudiéramos emplear nuestras emociones y nuestros sentimientos como un camino que nos condujera a recuperar nuestra brújula interior? ¿Y si, como los alquimistas, tuviéramos las herramientas para transformar cada emoción y, de este modo, recalibrarnos para crear nuestra mejor vida? ¿Si, en lugar de apropiarse de nosotros y desviarnos del camino, fueran piedras de toque para ayudarnos a reconectarnos con nuestra verdadera naturaleza? ¿Y si pudiéramos comprender que hasta las emociones y los sentimientos más molestos nos envían mensajes para alertarnos, protegernos e impulsarnos a avanzar?

Nuestro mayor desafío no es sólo lo que podemos lograr en el exterior, sino cómo podemos conectarnos con nuestra parte más profunda en el interior. Estamos aquí para experimentar la inmensidad y la amplitud de la vida, incluidos nuestros paisajes interiores. Esto sólo puede lograrse conectando totalmente con todas las emociones, y sabiendo trabajar *con* ellas, en lugar de fingir que no existen. De este modo podemos ponerlas a nuestro servicio hábilmente en lugar de sucumbir a ellas.

Lo cierto es que todas las personas son más poderosas de lo que se imaginan, y cuanto más entendamos cómo pensamos, actuamos y nos relacionamos, mejor nos irá en la vida. Esto no sólo es positivo a nivel individual sino que se extiende a las personas que amamos y queremos, a nuestras comunidades y al mundo. Todas las emociones son contagiosas.

En esta época de ansiedad y confusión crecientes, necesitamos más que nunca tomar las riendas de nuestra vida. Conocer las emo-

---

1. Antonio D'Amasio, «How Our Brains Feel Emotion», Big Think (14-6-2011), www.youtube.com/watch?v=KsSv1KzdiWU.

ciones más difíciles así como las más llevaderas nos proporciona la claridad, el combustible y la energía para revelar quienes somos realmente, más allá de las frustraciones, los juicios y los miedos. Cada emoción tiene la capacidad de devolvernos a nuestra verdadera esencia. Como Marco Aurelio dijo una vez: «Impedir la acción precipita la acción, lo que se interpone en el camino se convierte en el camino». Escribí este libro para proporcionarte una nueva forma de ver los dones ocultos de tus emociones además de los tuyos.

Cómo usar este libro

Cuando leas el libro, verás que está organizado por emociones. Cada capítulo profundiza en la ciencia que hay detrás de la emoción, en los mensajes que ofrece, y en estrategias prácticas de eficacia probada para sacar el máximo partido a cada una de ellas. Existen varios sistemas para organizar las emociones, desde las cinco «familias» individuales de emociones (alegría, ira, miedo, asco y tristeza)[2] o la consideración de entre siete y diez emociones hasta las últimas investigaciones de los doctores Dacher Keltner y Alan Cohen, que indican interconexiones de veintisiete emociones[3]. Las investigaciones de Brené Brown han puesto de relieve treinta emociones[4]. A efectos de este libro, para profundizar en determinadas emociones seleccionadas, las he reducido a diez, cada cual más fascinante. Naturalmente, tú tendrás tus favoritas:

- **Deseo:** aquí se analiza la naturaleza del deseo, lo distinto que es de la esperanza o la expectativa, los dos tipos de pasión con

---

2. «The Ekmans' Atlas of Emotions», http://atlasofemotions.org.

3. Yasmin Anwar, «How Many Different Human Emotions Are There?» *Greater Good Magazine* (8-9-2017), https://greatergood.berkeley.edu/article/item/how_many_different_human_emotions_are_there.

4. Brené Brown, «List of Core Emotions», https://brenebrown.com/downloads.

los que hay que andarse con ojo y qué hacer cuando se vuelve extremo.

- **Tolerancia:** explora dos capas: la tolerancia a algunos aspectos de nosotros mismos y la tolerancia a los demás. Veremos la diferencia entre tolerancia y aceptación, y cómo aceptarte más a ti mismo. Descubrirás que la tolerancia va unida a la empatía y cómo usarla para profundizar cada relación.
- **Felicidad:** habla de cómo cambiar el cerebro para hacer aflorar lo mejor de nosotros mismos.

  Profundizaremos también en los Siete Hábitos de la Felicidad y en cómo los pequeños cambios pueden cambiarlo todo. El capítulo concluye con un apartado sobre el crecimiento postraumático y por qué algunas personas son tan resilientes incluso tras una tragedia.
- **Tristeza:** es una emoción que suele confundirse con la depresión. En este capítulo examinaremos la diferencia. También descubrirás los dones ocultos de la tristeza y por qué es una parte importante de la vida.

  Finalmente, veremos qué significa conseguir que tu vida esté libre de pesares.
- **Miedo:** trata de los distintos tipos de miedo; ¡hay muchos! Rellenarás un cuestionario del miedo y descubrirás qué sucede cuando se reprime el miedo. También aprenderás algunas estrategias para convertir el miedo en tu amigo.
- **Ansiedad:** en este capítulo se explica la diferencia entre miedo y ansiedad. ¿Cuándo es la ansiedad una reacción saludable y cuándo es considerada un trastorno? También veremos formas de navegar por esta emoción tan incomprendida.
- **Confianza:** aquí se comentan dos causas de la confianza, que puede ser consecuencia de la sintonía interior con uno mismo o de aprender del medio exterior algo nuevo. Aprenderás las distintas actitudes que apoyan o sabotean tus sueños y por qué no basta solamente con la autoestima.

- **Ira:** habla de los inconvenientes de esta emoción, pero también de sus dones. ¿Cómo puedes aprovechar su poder de modo positivo? Descubrirás las muchas caras de la ira y estrategias probadas que resultan útiles cuando surge la ira.
- **Culpa:** es una de las guías más potentes para recuperar lo que más valoras. Verás la diferencia entre culpa y vergüenza. También explorarás tres tipos de culpa que pueden estancarte y siete medidas que te permitirán avanzar incluso por las aguas más turbias.
- **Amor:** es una introducción a los seis tipos de amor, las tres fases del amor y cómo las sustancias químicas de tu cerebro te incitan al amor, la lujuria y la conexión. También aprenderás qué ayuda al amor a pervivir.

Cada capítulo te ofrecerá también oportunidades para vincular lo que estás leyendo con tu vida personal. Lleva un diario y prepárate para reflexionar sobre preguntas y desafíos que te ayudarán a descubrir más cosas sobre ti mismo y sobre las percepciones que están a la espera de emerger.

A lo largo de este recorrido, recibirás invitaciones como «Comenta en tu diario la siguiente cuestión…» Escribe lo que te dicte el corazón, ¡no está permitido juzgar! Se trata de acceder a tu sabiduría interior, de reconectarte con tu intuición y de descubrir percepciones que pueden sorprenderte. A medida que avances por los capítulos aprenderás mucho sobre ti mismo, sobre tus puntos fuertes y tus elecciones.

Antes de empezar, hay algo que tendrías que saber. Aunque cada emoción tiene sus características y su mensaje propios, es fascinante darse cuenta de que existe una evolución que nos ayuda a comprender la ira, el miedo y otros sentimientos que suponen un desafío. El psicólogo Paul Ekman y la doctora Eve Ekman, científica social, han investigado las emociones y sus fases, y señalan una cronología[5] que nos ayuda a entender esta energía en ocasiones perturbadora. Con respecto a los episodios emocionales (y quién no los tiene a veces), va bien saber que existe una pauta previsible y una forma de superarlos[6]. A mí me gusta compararlo con un encuentro deportivo: unas veces discurre relativamente tranquilo y otras es imprevisiblemente intenso. Pero si sabes lo que hay que hacer y prevés lo que puede ocurrir, tendrás una estrategia. Aquí encontrarás algunas preguntas que hacerte a ti mismo para ayudarte a conseguirlo indemne y con una sensación de alegría y descubrimiento. ¡Que empiece el partido!

La previa del partido

Es el momento de una comprobación previa. Cuando nuestros sentimientos empiezan a despertarse, antes de que una emoción adquiera fuerza, va bien hacer un repaso rápido: «¿Cómo me siento? ¿Es bajo mi nivel de energía; estoy falto de sueño o preocupado por algunas cosas en concreto? ¿En qué pienso (trabajo, hijos, salud, finanzas, política)? ¿Estoy hambriento, irritable debido al hambre (niveles de azúcar en sangre bajos) o me levanté con el pie izquierdo?» Todas estas cosas, aunque parezcan intrascendentes, pueden influir realmente en cómo te sientes física, mental y emocionalmente, y en cómo reaccionas a lo que va a pasar.

¿Cuáles son mis desencadenantes mentales?

A continuación, plantéatelo desde un punto de vista mental y pregúntate a ti mismo: «¿Qué sentimiento se está despertando ahora?

---

5. «The Ekmans' Atlas of Emotions», http://atlasofemotions.org/#triggers.

6. Paul Ekman, «Basic Emotions», en Tim Dalgleish y Mick J. Power (eds.), *Handbook of Cognition and Emotion*, John Wiley & Sons Ltd., Nueva York, 1999.

¿Cuál es el desencadenante? ¿Es un *acontecimiento* (una entrevista de trabajo, una fecha, una presentación) que es estresante, o este estado de emoción exaltada procede de mi *percepción* y de cómo veo el mundo (la vida es fácil; la vida es una lucha; la gente es amable; no se puede confiar en nadie...)? ¿Hay algún viejo recuerdo, una creencia recurrente o un tema que inflama la emoción?» Compruébalo con esta frase: «Cuando acontece _____ (o cuando pienso _____), por lo general siento _____.»

¿Cuáles son mis pistas físicas y emocionales?

También va bien examinar la emoción en sí. ¿Cuáles son las pistas que nos proporciona nuestro cuerpo (corazón acelerado, puño cerrado, tensión en el torso) que indican que esta emoción se está adueñando de nosotros? ¿Cuáles son los cambios psicológicos que estamos experimentando? ¿Qué hace que la ansiedad parezca ansiedad o que la ira parezca ira? Si tuvieras que explicar a un amigo cómo te sientes, ¿qué palabras describen mejor estos cambios emocionales y físicos?

¿Qué opciones tengo?

Esta información nos lleva a un nuevo nivel de decisión con varios caminos entre los que elegir. Podemos usar esta nueva conciencia para actuar de un modo **constructivo**. Compruébalo con esta frase: «Sé por las sensaciones que experimenta mi cuerpo y por mis pensamientos que (esta persona o situación) me está provocando una emoción, así que voy a _____.» Al hacerlo, estamos actuando con antelación.

También hay otra opción: elegir comportamientos que resultan **destructivos**. Tenemos que recordar asimismo que, si no elegimos ninguna opción, terminamos adoptando por defecto viejas pautas (normalmente destructivas). Algunas personas reaccionan *interiormente*, prefiriendo reprimir los sentimientos incómodos en lo más profundo de su ser. Aunque puede parecer el camino que supone una menor resistencia, estas emociones intensas pueden acumularse y aparecer bruscamente más adelante como quien se presenta sin invitación a una fiesta. Otras personas reaccionan ante los sentimientos problemáticos de forma *externa*, ya sea explotando y arremetiendo contra otros, o bien implosionando y flagelándose. Ya sea constructivo o destructivo, si planeamos con antelación posibles jugadas, realmente tenemos una opción.

El pospartido

Tras el incidente emocional, se produce un período de relajación, una oportunidad para reflexionar, para adquirir conciencia de lo que provocó el incidente, cómo lo sintió el cuerpo y cómo se desarrolló... cuáles fueron las consecuencias. Si aprovechamos esta ocasión de reflexionar, es menos probable que cuando vuelvan a presentarse situaciones parecidas provoquen de nuevo nuestra reacción. Puedes pensar: «Se acabó, ¿para qué voy a molestarme?» Pero es una oportunidad enorme para afinar nuestra concienciación. Es una de las fases más importantes de una emoción y, además, ayuda a predecir el resultado de futuras jugadas.

Repetir las mismas pautas una y otra vez, especialmente si acabamos siempre lastimados, puede volverse obsoleto muy rápido. A través del vehículo de nuestras emociones, nuestra mente, nuestro cuerpo y nuestro espíritu están enviando señales de que algo tiene que cambiar. Al usar las emociones y sus fases como importantes transmisores de una mayor conciencia, nos disponemos a disfrutar del partido, a reducir las lesiones y a obtener un muy buen resultado. Abrimos también la puerta a una mayor comprensión y felicidad. Cuando abrimos esa puerta, adquirimos nueva libertad y la capacidad de saber que llevamos las riendas de nuestro propio partido.

Estos temas son transformacionales. Desde que empecé a incorporar totalmente esto a mi vida, he observado un cambio también en mí misma. Acepto más todos los matices de las emociones y he aprendido a comprenderlas mejor. El cambio que esto provoca es enorme porque, cuando comprendemos, ya no reaccionamos del mismo modo a los desencadenantes. Da la impresión de que ahora soy compañera de mis emociones en lugar de estar atrapada en el viejo juego del tira y afloja. Me resulta mucho más fácil acceder a mis recursos interiores y sentirme liberada de las limitaciones que impone el ego. Experimento una sensación de libertad y una ligereza que nunca había tenido, además de una sensación inquebrantable de tener mucho más poder en mi vida, que es exactamente lo que quiero para ti.

Si sabemos trabajar con cualquier emoción que se nos presenta (y sabes que todas lo harán), podemos llegar a superarlas. En palabras de Jon Kabat-Zinn: «No puedes detener las olas, pero puedes aprender a surfear». Este libro está pensado para ofrecerte, además de lecciones de surf, la oportunidad de conocerte a ti mismo a un nivel todavía más profundo y de conectarte con tu verdadera naturaleza: tranquila, perspicaz y confiada hasta la médula. Estas cualidades ya están en tu interior. Se trata de conectarte con esa parte de ti para que puedas ver más allá del espejismo de separación y carencia, y saber en lo más profundo de tu ser lo fuerte, capaz y amado que eres realmente. Me hace mucha ilusión compartir este libro contigo para que puedas, a través de tus emociones, revelarte a ti mismo tu poder.

Felicidad

No preguntes qué necesita el mundo. Pregunta qué te hace sentir vivo y ponte a ello. Porque lo que el mundo necesita es gente que se sienta viva.

HOWARD THURMAN

¿Qué significa para ti la palabra «felicidad»? Aunque todos queremos las mismas cosas (felicidad, amor, vivir una vida con sentido, alcanzar nuestro potencial), no existe ninguna fórmula establecida; el camino es distinto para cada persona. Pero hay algo seguro: la felicidad es primordial. Nuestro estado natural es de alegría; estamos aquí para sentirnos vivos. Cuando vibramos desde la alegría, estamos en sintonía con quien realmente somos. Esto permite que la vida se abra a nosotros, y nos permite recibir esa energía de una forma que tal vez no hayamos imaginado nunca.

He llegado a considerar que la felicidad es un paraguas que cubre muchos aspectos de vivir plenamente la vida: abarca la alegría, la gratitud, la compasión, la conexión, el bienestar físico, la buena forma mental, la generosidad, la determinación e incluso la indulgencia. Actúa a todos los niveles: físico, emocional, mental y espiritual. Pero lo que más me gusta de ella es que fortalece los recursos interiores que nos permiten gestionar la vida en todos sus ámbitos… incluidos los aspectos difíciles. La felicidad no significa que nuestros problemas desaparezcan por arte de magia; significa que somos más capaces de abordarlos. Quiero más de eso en mi vida, y lo quiero en la tuya. Por eso inicié Project Happiness, y es la verdadera razón por la que he escrito este libro.

Todos hemos emprendido un viaje. Piensa en tu cuerpo como en un barco, una nave que te permite ir donde quieras, hasta donde alcanza la vista. En este viaje, tendrás aventuras fabulosas que te permitirán aprender más no sólo sobre los sitios a los que viajas, sino también sobre ti mismo, las capacidades que conoces y las que están a punto de revelarse. Puede haber tormentas, y si no cuidas de tu embarcación, podría empezar a hacer aguas y tus compartimentos se inundarían. Y, si la situación alcanza un punto crítico, la embarcación podría hasta hundirse. Del mismo modo, hay que cuidar del cuerpo. Si el mar de la negatividad inunda tu barco, podría convertirse en una amenaza para tu cuerpo y tu mente.

> Un barco no se hunde por el agua que lo rodea; se hunde porque tiene una vía de agua. No dejes que lo que pasa a tu alrededor anegue tu interior y sea un lastre para ti.
>
> ANÓNIMO

Del mismo modo que un capitán se guía por protocolos diarios para mantener su barco a flote, puedes desarrollar hábitos que te mantengan a flote sin importar el estado de la mar; ya sea que se levante una tempestad o que esté en calma. También con estos hábitos puedes comprobar el estado de tu nave y tapar cualquier vía de agua antes de que sea peligrosamente grande. Puedes aprender a surcar las olas.

En este capítulo, veremos los distintos tipos de felicidad. Veremos lo que la psicología positiva nos dice sobre la felicidad y el bienestar y cómo cambiar nuestro cerebro para hacer aflorar lo mejor de nuestro interior. Examinaremos los Siete Hábitos de la Felicidad y prácticas sencillas para aumentarla en la vida cotidiana. Veremos entonces que es posible alcanzar la felicidad incluso después de un trauma. La felicidad es un viaje, uno de los más importantes que podemos hacer. ¡Empecemos!

Pero ¿qué es la felicidad?

Antes que nada, tener todos los caprichos que te puedes pagar, tener todos los zapatos que quieres en tu armario, todos los amigos que quieres en la fiesta no determina tu felicidad. Que la felicidad dure no puede deberse, no se debe ni se deberá a fuentes externas. Bueno, puede que temporalmente, pero el entusiasmo desaparece pronto. La felicidad está, como se dice, en el interior. La validación exterior no dura. Sólo nosotros podemos hacernos verdaderamente felices.

¿Te desanima lo anteriormente dicho? ¿Te parece que requiere un gran esfuerzo? En realidad, no implica ningún esfuerzo, sólo un cambio de perspectiva. Todos nacemos para ser felices; es nuestra verdadera naturaleza además de nuestro derecho de nacimiento. Exacto. Tú, como todo el mundo, mereces ser feliz y *puedes* serlo.

De lo que no siempre nos percatamos es de que gran parte de la felicidad no depende de lo que nos ocurre, sino de cómo interpretamos las vicisitudes de la vida. De cómo actuamos. De la historia que nos contamos a nosotros mismos. Si en tu historia has sido una víctima, puedes averiguar cómo reformularla para subrayar lo que has aprendido en las últimas fases, lo que estás haciendo ahora y lo que planeas hacer en el futuro.

Nuestra influencia es mayor de lo que nos imaginamos. Nuestros pensamientos y las creencias que generan son como bumeranes: lo que enviamos nos llega de vuelta. ¿Has observado que, cuando lanzamos pensamientos al mundo, los resultados de los mismos suelen hacer acto de presencia en nuestra vida? Cuando has

tenido un mal día y emites pensamientos airados, sueles recibir reacciones airadas a cambio. Si emites pensamientos sobre lo positiva
que es la vida, es probable que también veas indicios de ello. Pero
hay que aclarar algo. No se trata de mentirte a ti mismo, se trata de
lo que eliges destacar en tu mente.

La buena noticia es que podemos entrenarnos para activar lo que
queremos, simplemente dedicándole nuestra atención. Aquello en
lo que nos concentramos crece, así que imagina concentrarte deliberadamente en sentirte bien: que tienes todo lo que necesitas en tu
interior, que cuentas con apoyo, que te aman y que tienes muchas
cosas por las que estar agradecido. Podemos reformular lo que supone un desafío (por ejemplo: «Me torcí el tobillo». Reformulación:
«Si no me hubiera torcido el tobillo, no habría dispuesto del tiempo
suficiente para ver que estaba preparado para cambiar de trabajo, de
amigos, de ciudad»... ya te haces una idea). Cuando decides concentrarte en las cosas positivas actuales y en todos los dones desconocidos que están por venir, predispones tu mente y tu vibración
para recibirlos con los brazos abiertos.

Al concentrarte intencionadamente en lo que quieres (no en
aquello con lo que te has conformado, ni en lo que ahora mismo te
sientes atrapado), creas una fuerte intención de incorporarlo a tu
vida. Al visualizar e incluso sentir felizmente que ocurre, del mismo
modo que hacen los atletas al prepararse para una competición, te
dispones a avanzar en esa dirección.

Bien, volvamos a la emoción de la felicidad. Algunas personas
la obtienen de placeres personales: las pequeñas cosas de la vida.
Otras dirían que está en los momentos inolvidables que te dejan
sin aliento. Unas consideran que la felicidad es personal mientras
que otras insisten en que implica el bien superior... La felicidad
es mejor cuando es compartida. Hay personas que creen que consiste en despertar las emociones a través de la pasión; otras podrían pensar que se trata de dirigir la mente y elegir una mejor
actitud.

¿Es posible que surjan diferentes aspectos de la felicidad según los distintos momentos y circunstancias? Tu definición podría cambiar de acuerdo con tu edad, la etapa de la vida que atraviesas y tu situación. Saca ahora tu diario. A continuación encontrarás la primera cuestión.

DESAFÍO DEL DIARIO

En el margen izquierdo, escribe «1-10 años», y describe al lado los momentos de felicidad que te vengan a la cabeza. Repite después lo mismo para los quince, veinte, veinticinco años, etcétera. Dedica un momento a reflexionar cómo han cambiado tus momentos más memorables de felicidad a lo largo del tiempo. ¿Hay algún hilo que una algunos de ellos, como la calidez de la conexión humana, la majestuosidad de la naturaleza o el entusiasmo de la creatividad? ¿Qué pistas te dan estos recuerdos para el momento presente?

Aunque la felicidad aparece en momentos especiales, todos queremos que perdure. Una cosa que ha quedado clara es que, para que la felicidad sea duradera en lugar de ser un subidón momentáneo, tiene que estar vinculada a un sentido a más largo plazo. La oleada de placer de comerse un helado un día caluroso desaparece rápidamente, pero la calidez del sentimiento relacionado con hacer algo especial para un amigo dura mucho más.

Aun así, el placer también es una parte importante de ella. La cuestión es *cuánto* placer es mejor. Piensa en ello como en un banquete cuyos platos reflejan una inmensa variedad de sabores. Cuando probamos los platos, descubrimos cuáles nos hacen sentir bien y cuáles no nos apetecen nada. Si no probamos ninguno, es probable que tengamos hambre y la sensación de que nos falta algo, pero si nos damos un atracón de cada opción, acabaremos con ganas de vomitar.

¿Qué pasa con el sentido de la vida? En un extremo, dedicar el cien por cien de nuestra vida a una determinada fuente de sentido a la vez que nos privamos de la risa, el juego o la belleza de los sentidos origina una vida seca, ascética, tal vez obsesiva incluso. Pero, en el otro extremo, si nuestra vida carece totalmente de sentido puede hacernos sentir vacíos, como si actuáramos mecánicamente y ¿para qué?

El autor y experto en felicidad Tal Ben-Shahar lo expresa muy bien: «La felicidad se encuentra en la intersección entre el placer y el sentido». Necesitamos ambas cosas. El placer motiva el viaje, y el sentido hace que merezca la pena.

Tres tipos de felicidad

1. La **felicidad hedónica** se basa en aumentar el placer y reducir el dolor. Es una sensación buena que obtienes temporalmente al conseguir o disfrutar de algo nuevo (un nuevo teléfono, calzado, empleo…) que está fuera de ti y no necesariamente bajo tu control. Si consigues esa cosa nueva, podrías ser muy feliz, pero te adaptas rápidamente a tenerla (adaptación hedónica), y el placer no dura. Si no la consigues, como está fuera de tu control, podrías disgustarte. Si tu felicidad está vinculada a esa «cosa», ¿qué sacas en claro?

2. La **felicidad eudaimónica** implica ser una persona de bien. La traducción literal de *eu* es bueno, y *daimon* significa espíritu. Hay una sensación de realización personal, de ser tu yo auténtico y de aprovechar tus puntos fuertes. También se explica cómo vivir bien y actuar bien, y ser amado por tu familia y amigos. La eudaimonía se funda en vivir una vida con sentido.

3. La **felicidad cairónica** puede surgir incluso en situaciones difíciles cuando te sientes conectado con algo superior.[7] Algunas personas la encuentran en el esplendor de la naturaleza con la sensación de asombro que provoca presenciar el poder del universo. Este tipo de felicidad puede parecer una bendición en medio del sufrimiento o puede experimentarse en la práctica espiritual o religiosa, la meditación o cualquier circunstancia que evoque una sensación de profunda comunión.

El origen de estas categorías de la felicidad se remonta a tiempos de Aristóteles. Más recientemente, sin embargo, la palabra «felicidad» ha sido criticada. En nuestra cultura, es muy fácil criticar la felicidad y verla con una perspectiva muy limitada. Hay quien la equipara con ver la vida de color de rosa, sustituyendo la realidad por ilusiones, y fingir que todo va «bien».

Pero aclaremos que vivir una vida feliz no significa que tengamos que estar alegres todo el rato. A: eso es imposible, y B: negaría todo un aspecto de la vivencia de la riqueza y la realidad de la vida. La felicidad no consiste en experimentar una serie de momentos entusiastas ni una búsqueda infinita de placer. En lugar de perseguir una euforia constante (lo que está predestinado al fracaso lo mires como lo mires), podríamos ver lo restrictiva que es esa definición y aceptar que la vida real es compleja y más bien perturbadora: está diseñada así para ayudarnos a crecer. Susan David, psicóloga y autora de *Agilidad emocional*[8] comenta: «Actualmente la investigación revela que la aceptación radical de todas nuestras emociones, incluso las difíciles y desagradables, es la piedra angular de la resiliencia, de una vida floreciente y de una felicidad verdaderamente auténtica».

---

7. «Positive Psychology 2.0: Towards a Balanced Interactive Model», Dr. Paul Wong (1-5-2011), http://www.drpaulwong.com/positive-psychology-2-0-towards-a-balanced-interactive-model-of-the-good-life/.

8. Susan David, *Agilidad emocional*, Sirio, Málaga, 2018.

Cuanto mayor sea la cantidad de emociones con las que trabajamos, mejor. En un estudio se midió la «emodiversidad», es decir, la variedad y la abundancia de las emociones, de 35.000 participantes[9]. Se tuvieron en cuenta no sólo las agradables, como la felicidad, el asombro y la gratitud, sino también otras como la tristeza, la ira y la preocupación. Los resultados indicaron que «era menos probable que estuvieran deprimidas las personas con una elevada "emodiversidad" [en el sentido de que podían expresar una gama diversa de emociones] que las personas con una gran cantidad de una única emoción positiva»[10]. Al nacer todo el mundo recibe una gama de emociones. Y están ahí por una razón: para ayudarnos a orientarnos por la vida.

La verdadera felicidad consiste en elegir estrategias intencionales para navegar por los momentos difíciles, además de sacar el máximo partido a los agradables. Consiste en ver lo bueno en medio de los desafíos, como valorar la amabilidad de los demás cuando estás pasando por un momento inusualmente difícil (como una pérdida repentina, una transición o un problema de salud). Aunque no podemos necesariamente cambiar lo que la vida nos pone en el camino, podemos influir en nuestro modo de verlo. El dalái lama sugiere que la sensación de estar contento o descontento rara vez depende de nuestro estado absoluto, sino de nuestra percepción de la situación.[11]

Los estados emocionales de infelicidad suponen un mayor desafío, desde luego. Pero el problema no son esas emociones en sí, sino abrirse a sus lecciones, y cultivar la actitud y las estrategias para superarlas. La felicidad nos ayuda a alcanzarlo.

---

9. Jordi Quoidbach, June Gruber, Moira Mikolajczak, Alexsandr Kogan, Ilios Kotsou y Michael I. Norton, «Emodiversity and the Emotional Ecosystem», *Journal of Experimental Psychology: General*, 143, n.º 6 (diciembre 2014), pp. 2057–66, www.hbs.edu/faculty/Pages/item.aspx?num=47718.

10. James Baraz, «Are Your Happiness Goals Too High?», *Greater Good Magazine* (17-1-2017), https://greatergood.berkeley.edu/article/item/are_your_happiness_goals_too_high/success.

11. «Dalai Lama Quote», A-Z Quotes, https://www.azquotes.com/quote/849367.

Psicología positiva

PERMA *(positive emotions, engagement, relationships, meaning, accomplishment)* es un modelo desarrollado por el doctor Martin Seligman, conocido como el fundador de la Psicología Positiva, para describir lo que es necesario para vivir una vida floreciente[12]. Averigua qué aspectos te hacen más feliz.

- **P: Positive Emotions:** Hay formas probadas de aumentar las **emociones positivas** como la gratitud, la generosidad y el mindfulness. Aquello en lo que concentremos intencionadamente nuestra atención crecerá. Pero aparte de fijar nuestra atención en el reconocimiento y en otros sentimientos positivos, podemos elegir también formular los acontecimientos de nuestra vida de forma que podamos interpretar dónde hemos estado y adónde nos dirigimos y dispongamos de una narración que apoya nuestros objetivos. Lo que nos pasó es, sin duda, importante, pero es cómo *interpretamos* esos hechos lo que determina nuestra felicidad.

DESAFÍO DEL DIARIO

Cuando vayas a escribir en tu **diario** concédete algo de tiempo para reflexionar sobre estas preguntas: ¿Eres el héroe o la víctima de tu historia? ¿Qué has aprendido al enfrentarte a los monstruos a lo largo de tu viaje? Reescribe el guion para darte el papel protagonista.

---

12. Martin E. P. Seligman, *La vida que florece*, Ediciones B, Barcelona 2011.

- **E: Engagement:** El **compromiso** (es otro aspecto para florecer. ¿A que es fantástico sumirse totalmente en una actividad? Las horas parecen minutos, y tu compromiso obedece a que te gusta lo que estás haciendo, no a ninguna recompensa externa[13]. Este «flujo» puede adoptar muchas formas. Por ejemplo: escalar, leer, cuidar el jardín, correr o sumergirte en un proyecto creativo (escritura, pintura, música). Es único para cada persona. ¿Cuál es tu forma favorita de estar comprometido al cien por cien?

- **R: Relationships:** Las **relaciones** son otro elemento clave para florecer. La forma en que te relacionas con los demás, las amistades que cultivas, la camaradería, la risa y la sensación de proximidad contribuyen a una vida feliz. Hasta tener una persona (o una mascota) con quien estar lo cambia todo. Ahora que, tan sólo en Estados Unidos, un 40% de los adultos afirma albergar sentimientos de soledad y que la soledad aumenta un 26% las probabilidades de una muerte prematura, hay mucha gente que se siente desconectada. Necesitamos saber que estamos aquí los unos para los otros.

- **M: Meaning:** Percibir que su vida tiene **sentido** y propósito también hace más feliz a la gente. Si alguna vez te has preguntado «¿Por qué estoy aquí?», sabrás lo profunda que es esta pregunta. El sentido puede encontrarse mediante la relación con algo superior, a través del trabajo que haces, la gente con quien te relacionas o la causa que apoyas. Algunas buenas preguntas que puedes hacerte a ti mismo son: «¿Qué me hace sentir más vivo? ¿Qué me llega tan profundamente al alma que quiero ayudar?»

- **A: Accomplishment:** El mejor tipo de **logro** (es poner tu energía en algo que está en sintonía con tus valores, algo que

---

13. Mihaly Csikszentmihalyi, *Flow and the Foundations of Positive Psychology: The Collected Works of Mihaly Csikszentmihalyi*, Springer, Nueva York, 2014.

te hace sentir bien y que te hace sentir que estás marcando la diferencia. Es tu «por qué». Dividir los objetivos en tareas más pequeñas suele ser «el modo» de conseguirlos. Ir hacia atrás para trazar los pasos que tendrás que dar te proporciona el mapa de la carretera. Finalmente, recompensarte, o por lo menos dedicar tiempo a saborear el logro (hasta los pequeños pasos cuentan) te permite asimilarlo. De otro modo, a pesar de todos los logros, jamás obtendrás ninguna satisfacción. Estarás concentrado siempre en tu siguiente objetivo, la siguiente montaña que escalar, lo que puede acabar agotándote. Celebra las pequeñas victorias.

Entrena tu cerebro

¿Y si pudieras entrenar tu cerebro para que fuera más positivo? La buena noticia es que puedes hacerlo.

Antes se creía que el cerebro nunca cambiaba, pero según el neurocientífico Richard Davidson, ahora sabemos que eso no es verdad: hay circuitos cerebrales específicos que se fortalecen mediante la práctica regular, lo que recibe el nombre de neuroplasticidad. Afirma: «El bienestar no se diferencia demasiado de aprender a tocar el chelo. Si practicas las habilidades del bienestar, se te darán mejor». Ello significa que puedes entrenar tu cerebro para mostrar mayor gratitud y gozar de más relajación o de confianza en ti mismo repitiendo experiencias propiciatorias de dichas habilidades. Tu cerebro se moldea por los pensamientos que repites. Cuantas más neuronas se disparan con las actividades y los pensamientos repetidos, más rápido forman caminos neuronales, lo que provoca cambios duraderos en el cerebro. O, en palabras de Donald Hebb: «Las neuronas que se disparan juntas, se conectan entre sí». Es una premisa de lo más alentadora: en pocas palabras, podemos crear intencionadamente los hábitos para que el cerebro sea más feliz.

Una de las formas más fáciles de hacerlo es lo que se denomina «cultivar lo bueno». El neuropsicólogo Rick Hanson explica cómo poner en marcha esta neuroplasticidad positiva[14]. Antes que nada, es necesario superar la propensión intrínseca del cerebro al sesgo de negatividad. Dicho sesgo surgió por una razón: la supervivencia de la especie. Para los seres humanos era mucho más prudente concentrarse en las amenazas negativas como los animales que podían devorarlos que fantasear sobre algo frívolo. Para seguir vivo, había que estar en guardia. Hoy en día, no vivimos en esas mismas circunstancias, por lo que estar siempre oteando el horizonte en busca del peligro es como forzar nuestro motor y quemarlo.

A modo de antídoto, Hanson señala una sencilla práctica de tres pasos para ampliar tu bienestar a la vez que aumentas tus propios recursos:

1. **Busca hechos positivos y deja que se conviertan en experiencias positivas.** En lugar de pasar mecánicamente a lo siguiente de tu lista de cosas que hacer, permítete sentirte bien en aquel momento. Despierta este sentimiento siempre que puedas. Si tienes una conversación agradable, ¡siéntela! Cuando observes algo bueno en ti, o cuando logres un pequeño objetivo, detente un momento e interiorízalo.

2. **Saborea la experiencia positiva**; piensa en ella diez, veinte o treinta segundos. Siéntela e intensifícala en tu cuerpo y emociones. (Imagina un botón que controla la intensidad de la experiencia. Auméntala.)

3. **Siente deliberadamente que la experiencia positiva es absorbida por tu cerebro** y tu cuerpo al igual que el agua es absorbida por una esponja, y que se convierte de esa forma en parte de tu memoria emocional. Imagina que ahora está grabada en tus células.

---

14. Rick Hanson y Forrest Hanson, *Resilient: How to Grow an Unshakable Core of Calm, Strength, and Happiness*, Harmony Books, Nueva York, 2018.

Cuanto más practiques, más utilizas tu mente para remodelar el cerebro. Y cuanto más experimentes esta sensación también en tu cuerpo, con el tiempo, en palabras de Rick Hanson: «los estados pasajeros acaban instalados como rasgos duraderos»[15]. Lo apasionante es que, con el tiempo, en lugar de recurrir por defecto al sesgo de negatividad y quedarnos atrapados en él, podemos entrenar nuestro cerebro para que sea más positivo y más resiliente con independencia de lo que la vida nos ofrezca.

Los Siete Hábitos de la Felicidad

Ya que estamos abordando el tema de entrenar el cerebro, si hubiera una forma sencilla de desarrollar los hábitos que contribuyeran a fortalecer tus recursos interiores, ¿estarías interesado en ella? Las investigaciones demuestran que si bien un 50% de nuestra felicidad está basado en la genética y un 10% se debe a circunstancias externas, un 40% está relacionado con las actividades deliberadas diarias y con las opciones que elegimos[16].

De modo que ahora sabemos que la felicidad es una habilidad que podemos aprender mediante la práctica, pero dada la cantidad de investigaciones sobre la ciencia de la felicidad, el desafío al que nos enfrentamos en Project Happiness era cómo tomar toda esa información y ofrecerla de un modo que fuera asequible y fácil de entender. Los Siete Hábitos de la Felicidad Diaria fueron pensados exactamente así, usando los medios sociales a modo de intervención psicoeducativa a partir de los días de la semana: Lunes de Atención Plena, Martes de Gratitud, Miércoles de Bienestar, Jueves de Pensar

---

15. Hanson, Rick, «The Importance of Learning», Dr. Rick Hanson (26-3-2018), https://www.rickhanson.net/the-importance-of-learning/.

16. Lyubomirsky, Sonya, Kennon Sheldon y David Schkade, «Pursuing Happiness: The Architecture of Sustainable Change», http://sonjalyubomirsky.com/wp-content/themes/sonjalyubomirsky/papers/LSS2005.pdf.

en el Bien de los Demás, Viernes de Libertad, Sábado Social y Domingo del Alma. Los días son una mera pauta. Es la práctica diaria lo que realmente cambia el cerebro. El poder radica en practicar estos hábitos asiduamente.

Cada uno de los siete hábitos ofrece formas prácticas de integrarlo en tu vida. Entre los distintos hábitos, elige el que esté más en sintonía contigo en ese momento, y practícalo varios días. Después pasa a otro hábito hasta que hayas cubierto los siete. Apenas unos momentos de práctica diaria pueden cambiar tu perspectiva y hacerte avanzar. Si te saltas un día, no te castigues, simplemente retómalo donde lo dejaste. Considéralo un bufé libre de felicidad: prueba un poco de cada uno y averigua qué propuestas te gustan más.

Hábito 1: mindfulness (lunes de atención plena)

El mindfulness, la ancestral práctica de centrar la atención plena en el momento presente, está actualmente reconocido como una forma efectiva de ayudarnos a lidiar con la vida diaria. Desde atletas hasta directores ejecutivos, desde estudiantes hasta quienes están en primera línea sometidos a un fuerte estrés, la meditación mindfulness es ahora una práctica común. Y con motivo.

En nuestro ajetreado y medio loco estilo de vida moderno, con todas sus distracciones digitales, falta de sueño, cultura de la comparación y obligaciones infinitas, el mindfulness o la meditación en general son una forma probada de recentrarte, reunir tu energía y volver a conectarte literalmente contigo mismo, a estar presente en tu propia vida. Contribuye a regular tu atención y tus emociones de modo que incluso ante situaciones que suponen un desafío eres menos reactivo y no te lo tomas de forma tan personal.

AUMENTA	DISMINUYE
Aumenta la atención y la concentración	Disminuye la soledad. Reduce la tensión arterial
Mejora las relaciones y la conexión social	Reduce los pensamientos y los sentimientos dolorosos
Te ayuda a dormir mejor	Reduce el cortisol, lo que alivia el estrés y la ansiedad
Estimula el sistema inmunitario	Reduce la depresión
Potencia la fortaleza mental	Alivia la inflamación [17]
Aumenta la empatía y la compasión	Reduce el riesgo cardíaco [18]
Cambia físicamente el cerebro	Reduce la reactividad emocional
Aumenta la conciencia de ti mismo	Disminuye la adicción emocional a la comida

En tan sólo un minuto, puedes reiniciar tu mente y salir renovado. El mindfulness no tiene que ser rígido ni reglamentado. Es tan fácil como recordar ser consciente de tu respiración o incluso tumbarte al aire libre para contemplar el cielo. Las meditaciones guiadas están diseñadas para reducir el estrés, aumentar la positividad e incluso conciliar el sueño. Existen muchas aplicaciones que puedes usar en tu móvil.

El mindfulness también te ayudará a dar un paso atrás para poder observar la situación desde un lugar de una mayor conciencia (como un océano profundo que no se ve perturbado por las olas temporales de la superficie). Desde este lugar más apacible puedes tomar una decisión sobre cómo quieres manejar cualquier situación dada.

---

17. Fiona MacDonald, «Mindfulness Meditation Linked to the Reduction of a Key Inflammation Marker», *ScienceAlert* (10-2-2016), www.sciencealert.com/a-key-inflammation-marker-is-lower-in-people-who-meditate-research-finds.

18. «Mindfulness Can Improve Heart Health», Harvard Health Publishing (febrero 2018), www.health.harvard.edu/heart-health/mindfulness-can-improve-heart-health.

Viktor Frankl lo explica a la perfección: «Entre el estímulo y la reacción hay un espacio. En ese espacio está nuestra capacidad de elegir nuestra respuesta. En nuestra respuesta está nuestro crecimiento y nuestra libertad».

Hábito 2: gratitud (martes de gratitud)

La gratitud es como una espada mágica: puede cortar la sensación de no tener lo suficiente, de no hacer lo suficiente o de no ser lo bastante bueno. Nos conecta con lo que ya está funcionando en la vida y nos ayuda a ver los pequeños momentos de placer o de gratitud que siempre tenemos cerca si nos tomamos el tiempo de fijarnos en ellos. Una excelente taza de té, gratitud; el sol que te acaricia la espalda, gratitud; una sonrisa de camino al trabajo, gratitud; una conversación valiosa… bueno, ya ves cómo va.

Si piensas en ello, hay muchas cosas por las que estar agradecido; desde la naturaleza hasta la familia, los amigos o nuestro cuerpo, nuestra comida, el agua y los lugares que nos proporcionan cobijo. Podemos sentir gratitud por nuestras pasiones y aficiones, nuestros empleos, nuestra comunidad y nuestra capacidad de devolver favores. Podemos valorar los recursos que hacen que la vida sea más cómoda, así como nuestra capacidad de prescindir de ellos. Podemos sentir gratitud hacia las personas que llenan nuestros días con buenos sentimientos y por las situaciones que suponen un desafío; quizá sean nuestro mejor maestro.

Si quieres ser más feliz (y quién no), la simple práctica de la gratitud puede predisponerte para una vida de generosidad. Puede abrir realmente tu mundo y propiciar una energía renovada. Es una práctica tan poderosa que quiero que dediques un momento a comprender realmente los beneficios. La gratitud mejora el sueño, la función inmunitaria y aumenta la longevidad. Las personas se vuelven más resilientes emocionalmente, más relajadas y más optimistas. Robert Emmons, el destacado científico experto en gratitud y autor de *¡Gracias!: de cómo la gratitud puede hacerte feliz*, afirma que el resultado de practicar la gratitud supone un aumento del bienestar de aproximadamente un 25 %[19]. Piensa en ello; es algo que te cambia la vida.

Contribuirá a que seas más optimista, a que te sientas mejor contigo mismo y con tu vida y a conectar más con tus propios valores. La gratitud facilita que seas más sociable, más afectuoso, lo que conlleva amistades más valiosas y relaciones más amables. Una mayor gratitud nos lleva también a tener menos celos, menos amargura y a sentirnos menos como una víctima. En el trabajo, empléala como tu arma secreta para crear relaciones sociales más profundas, dirigirás mejor al personal, y tu productividad aumentará. Esta práctica es tan poderosa que te ayuda a ponerte en marcha y seguir adelante.

A continuación encontrarás algunas formas fáciles de empezar:

- **Un diario de la gratitud:** En el estudio de referencia que dirigió Robert Emmons se pidió a un grupo de participantes que escribieran una vez a la semana durante diez semanas cinco cosas por las que sintieran gratitud. A los miembros de un segundo grupo se les dijo que cada semana anotaran cinco cosas por las que no estuvieran contentos, y un tercer grupo era neutral. Según los resultados: «Los participantes que habían llevado un diario de la gratitud se sentían mejor con su vida en conjunto y eran más optimistas sobre el futuro que los participantes de cualquiera de los otros dos grupos. Para plasmarlo en cifras, de acuerdo con la escala que usamos para calcular el bienestar, eran un 25 % más felices que los demás participantes».[20] Si estás preparado para hacerte cargo de tu

---

19. Robert A. Emmons, *¡Gracias!: de cómo la gratitud puede hacerte feliz*, Ediciones B, Barcelona, 2008.

20. Robert Emmons, «Pay It Forward», *Greater Good Magazine* (1-6-2007), https://greatergood.berkeley.edu/article/item/pay_it_forward.

felicidad, ¿estarías dispuesto a escribir cinco cosas por las que sientes gratitud una vez a la semana?

DESAFÍO DEL DIARIO

Crea ahora una página titulada «Gratitud» en tu **diario**. Durante las próximas semanas haz un seguimiento de cómo te sientes y observa los cambios.

Tres Cosas Buenas: Mientras que la lista de la gratitud se concentra en qué o quién te hace sentir gratitud, la actividad de las «Tres Cosas Buenas» requiere que anotes tres cosas buenas que te pasaron hoy y sus correspondientes razones. Incluye cómo te hicieron sentir en aquel momento y cómo te hacen sentir ahora al recordarlas. Puedes variarla para anotar tres buenas cualidades que observaste hoy *en ti mismo* y por qué. Esto va bien para adquirir conciencia de ti mismo. Si quieres trabajar en tu confianza, también va bien añadirla a tu diario.

- **Una carta de agradecimiento:** Piensa en una persona especial a la que estás muy agradecido, alguien que creyó en ti. Quizá vio en ti cosas que ni siquiera tú mismo veías. Sabías que quería lo mejor para ti y que te cubría las espaldas. Escríbele una carta expresando cómo te sientes y por qué. Puedes enviar la carta, pero si te es posible ir a verla y leérsela o entregársela en persona, mejor todavía. Si ya no está aquí, escribir la carta sigue siendo muy poderoso, ya que experimentarás una conexión renovada por el mero hecho de plasmar tus pensamientos en un papel. Este sencillo ejercicio abrirá tu corazón.
- **Un correo electrónico de agradecimiento:** Es muy útil para una gama más amplia de personas e ideal cuando no dispones

de demasiado tiempo. Simplemente envía unas cuantas palabras de agradecimiento a un amigo o un colega. Te hará sentir mejor, le alegrará el día y es probable que te responda con una nota parecida, lo que cerrará el círculo de tu amabilidad.

- ¿Cómo te sentirías sin ello? Piensa en un hecho o una relación positivos que valoras e imagínate cómo podrías sentirte si, por cualquier motivo, ya no formaran parte de tu vida. Piensa en el momento en que comenzó y pregúntate: «¿Y si hubiera sucedido de otra forma?» ¿Cómo sería ahora tu vida sin ese hecho o persona positivos? Ahora reconoce que no has tenido que enfrentarte a esa pérdida: todo sigue donde estaba. Permítete sentir no sólo alivio, sino una gratitud total.

Sentir gratitud no lleva tiempo, es fácil de hacer y nunca tienes que pagar dinero por estar agradecido por lo que ya tienes. En palabras de Séneca: «La verdadera felicidad consiste en disfrutar el presente, sin una dependencia ansiosa del futuro, no entretenernos con esperanzas o temores sino estar satisfechos con lo que tenemos, que es suficiente, porque quien es así nada quiere. Las mayores bendiciones de la humanidad están en nuestro interior y a nuestro alcance». Si tu abuela te decía que deberías dar gracias por lo que tienes, tenía razón. Adopta esta potente práctica y verás cómo cambia tu vida.

Hábito 3: bienestar (miércoles de bienestar)

Según la Facultad de Salud Pública de Harvard, la felicidad y la salud están claramente relacionadas, ya que «las pruebas científicas sugieren que las emociones positivas contribuyen a que la vida sea más longeva y más saludable»[21]. Es lógico que la felicidad favorezca

---

21. «Health and Happiness», Obesity Prevention Source, https://www.hsph.harvard.edu/health-happiness/.

la salud, y que esta permita una mayor felicidad. No es ninguna sorpresa que tenemos más vitalidad cuando hacemos ejercicio, seguimos una dieta equilibrada y dormimos lo suficiente. La pregunta más interesante es a qué se debe.

- Ejercitar el cuerpo no sólo fortalece los músculos, también fortalece el cerebro. El ejercicio libera una proteína llamada factor neurotrófico derivado del cerebro (BDNF, por sus siglas en inglés) en las áreas del aprendizaje (corteza prefrontal) y la memoria (hipocampo) del cerebro[22].
- La falta de sueño produce un aumento de la inflamación y una disminución de la fortaleza del sistema inmunitario. También hace que sea más difícil combatir resfriados y enfermedades. Además, el cortisol se mantiene a un nivel elevado, lo que te vuelve más propenso a sentirte estresado.
- Proporcionar al cuerpo principalmente comida rápida, azúcares refinados y grasas saturadas lo aletarga y lo hincha (inflama). Elegir alimentos ricos en ácidos grasos omega-3 y fibra de frutas y verduras ayuda a combatir la inflamación además de regular tus emociones.

La buena noticia es que los cambios sencillos generan grandes cambios. Haciendo pequeños retoques a tu agenda para incluir en ella sesiones regulares de ejercicio, acostándote más temprano y sustituyendo la comida rápida por alimentos que te nutren, aumentará tu sensación de bienestar. No es una posibilidad; sucederá. Y si animas a un amigo y lo hacéis juntos, ¡os mantendréis el uno al otro por el buen camino!

Además, al adquirir una mayor sensación de bienestar, es más fácil mantener hábitos de bienestar. Vale la pena hacerlo. Estos

---

22. Nadine Burke Harris, *El pozo más profundo: sanar los efectos a largo plazo de las experiencias infantiles adversas*, Eleftheria, Barcelona, 2021.

hábitos no sólo te hacen sentir más feliz y más esperanzado, y tener una actitud más optimista, sino que también te predisponen a conductas saludables porque favorecen cómo quieres sentirte y cómo quieres ser. Sentirte mejor te motiva a seguir haciendo lo que mantiene elevada tu energía. Cuando vibras con más energía y positividad, te das cuenta de que este es quien eres realmente.

Kit de iniciación al autocuidado

No podemos hablar sobre bienestar sin hablar de cuidarse a uno mismo. (Amarse a uno mismo es otra cosa y se tratará en el capítulo dedicado al amor.) Aunque la vida puede ir a un ritmo increíblemente rápido, con muchas turbulencias, tienes que cuidar de la nave para mantenerte a flote. Podrías decir «No tengo tiempo», pero piensa cómo sería estar totalmente hecho polvo. Cuidarte un poco a ti mismo ahora previene cualquier deterioro posterior. Recuerda algo: cuidarse a uno mismo no es egoísta; es lo contrario. Te restablecerá para poder abordar lo más importante. Es, en realidad, lo más responsable que puedes hacer. Es una forma de hacerte cargo de tu energía en lugar de ver cómo va menguando. Te ayuda a recuperar tu estado natural de felicidad. Esta práctica es distinta para cada persona, pero a continuación encontrarás algunas ideas para empezar.

- **El cuerpo** necesita descansar y cargar pilas. Pasa una tarde en un spa, date un masaje o hazte la pedicura, ve a una clase de yoga o échate una siesta, baila al ritmo de tu música favorita, date un baño relajante, bebe más agua. Trata bien a tu cuerpo; él quiere cuidar de ti.
- **La mente** también necesita cuidados afectuosos. ¡No le impongas nada! Examina con ojo experto lo que te sientes obligado a hacer, pensar o decir. Establece límites: tu mente necesita tiempo para relajarse y no hacer nada. Escucha buena

música, asiste a un espectáculo, mira fijamente una vela, tú eliges. Libera la presión; este es el rato que dedicas a desprenderte del estrés.

- **Cuida de tu espíritu.** Dedica algo de tiempo a examinar tus prioridades. Confía en tu instinto para saber si siguen siendo válidas o si es el momento de corregir el rumbo. Conecta con algo más grande a través de la meditación, de un grupo religioso o espiritual o pasando tiempo en la naturaleza. Lentifica tu respiración para poder escuchar los susurros de tu corazón. La mejor información está ahí, en tu interior. Este es el rato que dedicas a escuchar y a captarlo. Confía en que algo o alguien te guía.

Hábito 4: sentirse bien, hacer el bien (jueves de pensar en el bien de los demás)

¿Has hecho alguna vez algo amable por alguien? ¿Cómo te sentiste al hacerlo? Hacer el bien es un pilar vital de la felicidad. El neurocientífico Richard Davidson escribe: «La mejor forma de activar circuitos de emoción positiva en el cerebro es hacerlo mediante la generosidad».[23] La generosidad desencadena también un baño de sustancias químicas que nos hace sentir bien: aumentan los niveles de serotonina, lo que nos hace felices; disminuye el cortisol, lo que reduce el estrés, y se eleva la oxitocina, lo que nos hace sentir más conectados. Es como si el cuerpo nos recompensara por ser amables. En la antigüedad, los miembros de un grupo tenían que cuidar unos de otros para sobrevivir. No es tan distinto hoy en día.

La generosidad no tiene que estar relacionada siquiera con el dinero. Una palabra amable o una sonrisa sincera llegan profundamente al corazón. Pero eso no es todo. Hacer el bien te hace sentir

---

23. Christopher Willard, *Raising Resilience: The Wisdom and Science of Happy Families and Thriving Children*, Sounds True, Boulder (Colorado), 2017.

bien, lo que a su vez desemboca en amabilidad y generosidad en el futuro. Hay quien dice que se trata de un círculo virtuoso; no quieres que pare.

¿Quién se beneficia más, quien da o quien recibe? A veces ambos a partes iguales. Pero el modo en que gastamos nuestro tiempo y nuestro dinero es igual de importante, y a menudo más importante, que la cantidad de dinero que ganamos. También contribuye a dar un propósito a nuestra vida. Quienes ayudan a los demás saben que importan; saben que están marcando la diferencia.

Puede que esto ya forme parte de tus actividades. Si no es así, desafíate a encontrar una causa que esté en sintonía contigo y dedícale unas horas de tu tiempo; conoce a gente nueva, y sé consciente de que estás ayudando. Hay páginas web de voluntariado que te dirigen a actividades puntuales o a otras que puedes hacer regularmente. Si alguna vez has sido voluntario o has dado sin esperar nada a cambio, ya sabes lo bien que eso hace sentir.

La felicidad es un perfume que no puedes verter sobre los demás sin que te caigan unas gotas a ti.

RALPH WALDO EMERSON

Como especie, estamos hechos para cuidar unos de otros, y la edad no es un factor. Algunos experimentos han revelado que, de manera innata, a los niños pequeños les hacía más felices dar que recibir[24]. En el fondo, la gente es buena, y amable, y *se siente* bien cuando echa una mano. Pueden verse las muestras masivas de apoyo en cualquier desastre natural. Cuando haces el bien, te sientes bien; tal vez sea realmente así de simple. El altruismo activa lo mejor de nosotros y también sirve de modelo a los demás. Hay quien dice que puede valorarse a una

---

24. Delia Fuhrmann, «Being Kind Makes Kids Happy», *Greater Good Magazine* (1-8-2012), https://greatergood.berkeley.edu/article/item/being_kind_makes_kids_happy.

persona no por lo que tiene sino por lo que da. Estoy convencida de que las personas más interesantes y geniales del mundo son las que dan. Y este tipo de regalo te es recompensado con creces.

Cuando das a los demás otra oportunidad, realmente estás recibiendo otra oportunidad.

BRYANT McGILL

Hábito 5: autenticidad, vulnerabilidad, perdón, liberar (viernes de libertad)

Es muy fácil quedar atrapado en la comparación y la presión para verse o actuar de cierto modo. Lograr los objetivos adecuados, llevar la ropa adecuada, comer los alimentos adecuados, estar del humor adecuado. (Como verás, soy fan del doctor Seuss.) Pero, en serio, hay mucha gente atrapada en un número limitado de expectativas, lo que puede resultar agobiante.

¿Te has fijado alguna vez que cuando la gente es cauta, se levanta un muro? A no ser que puedas ver la ternura que se esconde en su interior, tal vez también reacciones con cautela. Por otro lado, tener la valentía de ser vulnerable y de expresarlo insufla más valentía a los demás para ser también ellos mismos y desprenderse de la carga de las apariencias. Tu ego, en sus esfuerzos por conservar el *status quo*, quiere mantenerte cohibido y con miedo a aventurarte, pero ésa no es tu verdadera naturaleza. Eres mucho más que todo eso. Hay una faceta tuya que se complace en ser tú mismo: extravagante, único y lleno de posibilidades. Cuando adoptas una actitud auténtica, la gente es igual de franca contigo, lo que facilita que ambos experimentéis una verdadera conexión.

Aunque compartir tu verdadero yo te hace parecer más vulnerable, mostrar vulnerabilidad no significa que seas débil. Al contrario, cuando te permites ser vulnerable, revelas tu fortaleza interior. En las relaciones personales, si te interesas por alguien, pero nunca te arriesgas a hacérselo saber, puede que esa persona jamás sepa lo que sientes en realidad. Al mantener tu corazón «a salvo», también lo dejas blindado. Quizá parezca que nada malo pueda alcanzarlo, pero tampoco los momentos hermosos, mágicos y conmovedores. La vulnerabilidad abre puertas. En los negocios, cuando las cosas no van bien, si te lo guardas para ti mismo y disimulas, jamás obtendrás otro punto de vista. Pero si compartes tus preocupaciones, descubrirás que ser humano no es ninguna vergüenza. Todos tenemos que enfrentarnos a desafíos.

El perdón también juega un papel importante en esto. Cuando nos perdonamos a nosotros mismos por aferrarnos a viejos patrones porque nos hacen sentir seguros, nos liberamos de las cadenas de la negación y la autocrítica, y creamos el espacio para seguir adelante. Perdonar a otra persona, o por lo menos reconocer que se está enfrentando a sus propios demonios y que a veces no es nada personal, también puede resultar liberador. Cuando te conectas con tu verdadera naturaleza, ves que esas viejas cuerdas ya no pueden retenerte prisionero; hay muchas cosas más esperándote cuando te percatas de que tienes la opción de liberarte de cualquier atadura a los dramas de los demás.

Una forma de hacerlo consiste en una visualización intuitiva llamada «Cortar la cuerda». Su propósito es liberarte de las ataduras mentales que sitúan a esa persona en un lugar destacado en tu mente, y dejar de sentirte exhausto cuando estás con ella. Para llevar a cabo la visualización se procede de la siguiente forma: lentifica la respiración y cierra los ojos. Imagina que una cuerda conecta tu corazón o plexo solar con el de esa persona. Visualiza que esa cuerda absorbe tu energía a la vez que te llena de inseguridad y negatividad. Después, imagínate a ti mismo sintiendo toda la tensión de esa relación en cada parte de tu cuerpo: cierras los puños, se te tensan los hombros y la cara. Entonces tomas unas fuertes tijeras doradas imaginarias. Las sujetas con ambas manos y cortas la cuerda sin esfuerzo.

Visualiza cómo la cuerda cortada cae. Espira plenamente al instante y siente que toda la tensión abandona tu cuerpo junto con las viejas ataduras. Si ahora puedes perdonar o no a la otra persona no es importante. Lo más importante es defenderte a ti mismo. Al percatarte de que aferrarte al dolor y la ira sólo acaba lastimándote, ya has dado el primer paso hacia una mayor libertad. Después de haber cortado la cuerda, observa que respiras con mayor facilidad y experimentas una mayor sensación de paz.

Un planteamiento más científico, basado en el trabajo del doctor Fred Luskin, autor de *Forgive for Good*, incluye nueve pasos[25]:

1. Ten claro lo que te disgusta y díselo a unas pocas personas de confianza.
2. Como el perdón es para ti, no para nadie más, decide que quieres sentirte mejor contigo mismo.
3. El objetivo no es reconciliarte con esa persona, sino tomarte sus ofensas de forma menos personal.
4. Modifica tu punto de vista para percatarte de que el disgusto que estás sintiendo se debe principalmente a pensamientos y sentimientos de dolor que dominan ahora tu mente, no a lo que te dolió en el pasado.
5. Toma el control de cómo te sientes ahora gestionando tu estrés dando un paseo, haciendo ejercicio o respirando hondo para mitigar la respuesta de lucha o huida de tu cuerpo.
6. Date cuenta de que no controlas las acciones de los demás y adapta tus expectativas en consecuencia.
7. Encuentra otras formas de alcanzar tus objetivos positivos en lugar de esperar que la experiencia por la que pasaste cambie radicalmente de algún modo. Gestiona tus expectativas.

---

25. Fred Luskin, *Forgive for Good: A Proven Prescription for Health and Happiness*, HarperSanFrancisco, San Francisco, 2003.

8. Decide concentrarte en la bondad, la amabilidad, la belleza y las oportunidades que te rodean en lugar de en tus sentimientos heridos y tu atadura a una situación disfuncional. Una vida bien vivida es la mejor venganza.

9. Rescribe la historia de tu pasado para incluir tu heroica decisión de perdonar como medio de hacer avanzar tu vida. Date cuenta de que tú eres el autor de tu futuro.

Ambos ejercicios te ayudarán a modificar tu punto de vista y a recuperar tanto tu energía como tu vida. Ha llegado el momento de respetar tu fortaleza innata y redescubrir las asombrosas partes de ti mismo que están listas para aflorar.

Hábito 6: conexión social (sábado social)

Desde los albores de la humanidad, los seres humanos han dependido de su grupo para protegerse, alimentarse y encontrar refugio. Gracias a agruparse para trabajar y para desplazarse y para cuidar unos de otros, el grupo podía prosperar. Incluso hoy en día, nos reunimos en lugares de trabajo, centros de enseñanza y estadios y frecuentamos clubes de lectura y grupos espirituales para aunar nuestros recursos y energías, y para establecer vínculos.

Ni siquiera un bebé sobrevive, literalmente, sin el sentimiento de conexión. En 1995, nacieron dos gemelas doce semanas antes de término y pesaron algo menos de un kilo. De acuerdo con el protocolo del hospital las colocaron en incubadoras separadas. A una le iba bien, pero a su hermana le costaba respirar y parecía que no iba a sobrevivir. Cuando una enfermera tuvo la idea de trasladar a la hermana más sana a la incubadora de la hermana más débil, ocurrió algo inesperado. La hermana más fuerte, de apenas tres semanas de vida, rodeó con el brazo a su hermana gemela, cuya respiración y signos vitales se estabilizaron al instante. Dio la casualidad de que en aquel momento había allí un fotógrafo, y la foto de un bebé diminuto abrazando a otro apareció en la revista *Life*. Esta imagen fue bautizada en todo el mundo como «El abrazo salvador»[26].

Tanto los humanos como el resto de animales, de cualquier edad, necesitamos establecer una conexión para prosperar, tal como ilustran las investigaciones con ratas. En un experimento, se daba a elegir a una rata aislada en una jaula entre beber agua o beber una solución de morfina en agua. El resultado: la rata se volvió adicta a la morfina y murió. Se convirtió en un ejemplo muy citado del peligro de los opiáceos y se destacó para respaldar la guerra contra las drogas. Pero… si lo observas más detenidamente, esta era sólo una parte de la historia.

Lo que no se tuvo en cuenta fue el hecho de que las ratas aisladas estaban en el equivalente a una cárcel, y no sólo en una cárcel, sino incomunicadas. ¿Y si las ratas hubieran recurrido a la solución de morfina para volverse insensibles al aislamiento y la depresión que sentían, de modo muy parecido a lo que pasa con las personas?

Un estudio fascinante dirigido por Bruce Alexander en la Universidad Simon Fraser arrojó un nuevo enfoque. La premisa era que tal vez el principal factor fuera el aislamiento social. ¿Era la «jaula o era la química» lo que provocaba la adicción?

Para comprobarlo, se volvió a aislar a un número de ratas en jaulas individuales y se les dio a elegir agua o agua mezclada con morfina, igual que antes. Por otra parte, en un mismo espacio se agrupó a numerosas ratas, con las mismas opciones para beber en lo que se llamó el «parque de las ratas». Piensa en un complejo de lo más extraordinario: tenía zonas para jugar, para comer, para aparearse. Pronto hubo también muchas crías de rata. Las ratas tenían cosas que hacer, como cuidar de otros congéne-

---

26. «The Hug That Helped Change Medicine», CNN (22-2-2013), www.youtube.com/watch?v=0YwT_Gx49os.

res; el lugar bullía de actividad. Los resultados señalaron que «las ratas del parque de las ratas, llamadas "hembras sociales" y "machos sociales"… apenas consumen solución de morfina, pero las "hembras enjauladas" y los "machos enjaulados" consumen mucha»[27].

A raíz de los resultados del experimento del «parque de las ratas» en el sentido de que la droga, según Bruce Alexander, «sólo se vuelve irresistible cuando se ha destruido la oportunidad de una existencia social normal», hay más personas que piensan que lo contrario de la adicción no es la sobriedad; lo contrario de la adicción es la conexión. Esto suscita la pregunta: ¿Puede la conexión humana prevenir realmente la adicción? Puede que no sea tan simplista como eso: el estrés, las EAI (Experiencias Adversas en la Infancia, como abusos, desatención y otros traumas) y la genética son factores a tener en cuenta en la adición.

Pero en una sociedad en la que la gente puede sentirse enjaulada por la soledad y la desconexión, y es cada vez más adicta a todo, desde los dispositivos hasta lo necesario para aplacar el dolor, la conexión social es una forma importante de ayudar.

Ahora bien, no es lo mismo estar solo que sentirse solo. Hay quien busca intervalos de soledad en la naturaleza o en retiros (en los que está solo pero no se siente solo) para recuperar la energía y adquirir nuevas percepciones.

Nadie, sin embargo, elige sentirse solo. De hecho, eso tiene repercusiones físicas que afectan a los niveles de estrés, al sistema inmunitario, a los niveles de inflamación y al sueño[28]. En pocas palabras, a no ser que elija hacer un período prolongado de meditación en una cueva, una persona necesita estar rodeada de gente.

---

27. Bruce K. Alexander, «Addiction: The View from Rat Park» (2010), www.brucekalexander.com/articles-speeches/rat-park/148-addiction-the-view-from-rat-park.

28. Dhruv Khullar, «How Social Isolation Is Killing Us», *The New York Times* (22-12-2016), www.nytimes.com/2016/12/22/upshot/how-social-isolation-is-killing-us.html.

La falta de contacto afectivo es real

Aun así, en nuestra sobrecargada, a menudo agobiada vida centrada en los dispositivos, mucha gente ve que tiene menos tiempo para establecer una conexión de verdad. Falta de contacto afectivo, o también falta de contacto humano, es un término bastante reciente para describir la falta de contacto físico o de afecto. Los perros de asistencia y mascotas de todo tipo son cada vez más populares por muchas razones, incluida la comodidad y la compañía. ¿Sabías que para conseguir un subidón de cafeína y de oxitocina (la hormona de los abrazos) existen ahora cafés de gatos e incluso cafés de perros que te permiten pagar por horas para conectar con las mascotas que llenan el local y buscan adopción?

En Japón, cuna de muchas de estas tendencias, se originaron también los llamados «cafés de abrazos», donde las personas reservan tiempo para estar entre los brazos de un «abrazador». Estos cafés ofrecen una carta de servicios que abarcan desde abrazos con la ropa puesta hasta conversación y disfraces[29]. Y por si eso te sorprende, la idea se está extendiendo. En Cuddle Up to Me, en Portland, Oregón, abrazadores profesionales ofrecen abrazos y una presencia compasiva[30]. Estas sesiones proporcionan alivio y compañía a la gente, y es de esperar que sirvan de base para futuras relaciones más plenas.

En general, en nuestra hiperajetreada vida, las relaciones suelen ocupar un segundo lugar tras otras «prioridades». Aunque no es algo que nos propongamos hacer, puede pasar con mayor facilidad de lo que podemos pensar. Si no quieres volver la vista atrás con pesar, elige reservar tiempo para priorizar ahora las relaciones significativas. Tanto si se trata de quedar con amigos o de organizar cenas regulares con la familia como simplemente de sacar el

---

29. «Geordie Shore's Vicky Pattison Visits a Japanese Cuddle Cafe | World of Weird», Channel 4 (18-10-2016), www.youtube.com/watch?v=8PvaUAYowvM.

30. Cuddle Up to Me, http://cuddleuptome.com.

perro a pasear por la tarde, hará más feliz tu vida y te ayudará a prosperar.

Desafío de las relaciones: Piensa cómo te gustaría relacionarte con las personas de tu vida y márcate el desafío de encontrar algo más de tiempo para pasarlo juntos. Hazlo hoy.

Avanzando un paso más por esta vía, contamos con la facultad de hacer que la felicidad sea contagiosa. Actualmente sabemos que cuando una persona es feliz, esto puede propagarse hasta tres grados: tu felicidad hace feliz a otra persona, que va a hacer feliz a otra persona y esa persona aumenta el nivel de felicidad de una persona más[31]. Cuando tu felicidad hace felices a tres personas más, te conviertes al instante en un agente de cambio positivo. En una época difícil, en que mucha gente tiene problemas, esto tiene enormes implicaciones sociales. ¿Has pensado alguna vez que podrías sembrar la semilla de un cambio social positivo cuidando de tu propia felicidad? Imagina el efecto dominó si más gente lo hiciera.

Hábito 7: sentido, propósito y alma (domingo del alma)

«¿Cuál es mi propósito?» es una de las preguntas más desconcertantes a las que podemos enfrentarnos. Obtener una respuesta puede llevar toda una vida o acaparar una conversación. En esta historia, se resuelve muy deprisa:

---

31. Nicholas A. Christakis y James H. Fowler, «Dynamic Spread of Happiness in a Large Social Network: Longitudinal Analysis over 20 Years in the Framingham Heart Study», Digital Access to Scholarship at Harvard, *British Medical Journal*, 337, n.º a2338 (2008), www.bmj.com/content/337/bmj.a2338.

Un día, un pupilo pregunta a su maestra cuál es el propósito de su vida. Ella le responde: «Solo tú puedes encontrarlo, pero el propósito no es algo que encuentres en tu mente, sino en tu corazón». Le hizo entonces una pregunta: «Si supieras ahora mismo que ibas a morir mañana, ¿qué es lo que más lamentarías no haber hecho?» El pupilo reflexionó y contestó que lamentaría no haber hecho las paces con su familia y no haber creado su propio centro de aprendizaje. La maestra sonrió y concluyó: «Observa cómo lo averiguaste por ti mismo. Ahora depende de ti hacer que estas cosas se conviertan en tu realidad...»[32]

En el proceso para adquirir una sensación de propósito, ¿qué está intentando decirte tu brújula interior? Hay una parte de ti que tiene todas las respuestas. A veces, las señales se hacen visibles cuando dejas de concentrar la mente en una cosa y le permites vagar al azar. Tanto si lo haces fijándote en ideas nuevas como en lo que te dice el instinto o en lo que te dicta el corazón, ahora no es el momento de «hacerlo realidad», sino de dejar que te llegue la inspiración. Date permiso para observar las señales.

Para reconocer las inquietudes de tu alma, también va bien bajar el ritmo. Así puedes estar más en sintonía con el modo en que actúa la naturaleza. En lugar de criticarte a ti mismo por una falta de claridad o de resultados tangibles («¡A estas alturas ya tendría que haber avanzado mucho más!»), piensa que existe un ciclo vital y todo tiene su momento. Tanto si estás en un período de gran crecimiento como en un período de calma en el que no parece ocurrir nada, resulta útil ser consciente del ritmo de la naturaleza.

Imagínalo: Primavera, cuando nuevas plantas brotan tímidamente del suelo; es una época de nuevas ideas que surgen, de nuevos comienzos. El verano trae con él un crecimiento total y es cuando las ideas son un derroche de colores que florecen a la vista de todos.

32. Randy Taran, «The Alphabet of Happiness: "P"», *The Huffington Post* (6-12-2017), www.huffingtonpost.com/randy-taran/the-alphabet-of-happiness_4_b_5684891.html.

En otoño, cosechas todo lo que se ha plantado; es una época de recoger todas las semillas que sembraste. Entonces llega el invierno, cuando hay un período de hibernación e incubación, cuando las cosas no se mueven exteriormente, sino que pasan muchas cosas bajo la superficie para prepararse para lo que va a pasar. Aunque puede que la primavera y el verano sean más vistosos y coloridos, cada estación juega un papel vital y se basa en la anterior. Todos ellas trabajan juntas en un sistema que se ha ido perfeccionando a lo largo de los eones. La naturaleza en toda su sabiduría.

En lugar de luchar contra este ritmo natural, se trata de fluir con él. En lugar de perseguir sin descanso tu pasión y tu propósito, hazlo con moderación. ¿Y si en lugar de encontrar tu pasión, lo que puede suponer mucha presión, te permites simplemente cultivar la curiosidad? ¿Qué te dice algo en ese momento? ¿Qué quieres explorar? A veces una cosa lleva a otra, que puede que no tenga ninguna relación con tu plan original. Pero puedes terminar en un lugar totalmente nuevo. Cuando finalmente pienses en lo que te pasó en la vida, verás que una cosa te llevó a otra, y aunque pensaras que estabas dando un rodeo, averiguaste exactamente lo que necesitabas para avanzar. Disfruta del viaje sin juzgarte de antemano. Aportará alegría a tu vida y te llevará a casa.

La sensación de sentido se presenta también de muchas formas. Muchas personas experimentan una sensación de sentido mediante su práctica espiritual o su religión. Podría ser la familia lo que infunde sentido a su vida, o el tipo de trabajo que hacen. Hay quien se siente motivado por la búsqueda de justicia o por causas sociales. Si pides a tu mente que te dirija hacia tu propósito antes de acostarte, puede que te despiertes con nuevas percepciones, o que tengas ideas en la ducha o veas señales que aparecen durante el día. A veces puede saltarte a la vista el mensaje en una valla publicitaria o lo que lleva escrito un camión que pasa delante de ti. A veces te dice algo el estribillo de una canción, o el libro que se cae de una estantería te revela un mensaje. Puede ser un titular de las noticias o una frase que oíste en la tele y no se te va de la cabeza. La inspiración está por todas partes: debes estar preparado para recibirla.

Crecimiento postraumático

A veces, los hechos de la vida, especialmente los dolorosos, nos señalan una mayor sensación de propósito. Según el doctor Martin Seligman, los desafíos regulares, como en las relaciones (rechazo), la salud (romperse una pierna), las finanzas (paro) u otras complicaciones inesperadas, normalmente se resuelven pasado uno o dos meses[33] y dejan a la gente básicamente donde estaba antes; es decir, la gente se las apaña.

Pero hay otro nivel del que no podemos recuperarnos tan deprisa. Cuando las personas son testigo de hechos repentinos de extrema gravedad: los estragos de la guerra, una violenta agresión personal, la espantosa muerte de un ser querido, un tiroteo masivo... esto puede provocar TEPT, trastorno por estrés postraumático. Las consecuencias de este ataque repentino a la mente consisten a menudo en *flashbacks*, insensibilidad emocional, nerviosismo, sentirse aislado, o estallar fácilmente.

¿Sabías que, aunque no se puede generalizar, gran número de personas salen de este estrés agudo más fuertes que antes?

El crecimiento postraumático, término definido por Richard Tedeschi y Lawrence Calhoun, dos psicólogos de la Universidad de Carolina del Norte en Charlotte, ofrece otro camino. Ambos habían estado trabajando durante una década con progenitores que habían perdido a sus hijos, una pérdida que podría destrozar a cualquiera o cualquier relación. Descubrieron que no sólo muchos de los progenitores se ayudaban entre sí, sino que, en medio de su

---

33. Sarah Green, «Post-traumatic Growth and Building Resilience», *Harvard Business Review* (30-3-2015), https://hbr.org/2011/03/post-traumatic-growth-and-buil.

propio dolor, en lugar de sumirse en la desesperación, se sentían inclinados a hacer algo para evitar que otras familias tuvieran que enfrentarse a la misma tragedia.

Querían dedicarse a cambiar las circunstancias que habían derivado en la muerte de su hijo. Tenían un centro de atención, una causa, una razón para establecer una conexión con los demás que era mayor que su sufrimiento.

La diferencia que vale la pena destacar es que no sólo se limitaban a experimentar resiliencia al recuperar su anterior nivel de partida. Debido al crecimiento postraumático, estas personas cambian a resultas de su terrible experiencia, pero es un cambio para mejor. Se vuelven más fuertes, más decididas y más conscientes de que su vida posee un nuevo sentido. La asociación MADD, Mothers Against Drunk Driving (Madres contra los conductores ebrios), se formó después de que Cari, la hija de trece años de Candace Lightner, muriera por culpa de un conductor que conducía borracho. Kris Carr hizo una película sobre su cáncer inoperable en fase IV, encontró formas de superar la enfermedad, escribió un superventas del *New York Times*, *Crazy Sexy Cancer Tips*, que describe sus soluciones de bienestar, y utilizó su experiencia para iniciar un movimiento.

Las señales del crecimiento postraumático [34]

1. **Descubrir nuevos conocimientos:** Han surgido nuevas oportunidades y posibilidades que no estaban ahí antes. Sin querer, una persona se vuelve experta en un ámbito que le ha causado un gran dolor, y quiere aprender todo lo que puede.
2. **Surgen relaciones más cercanas con los demás** y una mayor sensación de conexión con otras personas que sufren. Tras un

---

34. Lorna Collier, «Growth After Trauma», *Monitor on Psychology*, 47, n.º 10, American Psychological Association (noviembre 2016), www.apa.org/monitor/2016/11/growth-trauma.aspx.

trauma masivo (como el causado por los atentados del 11 de septiembre o un tiroteo masivo), algunos sociólogos lo describen como «democracia de la aflicción». Gente de todos los ámbitos de la vida se siente obligada a ayudar.

3. **Valorar más la vida.** Mi querida amiga perdió a su hermano muy joven debido a un cáncer, y ahora valora más estar viva y las pequeñas cosas que antes podría haber pasado por alto.

4. **Profundizar la vida espiritual.** Kris Carr reposicionó el cáncer inoperable en fase IV como «cáncer loco y sexy» en *Crazy Sexy Cancer* y no sólo está prosperando sino que dirige una exitosa plataforma de bienestar en línea. Kris describe el cáncer como su maestro, su gurú. Dice que cuando cambió su centro de atención, la desesperación dio lugar a la inspiración y aprendió a vivir realmente.

5. **Sentirse más fuerte.** Existe una sensación renovada de que si puedes superar algo, puedes enfrentarte a cualquier cosa.

El crecimiento postraumático funciona del siguiente modo: primero, la gente está consumida por el dolor. «¿Por qué ha tenido que pasar esto? Es demasiado.» Surge el impulso de regodearse en el dolor, obsesionarse por él, evitarlo o aplacarlo. Es fácil quedarse atrapado ahí, especialmente sin alguien con quien hablar, y mucha gente se queda atrapada.

En un estudio se desafiaba a los participantes a desempeñar un papel activo en su curación. En lugar de que los profesionales sanitarios les dijeran qué hacer o cómo pensar en lo que estaban pasando, se les encargó que aportaran ideas no sólo para superarlo sino para ayudarlos a avanzar. Se les desafiaba a tomar las riendas. El doctor David Feldman, psicólogo y coautor de *Supersurvivors: The Surprising Link Between Suffering and Success*, explica: «Los supervivientes de un trauma que experimentan CPT [crecimiento postraumático] reconocen su tristeza, sufrimiento, ira y dolor, y son realistas acerca de lo que les ocurrió. Pero en medio de su dolor, son capaces de preguntar: "Dado el lugar en el que estoy en mi vida, ¿cómo puedo construir el mejor futuro posible?"» Algunos hasta preguntan: ¿Cómo puedo impedir que esto suceda a otras personas?... lo que da lugar a una mayor sensación de sentido y propósito.

ACEPTA + CONECTA + ACTÚA →
CRECIMIENTO POSTRAUMÁTICO

Más que limitarse a aceptar lo que les pasó, «Creen que eso les hizo mejores seres humanos de lo que habrían sido nunca sin ello. Y que posibilitó que fueran más sabios y estuvieran dispuestos a asumir el riesgo de vivir con mayor plenitud»[35].

La felicidad no es la ausencia de obstáculos; es una reserva interior que nos ayuda a manejar lo que se presenta. Cuando reconocemos que nuestra verdadera naturaleza es la felicidad, recordamos que hay problemas en la vida y que depende de cada uno de nosotros elegir cómo interpretamos y abordamos lo que se presenta. Lo que hagamos para aumentar nuestra alegría traslada más alegría al mundo. Los siete hábitos de la felicidad: mindfulness, gratitud, bienestar, generosidad, autenticidad, conexión social y propósito respaldan esta energía con prácticas probadas que nos permiten reconectarnos con quienes somos realmente en nuestro interior. Cada una de estas estrategias basadas en la ciencia aporta algo a nuestra caja de recursos interiores. También nos ayudan a gestionar cualquier dificultad (o lección) que la vida nos presente. Al practicar estos hábitos, aunque sólo sea empezando con uno, aumentamos nuestra resiliencia hasta el punto de que podemos surcar con nuestra nave las olas de cambio con gracia, con firmeza y con la seguridad de que siempre estamos creciendo. Descubrimos lo fuertes que somos realmente y que tenemos la capacidad de estar en sintonía con quienes tenemos que ser. La felicidad no es

---

35. Ginny Graves, «Is There an Upside to Tragedy?», Oprah.com (julio) 2015, www.oprah.com/inspiration/post-traumatic-growth/all.

un estado; es nuestra verdadera naturaleza, y si lo olvidamos debido a los desafíos que nos surgen en el camino, es también una habilidad que cualquiera puede aprender. Enorgullécete por haber iniciado este viaje. Ya estás aumentando tu conciencia gracias a las muchas prácticas que puedes emplear para empoderar tu vida. Comienza con una y síguela una semana; estás sentando la base de una felicidad sostenible y un crecimiento que durará toda la vida. La felicidad y la capacidad de acceder a tus recursos interiores es tu derecho. La buena noticia es que ya estás en marcha.

Tristeza

El pesar te prepara para la alegría.
Lo expulsa violentamente todo de tu casa
para que haya espacio para una nueva alegría.
Sacude las hojas amarillas de la rama de tu corazón
para que nuevas hojas verdes crezcan en su lugar.

RUMI

Nadie quiere estar triste. Feliz, ¡por supuesto! Curioso, ¡claro que sí! Pensativo, hasta eso está bien, pero triste, ni hablar… ¿Por qué iba a querer nadie sentirse apenado?

Por más que nos gustaría que no fuera así, nadie es inmune a la tristeza en su paso por este mundo. La vida pasa, la gente que queremos se marcha, las circunstancias cambian, y lo que esperamos no siempre sale como planeamos. ¿Te has sentido alguna vez sumido en la tristeza, por una persona, por una pérdida, por una situación inesperada? ¿Hiciste lo que se le ocurre a la mayoría de personas; es decir, intentaste ignorarlo, mantener la calma y seguir adelante?

De lo que a menudo no nos percatamos es de que la tristeza tiene otra faceta. En lugar de lamentar estar triste, concentrémonos un momento en las cosas que puede proporcionarnos la tristeza. Es algo complicado para la mayoría de la gente porque estamos acostumbrados a ver la tristeza desde una perspectiva negativa.

Pero si te permites sentirla, y dejar que te abrace con ternura, la tristeza puede servir de refugio. Aclara la confusión y, con la máxima generosidad, te guía para salir de su abrazo. La tristeza puede prepararte para la alegría.

En este capítulo veremos la diferencia entre tristeza y depresión. Mucha gente confunde ambas cosas. Exploraremos cómo navegar por la tristeza, así como los usos científicos de esta emoción. También descubriremos algunos de los regalos ocultos que ofrece la tristeza y, finalmente, veremos su sabiduría con los ojos de aquéllos a quienes no les queda nada que perder.

Respetar la tristeza

Como emoción, la tristeza tiene un amplio registro con niveles que van desde la ligera decepción hasta el dolor desgarrador. ¿Te has fijado alguna vez en que a medida que la intensidad de esta emoción aumenta, el permiso para expresarla disminuye? No siempre fue así. En el pasado, cuando alguien perdía a un ser querido, *se esperaba* que llorara su pérdida. La ropa negra de luto vestida durante un año daba a conocer a los demás que debían ser delicados con esa persona; su mundo se había hecho añicos y se merecía tener tiempo para sanar. Con el permiso cultural de estar triste en público, no tenía que «pasar página» antes de estar preparado o fingir que ya lo había superado. La tristeza, como la alegría, era una parte respetada del ciclo de la naturaleza, y una fase necesaria para recalibrar la vida emocional de una persona.

El problema es que, en una sociedad que valora la apariencia de felicidad más que la realidad de una expresión auténtica, existe una presión tácita para que neguemos la profundidad de nuestra aflicción, pongamos una cara neutral y nos esmeremos en causar buena impresión. «Es mejor ser estoico que estar triste, mejor ser valiente que estar afligido. Vuelve al ruedo... No hables siquiera de cómo te sientes realmente; te considerarán débil, o peor aún, acabado.»

No hablamos lo suficiente

Existe un enorme estigma alrededor de la tristeza, la depresión y las enfermedades mentales en general. Cuando la depresión se intensifica, no habría que esconderla. Como sociedad, tenemos que encontrar formas no sólo de conseguir ayuda, sino de tener conversaciones saludables al respecto. Gestionar la depresión está fuera del ámbito del presente libro, pero existe una enorme variedad de recursos disponibles. Es siempre aconsejable elegir un profesional sanitario o de la salud mental con el que te sientas cómodo, que disponga de herramientas concretas para situaciones concretas. Todo forma parte de ser proactivo en todos los ámbitos de la vida. Lo cierto es que todo el mundo tiene que gestionar sentimientos difíciles alguna que otra vez. Pero como nos enfrentamos a ellos depende de nosotros. En un mundo ideal, nos enfrentaríamos juntos a los aspectos difíciles de la vida y lo haríamos abiertamente.

No sólo podemos apoyarnos unos a otros, también podemos influir a quienes nos rodean, del mismo modo en que ellos influyen en nosotros. Hoy en día es habitual oír las palabras «Estoy estresado, tengo ansiedad, estoy deprimido…» Se usan para describir cualquier cosa, desde estados ligeros de malestar y melancolía hasta la experiencia real de los trastornos de ansiedad y depresivos. La palabra ha impregnado tanto la cultura popular que hasta los niños pequeños (que pueden oírlo de los adultos presentes en su vida) se dicen unos a otros que *están* deprimidos.

El problema es que cuando usamos la palabra «deprimido», podemos querer decir en realidad que estamos tristes. Y existe una diferencia.

La diferencia entre tristeza y depresión

Estar triste no es una enfermedad mental, sino parte de nuestro vocabulario de emociones naturales. A diferencia de la depresión, que puede persistir sin motivo aparente, la tristeza es una reacción humana normal ante las pérdidas y los cambios perjudiciales. La tristeza es un estado provocado por un hecho que es doloroso, decepcionante y tumultuoso (como la pérdida de un ser querido, un familiar, un buen amigo o una mascota muy querida). Podría causarla un traslado repentino, un despido laboral, una enfermedad, dificultades inesperadas..., todas estas cosas son causas comprensibles de tristeza, y durante la vida, son algo a lo que tendremos que enfrentarnos de un modo u otro. Aunque nadie busca la tristeza (¡huimos de ella!), es una emoción necesaria que nos proporciona espacio para procesar lo que ha ocurrido de modo que podamos recorrer el camino para dejarla atrás.

Es fundamental comprender la tristeza y estar con ella. Cuando la gente finge que su tristeza no existe, no puede sanar. Con el tiempo, esa falta de atención puede transformarla en depresión. Hoy en día, sin embargo, en lugar de aceptar la tristeza como un aspecto de la vida que va y viene, y que cumple un propósito, cada vez tendemos más a *interpretar* nuestra aflicción como depresión.

Pero, si bien todo el mundo experimenta tristeza, no todo el mundo sufre de depresión. Como nuestra tolerancia al malestar emocional es casi inexistente, buscamos rápidamente una salida. Nos alejamos de la tristeza porque es demasiado abrumador examinar realmente las cosas que están causando este sentimiento para empezar. Como preferimos que los sentimientos tristes desaparezcan, decimos que son otra cosa: «¿Qué tengo? Ojalá se me pasara, estoy muy deprimido...»

Pero la depresión no es igual que la tristeza. Es más bien una afección crónica que puede dar la impresión de aparecer de la nada o que, a veces, está provocada por un hecho. A continuación encontrarás un breve resumen de las diferencias generales:

TRISTEZA	DEPRESIÓN
Estado emocional normal	Estado emocional anormal que afecta a las emociones, las percepciones y las conductas
Sentirse triste por algún hecho o situación	Sentirse triste por todo
El dolor emocional desaparece al adaptarse a la pérdida	La depresión puede ser crónica
Se disfruta de algunas cosas	Falta de interés en las cosas favoritas
Cierta variación en el estado de ánimo; es posible distraerse de la tristeza	En la depresión moderada, se tienen respiros; en la depresión grave, el estado de ánimo es constante
Puede sentirse una culpa normal	Predominan los sentimientos de falta de valía, autoculpa, autodesprecio (Estoy deprimido por estar deprimido)
La tristeza no depresiva no incluye generalmente ideas de autolesión o suicidio	Puede dar lugar a pensamientos de suicidio

A diferencia de la diabetes o de una pierna rota, la depresión no puede diagnosticarse aún con un análisis de sangre o una radiografía. La cura de la depresión es confusa en el mejor de los casos, y se recetan medicamentos, a menudo para tratar los síntomas en lugar de la causa de la aflicción. El diagnóstico se basa en la gravedad de los síntomas que se refieren. Cuando estos síntomas coinciden con la descripción clínica de la depresión (una persona tiene que presentar por lo menos cinco de los nueve síntomas designados durante más de dos semanas), tintín, le dan una pastilla.

En *The Loss of Sadness*, Allan V. Horwitz y Jerome C. Wakefield sostienen que el modo en que el *Manual diagnóstico y estadístico de los trastornos mentales (DSM)* guía a los profesionales de la salud para hacer su diagnóstico es defectuoso. Según el sistema de clasificación del *DSM*, síntomas como la pérdida de apetito, la fatiga y el estado de ánimo deprimido determinan el diagnóstico, pero no hay forma de examinar el *contexto* de estos síntomas. ¿Existe una disfunción interna? ¿O reflejan los síntomas una reacción normal de tristeza a un hecho externo, como la pérdida de un trabajo, la ruptura de una relación o la muerte de un ser querido? No se suele observar esta distinción entre tristeza causada por un hecho de la vida y tristeza causada por una disfunción interior prolongada. Y los *síntomas* pueden parecer exactamente iguales (agotamiento, falta de apetito, pesimismo, etc.). Esto significa que tomar decisiones basadas exclusivamente en los síntomas podría dar lugar a un diagnóstico equivocado de un trastorno depresivo[36].

Y esto es sólo la fase del diagnóstico. Después, que los pacientes reciban o no la medicación adecuada es puro azar; a no ser que los escáneres cerebrales u otras formas de diagnosticar la depresión se perfeccionen más, el proceso es por ensayo y error.

Esto no quiere decir que la medicación adecuada no sea útil. Para las personas que realmente presentan un desequilibrio químico y las precisan, estas medicaciones son una bendición. Eso y la terapia cognitivo-conductual son las formas aconsejadas de abordar la depresión, y salvan vidas. Aunque sea difícil detectarla exteriormente, la depresión es una enfermedad real y grave que precisa una atención seria. Si alguien presenta los síntomas de una depresión, debería hablar siempre con un profesional de la salud mental. Existe ayuda disponible.

---

36. Allan V. Horwitz y Jerome C. Wakefield, *The Loss of Sadness: How Psychiatry Transformed Normal Sorrow into Depressive Disorder* (Oxford: Oxford University Press, 2012).

Pero, como es tan fácil extender una receta, muchas veces se usa la medicación como primera estrategia, sin tener en cuenta ningún otro cambio en el estilo de vida que pueda marcar la diferencia. ¿Se recetan demasiados antidepresivos? Según un artículo publicado en *Forbes*, en Estados Unidos, antidepresivos como Zoloft, Prozac y Celexa están tan extendidos que los han encontrado en los Grandes Lagos y en peces, seguramente porque los consumen más del 12% de la población[37]. Esta cifra puede ser incluso más alta hoy en día.

Otro enfoque

Una idea, y quiero empezar diciendo que no es verdad en todos los casos, pero vale la pena tenerla en cuenta. ¿Y si no se trata tanto de la persona individual sino del estilo desequilibrado de vida que, como cultura, estamos apoyando? Suma a eso la soledad y la falta de propósito que experimentan muchas personas al vivir con el piloto automático e intentar desesperadamente seguir el ritmo. A eso hay que añadir que, cuando nuestra adicción al móvil nos domina, estamos cediendo literalmente nuestro poder. Un estudio dirigido por Jean Twenge mencionó que, según los Centros para el Control y la Prevención de Enfermedades de Estados Unidos (CDC por sus siglas en inglés), en un espacio de apenas cinco años, la depresión ha aumentado un 59% y el suicidio se ha elevado un 65% entre los adolescentes, especialmente entre las chicas[38]. El estudio de Twenge sugiere que esto está relacionado con el aumento del uso del móvil.

---

37. Bruce Y. Lee, «Antidepressants Found in the Great Lakes and Fish», *Forbes* (4-9-2017), www.forbes.com/sites/brucelee/2017/09/04/antidepressants-found-in-the-great-lakes-and-fish/#46cc617b87db.

38. Jean M. Twenge, Thomas E. Joiner, Megan L. Rogers y Gabrielle N. Martin, «Increases in Depressive Symptoms, Suicide-related Outcomes, and Suicide Rates Among U.S. Adolescents After 2010 and Links to Increased New Media Screen Time», *Clinical Psychological Science*, 6, n.º 1 (2017), pp. 3–17, https://doi.org/10.1177/2167702617723376, http://journals.sagepub.com/eprint/qeIxKSaE5auQCM8Pfb4Z/full.

Cuando recurrimos a anteponer la comodidad sin sentido a la conexión sincera, acabamos sintiendo tristeza o incluso depresión, sin saber siquiera por qué. Nos estamos alejando de la conexión que más importa, la que nos une a la parte más profunda de nosotros mismos.

¿Tienes alguna vez la impresión de que estamos desatendiendo las necesidades humanas como tener tiempo para relajarnos y tiempo para estar con las personas que queremos y que nos quieren? ¿Cosas básicas, como tiempo para dormir, para divertirnos, para reír y para descansar? ¿Anhelas tener más tiempo para respirar, para soñar sobre algunas intenciones y, qué tal para limitarte a... no hacer nada?

DESAFÍO DEL DIARIO

Puntúa en tu **diario** cada necesidad humana, básica o no, (como relajación/sueño, amistades afectuosas, tiempo con la familia, desarrollo personal, alimentos nutritivos, estabilidad económica, trabajo que merece la pena, ocio/salud, conexión espiritual, contribución a los demás, disfrute de la naturaleza... añade lo que quieras), siendo 1 «estoy muy satisfecho» y 10 «URGENTE, ¡tengo que hacer algo YA!».

En lugar de encontrar satisfacción en el momento y de valorar las experiencias sencillas y conmovedoras que nos ofrece la vida (algunas te hacen sentir bien y algunas son complejas), ¿cuántas personas vamos siempre en pos de la imagen de una vida «perfecta»?

¿Y si fuera la *sociedad*, con sus prioridades distorsionadas, la gran enferma? El doctor Neel Burton señala que multitud de personas han recibido tratamiento: «Al catalogar su aflicción como trastorno mental, nuestra sociedad puede estar insinuando sutilmente que el problema no radica en sí misma sino en las personas como individuos frágiles y débiles». La idea de que cuando la vida te contraría, te tomas una pastilla, se ha generalizado. Pero si seguimos identificando la tristeza corriente con un desequilibrio químico o una enfermedad mental, podemos pasar por alto los problemas reales del estilo de vida que provocan muchas de estas afecciones para empezar. Se trataría de concentrar nuestra atención en elegir un modo mejor de adaptar nuestro estilo de vida. Vamos a llamarlo por su nombre. El sistema en el que vivimos, respiramos, trabajamos e intentamos amar es inconexo, y cada vez lo será más, a no ser que intervengamos para gestionar nuestras prioridades.

El doctor Rangan Chatterjee, estrella del programa de la BBC *Doctor in the House* (equivalente a *Un doctor en mi casa*) y autor de *How to Make Disease Disappear*, propugna que, en lugar de decir a los pacientes que tienen una depresión y recetarles antidepresivos, hay otros enfoques que ofrecen resultados todavía mejores[39]. Las elecciones de estilo de vida que hace la gente influyen e incluso transforman su salud. El doctor Chatterjee cuenta la historia de un chico de dieciséis años llamado Devon que había intentado cortarse las venas y que le fue derivado desde urgencias para que le suministrara antidepresivos. Como sabía que la familia del chico era equilibrada y afectuosa, el médico no se decidió a extender la receta y les pidió que regresaran el día siguiente. Propuso un experimento a Devon. Si el modo en que Devon usaba los medios sociales fuera un factor del modo en que se sentía, ¿estaría interesado en reducir su exposición a ellos para ver si eso cambiaba algo? Devon dijo que lo intentaría y estuvo de acuerdo en estar una hora sin mirar el móvil por la mañana. Cuando volvió siete días después, Devon dijo: «Todavía no estoy bien, pero tengo menos altibajos durante el día y duermo mejor». Era una señal de mejora.

---

39. Rangan Chatterjee, *How to Make Disease Disappear*, HarperOne, Nueva York, 2018.

El médico le preguntó si podrían ir aumentando poco a poco, y a lo largo de las siguientes semanas Devon amplió el tiempo sin dispositivo hasta llegar a pasarse dos horas por la mañana y dos horas por la noche, antes de acostarse, sin mirar el móvil. Empezó a mejorar gradual pero regularmente. Mientras tanto, el doctor Chatterjee consultaba obras sobre nutrición, y la siguiente vez que Devon fue a verlo, le preguntó qué comía. Era la típica dieta de un adolescente, llena de comida basura procesada y azúcar. El médico dibujó un gráfico para mostrar a Devon que cuando tu azúcar en sangre sube y baja con lo que estás comiendo, no es sólo un problema de energía; tus hormonas del estrés, como el cortisol y la adrenalina, también se elevan, y eso influye en tu estado de ánimo. Devon captó la idea, y cuando preguntó qué podía hacer, el médico le recomendó formas de estabilizar su azúcar en sangre durante el día con más proteínas y grasas saludables, como frutos secos, para picar.

Meses después, la madre de Devon le envió una carta diciendo que su hijo era un chico distinto: estaba contento en clase, se relacionaba con sus amigos e iba a la discoteca los fines de semana. Cuando leyó la carta, el médico pensó que Devon se había encontrado ante una bifurcación en el camino (podían haberle considerado alguien que tenía una depresión), pensando que no había nada que pudiera hacer, y podía haber estado tomando antidepresivos durante años. O podía haber intentado los cambios en el estilo de vida y descubierto que con sus elecciones conscientes podía influir en su propia salud [40].

Aunque puede que esto no le funcione a todo el mundo (porque hay quien necesita realmente medicación), es de lo más esperanzador que este enfoque tenga tanto éxito. Como la tristeza suele

40. «Reverse Disease and Reclaim Your Health with Dr. Rangan Chatterjee», entrevista de Lewis Howes, *The School of Greatness*, pódcast (30-4-2018), https://lewishowes.com/podcast/reverse-disease-and-reclaim-your-health-dr-rangan-chatterjee.

diagnosticarse erróneamente como depresión, y la depresión ha alcanzado cifras sin precedentes (es la primera causa de discapacidad a escala mundial según la Organización Mundial de la Salud), adoptar un enfoque holístico puede cambiar totalmente las cosas.

Márcate el desafío de hacer hoy un pequeño cambio en tu estilo de vida. Estos cuatro pilares que el doctor Chatterjee señala son engañosamente sencillos:

- **Relájate** y relaciónate con tus seres queridos; la conexión es importante.
- **Aumenta tu energía** comiendo más proteínas y frutos secos que contribuyan a regular los niveles de azúcar en sangre y el estado de ánimo.
- **Duerme** para cargar las pilas de tu sistema; es más importante de lo que parece.
- **Mueve** más tu cuerpo; el ejercicio mejora eficazmente tu estado de ánimo.

Elige un ámbito para empezar y haz un pequeño cambio. Haz un seguimiento de cómo te sientes la primera semana, y después de los cambios a lo largo del tiempo.

La doctora Ellen Vora, psiquiatra holística, lo lleva un paso más allá al explorar los factores del entorno que están relacionados con la depresión. Entre ellos figura la inflamación, que se origina en el intestino y provoca que algunas personas se sientan deprimidas. La doctora Vora recomienda «cultivar un ecosistema diverso de flora intestinal beneficiosa» y eliminar los alimentos inflamatorios. La salud del intestino afecta al cuerpo y a la mente. Las afecciones de tiroides, según ha observado, suelen quedarse sin diagnosticar, y pueden dar lugar en algunas personas a trastornos de pánico y confusión mental. Las hormonas constituyen un área totalmente distinta, y los desequilibrios hormonales también pueden ser un factor que contribuye a que se produzca la depresión, lo mismo que la falta de determinadas vitaminas y nutrientes[41].También es impor-tantísimo cómo elegimos que transcurran nuestros días: menos «ajetreo», más naturaleza, menos adicción a los teléfonos móviles y pantallas y más conexión humana, menos perseguir lo que no tene-mos, más gratitud por lo que sí tenemos; es de sobras sabido. Lo que hay que recordar es que tienes más opciones de las que imagi-nas para abordar lo que te aflige. Defiéndete a ti mismo.

DESAFÍO DEL DIARIO

Escribe en tu **diario** algo que puedas hacer hoy. Con el tiempo, los pequeños cambios dan lugar a grandes cambios y permiten crear mejores hábitos que contribuyen a contrarrestar la tristeza y la depresión.

Pero hay algo más: ¿Y si una pequeña cantidad de tristeza es en realidad positiva? Aunque todos intentamos evitarla, ¿podría la tris-teza ser realmente una ventaja en determinadas situaciones?

Cómo la tristeza favorece la memoria, el juicio y el liderazgo

El profesor Joseph Forgas, de la Universidad de Nueva Gales del Sur en Sídney, Australia, ha llevado a cabo varios estudios para de-terminar si una ligera tristeza es positiva en lugar de ser algo que la

---

41. Ellen Vora, «The Real Cause of Depression Is About Way More Than Just Serotonin», Mindbodygreen (30-8-2018), www.mindbodygreen.com/articles/real-cause-of-depression-serotonin.

mayoría de la gente quiere evitar. Concluyó que en determinadas circunstancias, una ligera tristeza (no una depresión) nos ayuda a tener más criterio y a ser más capaces de interpretar bien las actitudes de los demás, y hasta puede estimular una mayor tenacidad[42]. Esto es lo que descubrió:

La tristeza agudiza la memoria

En un estudio, los participantes tenían que recordar los detalles de objetos que habían visto en una tienda. Resultó que en un día sombrío, lluvioso, el típico día que te hace sentir triste, recordaban más detalles y con mayor precisión que en un día soleado y alegre. Conclusión: si quieres absorber y retener todos los detalles, es mejor un estado meditabundo que un estado eufórico.

La tristeza mejora el criterio social

¿Quién juzga mejor a las personas? En el experimento unos observadores miraban un vídeo de personas acusadas de robo. Aunque todos los sujetos del vídeo lo negaban, unos robaban entradas de cine, pero otros no. Los observadores considerados felices sólo detectaban un 49% de las veces si alguien mentía. Los observadores a los que «se provocó experimentalmente un estado de ánimo triste y desdichado» antes de ver los vídeos obtuvieron un resultado muy distinto: pudieron darse cuenta de quiénes mentían un 62% de las veces[43], un resultado un 13% más alto que el de sus equivalentes felices. Conclusión: las personas más tristes pueden ser jueces más precisos.

---

42. Joseph P. Forgas, «Four Ways Sadness May Be Good for You», *Greater Good Magazine* (4-6-2014), https://greatergood.berkeley.edu/article/item/four_ways_sadness_may_be_good_for_you.

43. Todd Kashdan y Robert Biswas-Diener, *The Upside of Your Dark Side: Why Being Your Whole Self—Not Just Your «Good» Self—Drives Success and Fulfillment*, Hudson Street Press, Nueva York, 2014.

La tristeza aumenta la motivación

Cuando se mostró a los participantes en un estudio películas alegres o tristes y se les encomendó después una tarea difícil, llena de preguntas complejas, los resultados fueron muy distintos. El grupo más feliz (como consecuencia de ver la película más alegre) dedicó menos tiempo a la prueba y obtuvo menos respuestas correctas. El grupo que vio la película triste (y que se sentía más triste) hizo un mayor esfuerzo y terminó obteniendo mejores resultados. Conclusión: mientras que la gente feliz podría estar menos motivada a modificar su situación (si funciona, no lo toques), la gente más triste podría estar motivada a hacerlo mejor.

La tristeza es útil para el liderazgo

¿Pueden los líderes que exhiben deliberadamente felicidad o tristeza afectar al rendimiento de sus equipos? Victoria Visser llevó a cabo un estudio que puede ayudar a cualquier persona en una posición de liderazgo, desde progenitores a directores ejecutivos[44]. Los participantes tenían que realizar dos tareas: una era más analítica (hacer un sudoku) y la otra tarea era más creativa (hacer una lluvia de ideas). El líder del equipo dio las instrucciones a todos los participantes, pero la mitad del tiempo su rostro y su voz reflejaban felicidad y la otra mitad su tono de voz y su expresión no eran felices.

Cuando las personas se dedicaron a las tareas creativas, el líder feliz motivó mejores resultados. Los participantes hicieron la tarea creativa doscientas veces mejor para el líder feliz que para el líder triste, lo que no resulta sorprendente: los animó, los inspiró. La felicidad es contagiosa. Lo interesante es, sin embargo, que los participantes realizaron

44. Victoria A. Visser, Daan van Knippenberg, Gerben A. van Kleef, y Barbara Wisse, «How Leader Displays of Happiness and Sadness Influence Follower Performance: Emotional Contagion and Creative versus Analytical Performance», The *Leadership Quarterly* 24 n.º 1 (Febrero de 2013), www.sciencedirect.com/science/article/pii/ S1048984312000896.

la tarea analítica cuatrocientas veces mejor cuando el líder daba muestras de tristeza. Este cambio en el rendimiento estaba directamente correlacionado con el hecho de que el líder pareciera feliz o triste. Esto sugiere que los líderes deberían pensar primero en sus objetivos para elegir después el enfoque emocional que les ayude a llevar a las personas en esa dirección. Conclusión: la felicidad, como estilo de liderazgo, estimula la creatividad, pero la infelicidad o la tristeza resultan sorprendentemente efectivas para motivar el pensamiento analítico.

Los regalos de la tristeza

Ya que abordamos la cuestión de los usos de la tristeza, ¿afecta de algún modo más a nuestra vida? En muchos sentidos, esta emoción es un puerto seguro durante una tormenta y puede ayudarnos a desplazarnos de un lugar lleno de pesar a un lugar lleno de posibilidades, y sí, incluso de alegría. El psicólogo Tim Lomas asigna personajes a las distintas formas en que puede presentarse la tristeza, pero yo las he formulado de acuerdo con los regalos ocultos que la tristeza puede ofrecer[45]. ¿La tristeza, un regalo? ¡Sí, es posible! A continuación encontrarás los siete:

1. Te mantiene a salvo

El primer regalo de la tristeza es que contribuye a mantenerte a salvo. Si estás en una situación tóxica y la tristeza es tan grande que te incita a superar la inercia y dirigirte hacia un entorno más seguro, esa tristeza te impulsa a actuar. Del mismo modo que quemarte la mano en un fogón te obliga a apartarla instintivamente, sentir un dolor agudo en el corazón al romperse una relación, por ejemplo, puede

---

45. Tim Lomas, *El poder positivo de las emociones negativas: libera tu lado oscuro para encontrar la felicidad*, Urano, Madrid, 2018.

obligarte también a apartarte de lo que podría haberse convertido en una dinámica malsana. Un animal encontraría un lugar seguro o hibernaría para mantenerse a salvo, y las personas tienen las mismas necesidades. La tristeza crea la urgencia de avanzar hacia un lugar donde guarecerte y encontrar refugio para recuperar tu fortaleza. A no ser por la tristeza, podrías haberte quedado más tiempo del necesario en esa situación. De este modo, la tristeza puede liberarte.

2. Activa el poder de las lágrimas

La tristeza también provoca lágrimas. Estas son la señal de la evolución de que a la persona que llora le iría bien algo de ayuda. Ver a alguien llorando incita a la mayoría de la gente a echar una mano. Puede que este sea el motivo de que los seres humanos todavía tengan vías lagrimales. Llorar es también la forma que tiene la naturaleza de liberar emociones reprimidas; la mayoría de las personas se sienten mucho mejor después de un buen llanto. Hormonas como la oxitocina y la prolactina provocan sentimientos de satisfacción y comodidad al liberarse[46]. Llorar no es señal de debilidad, es un sistema sofisticado y complejo de aliviar el estrés y conseguir ayuda inmediata.

> Llora. Perdona. Aprende. Avanza. Deja que tus lágrimas rieguen las semillas de tu futura felicidad[47].
>
> STEVE MARABOLI

En momentos de dolor, especialmente debido a la pérdida de un ser querido, llorar es más importante que nunca.

---

46. Tuomas Eerola, «Why Do Some People Love Sad Music?» *Greater Good Magazine* (29-9-2016), https://greatergood.berkeley.edu/article/item/why_do_some_people_love_sad_music.

47. Maraboli, Steve, *Unapologetically You: Reflections on Life and the Human Experience,* Better Today, Port Washington (Nueva York), 2013.

Cuando Sheryl Sandberg perdió a su marido, Dave, fue un golpe que nadie había esperado. Murió de una arritmia cardíaca provocada por una cardiopatía no diagnosticada. Mientras lidiaba con su dolor y el de sus hijos, un buen amigo, el psicólogo y profesor de Wharton, Adam Grant, le tendió la mano. Le sugirió que expresara el dolor, en lugar de ignorarlo. Ayudaría a toda la familia, no sólo a sanar sino también a adquirir mayor resiliencia. Las conversaciones se intensificaron, y escribieron conjuntamente *Opción B* para ayudar a los demás a encontrar estrategias para reaccionar a los trastornos de la vida[48].

Según explicó Grant, una opción útil es elegir expresar lo que sientes. Si te apetece llorar, ya sea en el coche o en medio de una reunión, hazlo. Si los niños tienen que salir con un amigo o hablar con un psicólogo para liberar sus sentimientos, eso acelera su sanación. Como el ejercicio físico, cuanto más haces, más fuerza descubres tener.

Aunque el instinto decía a Sheryl que intentara aportar pensamientos positivos (y distraerse de las lágrimas), Adam sugirió un enfoque contrario a la lógica: concentrarse en el peor de los casos. Puede que pienses: «¿Qué podría ser peor?» Adam respondió: «Dave podría haber tenido la misma arritmia cardíaca llevando a tus hijos en el coche». Imagina perderlos a los tres de golpe. Eso surtió efecto.

3. Te da espacio para reflexionar

Otra ventaja de ser fiel a tus necesidades es que puedes sacar tiempo para examinar la situación y hacerte por fin las preguntas sobre las que nunca tuviste tiempo de reflexionar. Las lágrimas también se llevan con ellas las ilusiones que pueden haberte tenido estancado sin

---

48. Sandberg, Sheryl y Adam M. Grant, *Opción B: afrontar la adversidad, desarrollar la resiliencia y alcanzar la felicidad*, Conecta, Barcelona, 2017.

saberlo. Tras llorar una pérdida y empezar el proceso de sanación, surge una claridad que era imposible ver mientras estabas enredado en viejos patrones malsanos. Ahora tienes el tiempo, el espacio y la perspectiva para hacerte nuevas preguntas.

DESAFÍO DEL DIARIO

Dedica un momento a las respuestas en tu **diario**:
- ¿Cómo quiero reaccionar al avanzar en el futuro?
- ¿Qué podría ayudarme ahora mismo?
- ¿Qué me dice esta situación sobre lo que quiero o no quiero?
- ¿Qué me hacía sentir atrapado, qué haré ahora?

Las personas que experimentan tristeza pueden sentirse también desilusionadas, pero eso no es malo. Aunque la realidad de una situación sea dolorosa (él me engañó, ella sólo piensa en sí misma...), también te permite adquirir la sabiduría de la experiencia. Puede que las lecciones aprendidas resulten duras, pero no tendrás que tomarlas otra vez. La tristeza puede ser la cuna del conocimiento, y el conocimiento es poder.

4. Abre la puerta a nuestra humanidad compartida

La tristeza es la puerta de la compasión. Al reconocer que todo el mundo sufre a veces, no nos sentimos tan separados de otras personas que están pasando por un momento doloroso. En lugar de eso, esta sensación compartida de sufrimiento nos impulsa a tender una mano y ayudar (piensa en las efusiones masivas de compasión y generosidad tras un desastre natural); estamos unidos en el viaje humano.

¿Quién no siente una tristeza desgarradora cuando fallece un ser querido, y quién no ha sentido el escozor del rechazo, la soledad o la decepción? Estamos realmente juntos en esta aventura: unos reciben antes las lecciones y otros, más tarde, pero a lo largo del tiempo la tristeza es y será una de las cosas que más nos iguala. Tanto si tienes millones en el banco como si te las apañas como puedes, tanto si tienes una familia enorme como simplemente una mascota a la que querer, todos nos sentimos tristes a veces. Al reconocer que ningún miembro de la raza humana es inmune al dolor, descubrimos que formamos parte de algo mucho más importante y mucho más intemporal que nuestra egocéntrica vida.

5. Nos acerca más a quienes hemos perdido

Anteriormente mencioné que la tristeza posee distintos niveles, desde la decepción hasta el dolor. Perder un ser querido es uno de los niveles más intensos y puede costar años superarlo. Aunque se dice que el dolor tiene cinco etapas, cada persona recorre ese camino a su paso. Nadie puede establecer una fórmula o una cronología; hay quien se recupera más deprisa y hay quien necesita el bálsamo relajante del tiempo; depende de circunstancias muy personales.

Este tipo de tristeza no es un trastorno depresivo, sino un proceso normal. Tengo una amiga, Diane, que perdió a su madre, y en el funeral y en los días posteriores, su llanto primigenio llenaba la habitación. Cuando algunos de los miembros de su familia, que se sentían incómodos ante este tsunami de emoción, intentaron acallarla, suplicándole que se moderara, el clérigo presente tuvo unas palabras que decir. Bueno, empezó con unas palabras, pero terminó como un discurso apasionado sobre cómo deseaba que cada doliente estuviera tan conectado con sus emociones como Diane. Describió cómo mucho después tenía que ayudar a recoger los pedazos de los dolientes que permanecían callados y estoicos; llevaban la carga de su dolor mucho más tiempo. Pero los que lo exteriorizaban, y lloraban la pérdida sonoramente, lo superaban más rápido. Una vez más, no se trata de una carrera, y cada persona tiene sus propios tiempos, pero esto nos recuerda que ser estoico no es por fuerza lo mejor.

Llorar una muerte no significa una pérdida del amor. Es una expresión activa del amor que todavía sentimos y una forma de mantenernos conectados con nuestros seres queridos, ahora difuntos. Tim Lomas explica: «Podría argumentarse que (llorar la muerte de alguien) no es una pérdida del amor en sí, sino más bien una expresión de amor... el amor en presencia de su "objetivo" se manifiesta como alegría, y en su ausencia se manifiesta como tristeza». [49]

Algunas personas creen que, al morir, su ser querido se va para siempre; aunque con el tiempo, hay quien ve indicios de su presencia de nuevas formas: «Cuando aparece ese pájaro, tengo la sensación de que mi padre me está enviando un mensaje». Que alguien haya fallecido no significa que la conexión haya acabado. Para algunas personas, el vínculo energético es todavía más fuerte. Cada cual decide por sí mismo qué interpretación le gusta más.

6. Nos ayuda a experimentar una mayor alegría

Hay tres cosas que nos impiden recuperar la alegría. El psicólogo Martin Seligman las llama las tres *P*. La buena noticia es que tienen que ver con nuestras creencias... que pueden cambiar.

1. **Personalización:** la creencia de que «la culpa es totalmente mía». Es probable que no sea así. En la mayoría de las situaciones convergen muchos factores (como la historia personal, el entorno, la salud, la actitud abierta, etc.). No lleves una carga que no es tuya.

---

49. Lomas, *El poder positivo de las emociones negativas.*

2. **Penetración:** es la creencia de que «afectará a *todos* los aspectos de mi vida». La tendencia es incluirlo todo en un revoltijo de melancolía. Separa los ingredientes. No *todo* es malo. Por ejemplo, si acabas de superar una ruptura, recuerda las relaciones positivas que todavía te apoyan; concéntrate en otros aspectos de tu vida que están funcionando.

3. **Permanencia:** es la creencia de que «estos sentimientos abrumadores durarán para siempre». Cuando las emociones son intensas, solemos creer que siempre lo serán. Recuérdate a ti mismo que, sea lo que sea aquello a lo que te estás enfrentando, hasta las situaciones más complicadas son menos intensas con el tiempo; estamos hechos así.

DESAFÍO DEL DIARIO

En tu **diario** piensa en una situación complicada adoptando el punto de vista desde estas tres *P*. ¿Qué aspecto puede ayudarte a adquirir una nueva perspectiva?

¿Y si cuanto más experimentaras la tristeza, mayor fuera tu capacidad de sentir alegría? Ya no podemos dar por sentados los momentos felices sino aprovecharlos y disfrutar más plenamente de ellos ahora que conocemos lo contrario. Del mismo modo que la oscuridad crea un lienzo para los rayos de una linterna, la tristeza puede ser el lienzo para la alegría. Kahlil Gibran lo explica a la perfección: «Cuanto más profunda se graba la pena en tu ser, más alegría puedes contener». Sólo cuando nos afecta la tristeza podemos valorar realmente las muchas facetas de la felicidad. Así que, incluso en las circunstancias más difíciles, hay esperanza: la pena nos ayuda a experimentar una mayor alegría.

7. Nos permite conocer la trascendencia del amor

¿Has amado tanto alguna vez a alguien que creías que no podrías soportar su ausencia? Cuando contemplas dormir plácidamente a un niño o a un ser querido, tu corazón se abre a la inmensidad de tus sentimientos... y pensar que eso podría cambiar de repente puede también provocarte miedo o tristeza. «¿Y si murieran, y si ya no estuvieran en mi vida, y si...?» Cuando nos entregamos a un amor tan profundo y eterno, dejamos al descubierto una vulnerabilidad intensa.

> Amar significa abrirnos a ese destino, a la más sublime de todas las condiciones humanas, en la que el miedo se mezcla con la alegría para formar una aleación que ya no permite a sus ingredientes separarse.
>
> ZYGMUNT BAUMAN [50]

El miedo, la tristeza, la alegría y el amor se funden y proporcionan una conciencia increíble de lo preciosa que es la vida.

Al saber que todos, en cierta medida, estamos sujetos a los caprichos del destino, valoramos más la fragilidad y la impermanencia de la vida, y la idea de perder ese amor frente a lo desconocido. Al final, amar tan profundamente es uno de los mayores regalos que podemos dar o recibir.

Tristeza y arrepentimiento

Conocer los regalos de la tristeza aporta una nueva perspectiva a viejos problemas. Pero uno de los tipos más generalizados de tristeza tiene que ver con el arrepentimiento: «Ojalá hubiera actuado de otra

---

50. Zygmunt Bauman, *Amor líquido: sobre la fragilidad de los lazos humanos*, Paidós Ibérica, Barcelona, 2018.

forma, ojalá hubiera sido más abierto, ojalá hubiera sido más atrevido...» Aunque el arrepentimiento es diferente para cada persona, al final de nuestros días existen temas universales. Bronnie Ware trabajó ocho años en cuidados paliativos y se sentó a la cabecera de la cama de personas en sus últimas semanas de vida. Oyó estos temas una y otra vez, y registró los principales arrepentimientos de los moribundos[51]. Estos arrepentimientos hacen que veamos nuestras prioridades desde la perspectiva de quienes no disponen de tiempo para cambiar las suyas. Nosotros lo tenemos. ¿Qué arrepentimientos estarías dispuesto a examinar?

- **Ojalá hubiera tenido el valor de vivir la vida siendo fiel a mí mismo, no la vida que los demás esperaban de mí.** ¿Hay algo más triste que fallarte a ti mismo? Cuando tienes un sueño, y estás lo bastante sano para intentar hacerlo realidad, celébralo y aprovecha al máximo tu valioso tiempo.
- **Ojalá no hubiera trabajado tanto.** Al final, el proyecto, los premios, incluso los logros importan menos que aquéllos con quienes los compartes. Antepón las personas a la búsqueda; es algo que jamás lamentarás.
- **Ojalá hubiera tenido el valor de expresar mis sentimientos.** Cuando te reprimes para no agitar las aguas, acabas comprometiendo no sólo tus prioridades sino también quién eres en realidad. Entonces los sentimientos se enconan y se vuelven hacia el interior, lo que provoca una tristeza profundamente arraigada. Di lo que piensas, expresa tu opinión; no sólo facilita las cosas, sino que te ganarás tu propio respeto y el de los demás. También es bueno expresar amor cuando lo sientes. Te estás poniendo en sintonía con tu verdadera naturaleza; no hay nada mejor.

---

51. Bronnie Ware, *The Top Five Regrets of the Dying: A Life Transformed by the Dearly Departing*, Hay House, Carlsbad (California), 2003.

- **Ojalá hubiera seguido en contacto con mis amigos.** Aunque nos gusta considerarnos independientes, lo que más recordamos son los momentos de conexión y de amistad. Son lo importante. No supongas que dispones de infinidad de oportunidades para dedicar más tiempo a las personas que amas. O se les acaba a ellos o a ti; hoy es un día perfecto para mostrarles tu cariño.
- **Ojalá me hubiera permitido ser más feliz.** Cuando nos damos cuenta de que la felicidad es una opción, podemos crear las condiciones para permitir que esté más presente. Pregúntate si hay partes de ti que quieren salir a jugar. Y hazlo ahora, no esperes. Es algo positivo desde todos los puntos de vista.

DESAFÍO DEL DIARIO

Una forma de hacerlo es escribirte una carta a ti mismo en tu **diario** desde el punto de vista de tu entrenador interior, o si lo prefieres, de tu mejor amigo. Podría ser algo así: «Querido (tu nombre), sé que ahora mismo estás pasando una mala racha, y tienes todo el derecho a hacerlo. Es importante que sientas lo que estás sintiendo y que te fijes también dónde se refleja en tu cuerpo. Pero esto es lo que tienes que hacer a continuación...» Imagina que tu sabio entrenador o amigo íntimo te da algunas indicaciones sobre algo que puedes hacer hoy o esta semana. Concédete algo de tiempo para estar tranquilo y presta atención. Las respuestas pueden sorprenderte.

La tristeza seguirá su curso, y *volverás* a sentirte mejor. Si quieres acelerar este proceso y no quedarte estancado cavilando, conecta con tus recursos interiores.

Otra cosa que puedes hacer es asegurarte de no estar siempre solo. Podrías quedarte atrapado en un ciclo de pensamientos difícil de romper. Para cambiar tu perspectiva, ve a cenar con un amigo de vez en cuando, o haz una salida, asiste a un concierto, haz una excursión en plena naturaleza. Estar juntos es una buena medicina. Te recuerda que esto también pasará y que no estás solo.

La tristeza forma parte de la vida, y hace que la alegría sea mucho más relevante. Es importante conocer ambos lados, porque cuando dejamos fuera la tristeza, cerramos también la puerta a nuestra capacidad de sentir alegría. Son como los dos lados de una moneda; ambos son necesarios. La tristeza no es el enemigo; observa sus lecciones para poder avanzar. Es un portal a tu siguiente nivel de crecimiento. Úsala para hacer limpieza, aclarar quién eres y quién quieres ser. Liberará vieja energía, te orientará para recuperar tu sabiduría interior y te conectará con lo que es más importante en tu vida. La tristeza te ayuda a hacer sitio a la alegría.

Deseo

El deseo es el punto de partida de todo logro.

NAPOLEON HILL

Cuando piensas en el deseo, ¿qué te viene a la mente? ¿El deseo de triunfar, el deseo de aprender, el deseo sexual o el deseo de ser independiente? Sea lo que sea lo que deseemos, el deseo nos incita a avanzar.

¿Pero qué es el deseo? Se define como «una fuerte sensación de querer tener algo o anhelar que algo ocurra[52]; un impulso consciente hacia algo cuya consecución augura placer o satisfacción; impulso o apetito sexual, o algo por lo que se suspira»[53].

DESAFÍO DEL DIARIO

Cuando crecías, ¿cómo te explicaron el deseo? Anota tus pensamientos en tu **diario**.

---

52. «Desire | Definition of Desire in English by Oxford Dictionaries». Oxford Dictionaries | English. https://en.oxforddictionaries.com/definition/desire.

53. Merriam-Webster, *s. v.* «desire (*v.*)», www.merriam-webster.com/dictionary/desire.

Hay quien diría que es lo opuesto a la apatía; nos hace sentir vivos. Y, sin embargo, algunas filosofías desprecian el deseo. Desde una edad muy temprana se nos advierte que no debemos desear demasiado. «¿Quién eres tú para creer que puedes hacer eso? Simplemente no es posible. No te impliques demasiado en ello; necesitas más equilibrio. Te vas a llevar una decepción. ¡Te estás obsesionando!»

¿Significa eso que deberíamos aplastar nuestros deseos, negar nuestra intuición y aprender a ir sobre seguro? Lo único que eso garantiza es la atrofia; si no fluimos con la vida, nos volvemos como agua estancada. También sugiere que nunca nos planteemos ninguna idea nueva y que no aspiremos a grandes cosas. ¿Hemos venido a este mundo para esto? ¡No! Esta vida es una aventura maravillosa, no estamos predestinados a existir y después morir: existe un potencial enorme en todos y cada uno de nosotros. Cuando experimentamos el deseo, salta una chispa. Nos cargamos de energía, queremos crecer, aprender y conectar. Cómo encauzamos ese deseo nos conduce a realizarnos o a aprender una lección. Ambas cosas son opciones increíblemente valiosas que no serían posibles si permaneciéramos estancados en la apatía.

En este capítulo, examinaremos las diferencias entre esperanza y deseo, la naturaleza del deseo y qué pasa cuando el deseo se vuelve extremo. Eso nos llevará a la diferencia entre deseo y pasión, de modo que descubriremos los dos tipos de pasión, y finalmente veremos cómo ambas abren camino al propósito. El deseo y la pasión son fuerzas poderosas, especialmente cuando sabemos cómo dirigirlas de modo que estén en sintonía con nuestras directrices interiores y con lo que más valoramos.

La diferencia entre esperanza y deseo

La esperanza es una de las emociones más incomprendidas. No significa negar los desafíos que tenemos delante ni ver la vida de color de rosa. Es el estado de ánimo en que tomamos la *decisión* de ver la vida de forma positiva en lugar de negativa. Con los ojos muy abiertos, decidimos concentrar más nuestra atención en lo que queremos y en lo que puede surgir.

Para prepararnos para esta actitud, tenemos que decidir en qué nos concentramos. Como aquello en lo que ponemos nuestra atención crece, ¿vamos con el piloto automático y nos sumergimos en las complejidades, las intrigas, los chismes y las historias espantosas que tenemos a mano o elegimos otras opciones y tomamos el control? Al ingerir la información, igual que ocurre con la comida, ¿vamos a atracarnos de noticias basura o vamos a priorizar nuestra vitalidad y asimilar los ingredientes y la información que nos mantienen vitales e inspirados? Para ello, se necesita discernimiento, ya que abandonados a nuestros propios recursos, somos por lo general adictos a nuestros dispositivos. Pero el mero hecho de ser conscientes de que podemos elegir nos da la oportunidad de decidir cuántos medios sociales usamos mecánicamente y cuánto tiempo reservamos a las relaciones reales en persona y a la gente que realmente importa. Se trata de ser dueños de nuestro tiempo y nuestra atención. También se trata de recuperar nuestra conexión con lo que más valoramos y de consultar nuestra brújula interior. Cuando estamos en sintonía con eso, percibimos las posibilidades y guiamos mejor nuestra mente y nuestras energías para crear las condiciones en las que esperamos crecer de forma natural.

Que quede claro, no estoy diciendo que no deberíamos volver a ver nunca las noticias ni negar que ocurren cosas malas. Vivir la vida conlleva decepciones, desafíos y obstáculos. No podemos y no deberíamos fingir que no existen, pero al mismo tiempo eso no significa que la esperanza tenga que desaparecer. En los momentos difíciles, la sensación de que estamos conectados con nuestra verdadera naturaleza y que nos esperan días mejores es más importante que nunca. Puede mantenernos centrados cuando todo lo que nos rodea es inestable, o cuando las cosas llevan más tiempo del que nos gustaría. Hay un plan superior, y si nos mantenemos abiertos, estaremos en armonía con él.

Martin Luther King lo expresó a la perfección: «Tenemos que aceptar una decepción finita, pero jamás perder una esperanza infinita».

Por qué la esperanza importa

Todos necesitamos la esperanza en un futuro positivo, ya que nos anima y permite que nuestra mente se calme. Un estudio que hizo un seguimiento de más de tres años a diversos universitarios descubrió que «para predecir el rendimiento académico, la esperanza era mejor que la inteligencia, la personalidad o el rendimiento académico previo»[54]. Resulta que la esperanza es una actitud que mejora tus resultados y el modo en que te sientes mientras los obtienes.

Pero como medio para avanzar, ¿qué importancia tiene realmente? En un estudio se planteó la pregunta: ¿Qué te genera la mejor actitud para aumentar tu bienestar y tu éxito? Los investigadores Magaletta y Oliver compararon tres. El primer medio era el optimismo: tener expectativas positivas de que una situación futura saldría bien aunque no se controlara. El segundo medio que examinaron fue la creencia personal de que podía lograrse, de que podía dominarse lo que se tenía delante, o autoeficacia.

El tercer medio fue la esperanza y, como medio, la esperanza resultó ser considerablemente mejor que los demás. ¿Por qué? Porque la esperanza, según la Teoría de la Esperanza del psicólogo Charles Snyder, incluye la *voluntad* de lograrlo, además de presentar diferentes caminos para alcanzar tu objetivo[55]. Quieres hacer algo y elaboras un plan para llevarlo a cabo. Mientras que el optimismo te permite pensar

---

54. Liz Day, Katie Hanson, John Maltby, Carmel Proctor y Alex Wood, «Hope Uniquely Predicts Objective Academic Achievement Above Intelligence, Personality, and Previous Academic Achievement», *Journal of Research in Personality*, 44, n.º 4 (agosto 2010), pp. 550–553, www.sciencedirect.com/science/article/pii/S009265661000067X.

55. Shane J. Lopez, «C. R. (Rick) Snyder (1944–2006)», obituario, *American Psychologist*, 61, n.º 7 (octubre 2006), p. 719, http://dx.doi.org/10.1037/0003-066X.61.7.719.

que una situación saldrá bien, la esperanza te ayuda a aprovechar tu fuerza de voluntad y a sugerir estrategias que propicien las cosas.

La esperanza se traduce también en una mayor productividad en el trabajo, un sorprendente aumento del 14%, según Shane Lopez, psicólogo de Gallup y autor de *Making Hope Happen*[56]. En un análisis de cuarenta y cinco estudios con más de 11.000 empleados, la esperanza elevaba la productividad más que la inteligencia, el optimismo o la autoeficacia. Como no está relacionada con la inteligencia ni con los ingresos, la esperanza es realmente equitativa.

La esperanza te genera la mejor actitud para el bienestar y el éxito, y aumenta la productividad. ¡Ya va siendo hora de dar a la esperanza el reconocimiento que merece!

Esperanza frente a expectativas

Mientras que la esperanza nos apunta en la dirección de lo que queremos para nosotros mismos o los demás, las expectativas incluyen un vínculo con un resultado concreto. No sólo tienes la esperanza de algo, esperas que ocurra… Si logras el resultado esperado (consigues el aumento; ganas el partido), estás satisfecho y la vida es buena. Es casi como si se satisficiera un anhelo en ti… temporalmente por lo menos. El problema es que si tus expectativas no se cumplen, tanto en lo referente a un empleo, a un problema de salud o a una relación, podrías fácilmente ser duro contigo mismo. (¿Qué hice mal? ¿Por qué no salen nunca bien las cosas?)

Algunas personas ven las expectativas de otra forma. Creen que cuando has trabajado lo más duro que es humanamente posible y lo has dado todo en un proyecto u objetivo, mereces el éxito; ¡espéralo! Si te dedicas al deporte, y has entrenado al máximo, espera ganar; si

---

56. Shane J. Lopez, *Making Hope Happen: Create the Future You Want for Yourself and Others*, Atria Paperback, Nueva York, 2014.

estás estudiando para un examen y has cubierto todos los detalles posibles y te lo sabes a la perfección, espera sacar la mejor nota. Dedicarte plenamente a un objetivo tiene algo poderoso, y no hay ninguna duda de que te hará avanzar. Al mismo tiempo, no tiene en cuenta los factores incontrolables de la vida, como los accidentes imprevistos, los problemas de salud o los desafíos en general.

Una mejor forma de prepararse es dedicarle las horas (la preparación es positiva) y *aspirar* al mejor resultado posible. La diferencia es que al aspirar a un objetivo en lugar de esperarlo, te liberas de las restricciones «todo o nada» de las expectativas. Experimentas más flexibilidad y margen de respiro. En lugar de quedarte atrapado en una imagen establecida del éxito, dispones de muchas más formas de llegar a *sentirte* exitoso. Me encanta cuando se dice «Podría ser así, o algo mejor...» Cuando no adoptas una postura rígida, tus opciones son más abiertas y, además, disfrutas del proceso.

Una observación: cuando las expectativas no se cumplan, piensa en lo que has descubierto a lo largo del proceso. ¿Harías algo de otra forma la próxima vez? ¿A qué recursos interiores recurrirías? ¿Adoptarías otro enfoque o te plantearías otras cosas al tomar tu decisión? A veces, las cosas suceden por alguna razón... te reorientan hacia algo que te va mejor, que te expande de una forma nueva y que hace que estés más en sintonía con donde tienes que estar. Cuando las cosas no salen como estaba previsto, siempre aprendes y, gracias a ello, te fortaleces. La esperanza no se ha abandonado; simplemente te está preparando para llegar donde tienes que estar. Como se dice: no es rechazo, sino reorientación. Siempre hay un plan superior. En lugar de combatir el cambio, déjate llevar por él.

¿Qué es el deseo?

Tanto el deseo como la esperanza nos impulsan hacia nuestros objetivos, pero en un rango del uno al diez (siendo diez el valor más intenso), la esperanza se situaría en el centro, hacia el cinco, y el deseo estaría entre el ocho y el diez. El deseo tiene más energía, más urgencia y más vitalidad.

El deseo posee un elemento primario. El antiguo Rig Veda hindú, escrito hacia el año 1500 a. C., afirma que el universo no comenzó con la luz, sino con el deseo. El deseo se describe como «la semilla y el germen primarios del Espíritu»[57]. Ese espíritu está en todos nosotros. Es lo que hace que un bebé se levante una y otra vez cuando aprende a andar. Es el impulso de expandirse sin cesar hacia nuevos horizontes. Como especie, hemos evolucionado para desear lo que refuerza nuestra supervivencia; estamos hechos para alzarnos contra quienes amenazan a nuestros seres queridos, para encontrar comida y cobijo, y para producir la siguiente generación.

El deseo también nos motiva para alcanzar nuestro potencial. ¿Te has enfrentado alguna vez a un desafío que parecía realmente difícil, pero algo en tu interior te decía que querías hacerlo, que tenías que hacerlo? Piensa en tu primer empleo. No tenías ninguna experiencia, ningún antecedente al que recurrir, pero sabías que querías aprovechar esa oportunidad. Tal vez abriría un aspecto nuevo en tu vida, quizá te daría más independencia; fuera cual fuera la razón, querías hacerlo.

DESAFÍO DEL DIARIO

Revive en tu **diario** una época en la que tu deseo te ayudó a enfrentarte a un desafío y superarlo. El deseo te ayuda a rebasar tus límites, adentrarte en nuevos territorios y tener la perseverancia de volver a intentarlo cuando sucede lo imprevisto.

---

57. Neel Burton, «The Relationship Between Desires and Feelings», *Psychology Today* (31-10-2015), www.psychologytoday.com/us/blog/hide-and-seek/201510/the-relationship-between-desires-and-feelings.

Es importante formular tus deseos en términos de lo que quieres, en lugar de lo que no quieres. «Quiero sentirme vigoroso y vivo al aprovechar esta oportunidad» es mucho mejor que «No quiero desaprovechar la oportunidad que se me presenta». Conlleva una mayor energía que contribuye a que tome forma. Si visualizas tu deseo y cómo te sentirás durante el proceso hasta alcanzarlo, estás facilitando el camino para satisfacer ese deseo. Los deportistas de élite utilizan la visualización de esta forma. Diversos estudios realizados con jugadores de baloncesto han demostrado que esta sencilla técnica les ayuda a rendir mejor que quienes no la usaron[58].

En la vida nada es estático, y en nuestro interior aparecen sin cesar nuevos deseos, que nos impulsan a relacionarnos con los demás, a encontrar nuestro flujo y a participar en el juego. Si tenemos en cuenta que lo contrario al deseo es la apatía, vemos fácilmente que no estar en contacto con nuestro deseo podría mantenernos aislados y desconectados de la vida. Las personas sin deseo pueden sentir que se están ahogando en la resignación y sufriendo una muerte lenta. El deseo es la chispa que estimula la expansión, la creatividad y el crecimiento. Virginia Woolf lo expresó a la perfección: «Tengo un deseo profundamente oculto e inarticulado de algo más allá de la vida diaria».

El deseo también tiene un aspecto físico. ¿Sabías que el deseo activa en el cerebro un neurotransmisor llamado dopamina? Emma Seppälä, autora de *The Happiness Track*, afirma que «la expectativa de un resultado deseado nos hace sentir bien... Experimentamos una alegría anticipada»[59]. Eso se debe a que se libera dopamina en el cerebro para indicar una recompensa. Así que simplemente ver el objeto

---

58. Alan Richardson, «Mental Practice: A Review and Discussion Part I», *Research Quarterly*, American Association for Health, Physical Education and Recreation, 38, n.º 1, pp. 95–107, https://doi.org/10.1080/10671188.1967.10614808.

59. Emma Seppälä, «How Desire Fools Us: The Benefits and Dangers of the Chase», *Psychology Today* (13-8-2013), www.psychologytoday.com/us/blog/feeling-it/201308/how-desire-fools-us-the-benefits-and-dangers-the-chase.

que deseamos, tanto si es una comida apetitosa como un nuevo juguete o un par de zapatos excelentes, desencadena señales neuronales que están asociadas con la liberación de dopamina en el cerebro. ¿Has planeado alguna vez unas vacaciones por adelantado y te has informado sobre los lugares que visitarías, los restaurantes donde comerías, las playas donde irías a bañarte? Es una forma probada de levantarte el ánimo. Brian Knutson, investigador de la Universidad de Stanford, descubrió que pensar en lo que deseamos, como esas vacaciones futuras, y anticiparlo nos hace más felices. Esta anticipación que provoca el deseo nos ayuda además a culminar proyectos y objetivos importantes, como maratones o grandes decisiones. Estimula nuestro ímpetu y nuestra determinación, y nos ayuda a llegar a la meta aunque haya obstáculos en el camino.

Puedes tener lo que quieras si lo quieres lo suficiente. Puedes ser lo que quieras ser, tener cualquier cosa que desees, lograr cualquier cosa que te propongas si te aferras a ese deseo con firmeza de propósito.

Robert Collier

El deseo no es algo insustancial; es una emoción potente que se propone conseguir resultados.

Deseo extremo

El deseo conlleva, sin embargo, riesgos inherentes. Las religiones orientales nos advierten de los peligros del apego. Ansiar tener cada vez más objetos materiales es un buen ejemplo de ello. ¿Cuántas prendas de ropa son necesarias para sentirse atractivo? ¿Cuántos *me gusta* en las redes sociales nos indicarán que somos aceptados? ¿Cuánto dinero en el banco demostrará que tenemos el futuro asegurado?

¿Cuántos logros serán necesarios para combatir la sensación de vacío que nos dice que nunca estaremos a la altura?

Las personas que están cansadas de «correr hacia ninguna parte» y buscan consuelo en la espiritualidad pueden incluso volverse fanáticas de los rituales y las prácticas que están aprendiendo. Para algunas de ellas, estos rituales adquieren cada vez más importancia, hasta llegar al punto de la obsesión. Cuando sustituimos la adicción a las adquisiciones por la adicción a las experiencias (yonquis de la adrenalina) o al desarrollo personal (aficionados a los seminarios de autoayuda), simplemente estamos reemplazando una compulsión por otra. Pero si somos *conscientes* de esta tendencia humana y elegimos intencionadamente un planteamiento integrado en el que decidimos nuestras prioridades basándonos en lo que más valoramos, nos acercamos a donde nos gustaría llegar. Es un proceso.

Con estas ansias, a menudo inconscientes, de más, el problema es quedar atrapado en el Ciclo del Deseo. Funciona del siguiente modo: tienes un deseo, sacias ese deseo, sientes felicidad, placer o satisfacción inmediatos, y esa sensación desaparece. Y vuelta a empezar...

Es como el chocolate. Te apetece muchísimo algo dulce, y tienes que comerlo. Así que comes chocolate. Sabe delicioso y te hace feliz... pero el sentimiento de felicidad no dura. Los psicólogos positivos lo denominan adaptación hedónica: obtienes ese subidón pero vuelves a estar donde estabas, y entonces... naturalmente las ansias regresan, y necesitas más de lo que fuera que te satisfizo temporalmente.

Como se describe en *Project Happiness Handbook* [Manual del Proyecto Felicidad], «Una vez desaparece el placer de tener el objeto, deseamos otra cosa. La idea es que la felicidad que depende de objetos externos o de la consecución de deseos inmediatos sólo aporta una satisfacción temporal. Entonces, cuando queremos otra cosa, lo que suele suceder, repetimos el proceso. Terminamos creando un ciclo inacabable en el que buscamos constantemente más objetos y experiencias cada vez más intensas que nos satisfagan temporalmente»[60].

Cuando nuestra actitud es la de «no es suficiente» somos más sensibles a los vendedores que nos ofrecen los vaqueros de moda, una poción mágica para la piel o una bebida energética. No es que lo necesitemos; es siempre el deseo de sentirnos más completos en nuestro interior..., de alejar para siempre esa sensación de separación, de carencia, de vacío: el agujero en el alma.

Atrapados en la búsqueda omnipresente de más, dejamos de valorar las pequeñas alegrías, la belleza sutil y las oportunidades de tener conciencia del momento presente. El deseo, en este escenario, está intentando enviarte un mensaje importante: más allá de todo el ruido, cuando dedicas un momento a profundizar, lo que realmente estás anhelando es la sensación de volver a ser tú mismo. En palabras de Eckhart Tolle: «Todos los anhelos son la búsqueda de salvación o de realización de la mente en cosas externas y en el futuro como sustituto de la alegría de Ser».

60. Randy Taran y Maria Lineger, *Project Happiness Handbook*, Project Happiness, Palo Alto (California), 2009.

Hablemos pues de la alegría de ser. ¿Has sentido alguna vez que tenías un subidón de energía? Te sentías despejado, conectado y vivo. En ese momento estabas conectado con tu verdadera naturaleza, la parte de ti que está tranquila, dichosa y atenta, la parte de ti que siempre está contigo, justo bajo la estática de la vida diaria. Es probable que conectes con ella en la naturaleza, al escuchar música, al meditar o en momentos especiales. Llámalo tu conocimiento interior, llámalo fuente, llámalo tus valores fundamentales. Elijas el nombre que elijas, te sientes en sintonía.

Algunas personas usan la analogía de una boquilla o una válvula[61]. Nosotros somos la válvula, y estamos conectados a una manguera inmensa, parecida a una manguera de incendios. La manguera de incendios representa una energía vital pura y clara, a la que damos o impedimos el paso según cómo ajustamos nuestra válvula. Cuando estamos más relajados, la válvula se abre. Cuando el estrés se adueña de nosotros y nos sentimos desconectados, la válvula se cierra, lo mismo que nuestro acceso a toda esa energía pura.

A menudo, cuando hacemos una pausa y nos distanciamos del estrés de la rueda de hámster, empezamos a notar todo lo bueno que *ya* tenemos en nuestra vida. Es una forma fácil de abrir nuestra válvula para que la energía pura fluya hacia y a través de nosotros. Cuando nos sentimos realmente conectados, nos percatamos de las pequeñas cosas, los pequeños momentos de gratitud o una conversación significativa. Estas cosas nos recuerdan quiénes somos y también lo que es importante al final del día.

Sienta muy bien ser un conducto para esta maravillosa energía. Y como el bumerán que vimos al hablar sobre la felicidad, lo que emitimos vuelve a nosotros. Asegúrate de tener tu válvula abierta para acceder a esta increíble energía y aumentar el efecto bumerán. A continuación encontrarás formas sencillas de hacerlo:

---

61. Lynn Grabhorn, *Excuse Me, Your Life Is Waiting: The Astonishing Power of Feelings*, Hampton Roads, Charlottesville (Virginia) 2015.

- Para llenar tu cuerpo de energía, haz unas cuantas respiraciones abdominales, da un paseo o participa en una clase de yoga. A menudo le damos vueltas literalmente a la cabeza. Activar nuestro cuerpo nos anima y nos centra. Al hacerlo abrimos nuestra válvula de modo que fluye por nosotros más energía.
- Para elevar el nivel mental, incorpora algo de gratitud a tu mente, escucha música o un pódcast inspiradores, lee un buen libro o escribe en tu diario.

DESAFÍO DEL DIARIO

Puedes hacer una pregunta en tu **diario**, del «tú» sentado en la silla a tu naturaleza interior, con la boquilla abierta y la energía fluyendo. La pregunta podría ser: «¿Qué necesito saber ahora mismo?» Escribe como mínimo una página y observa qué quiere decirte tu naturaleza interior. Puedes llevarte una agradable sorpresa.

- También puedes cambiar tu entorno llamando a un buen amigo o disfrutando de la naturaleza. Interactuar con los demás o con la naturaleza tranquiliza el sistema nervioso y favorece la esperanza y la resiliencia. Tú controlas estas cosas, y las posees en tu caja de herramientas para ayudarte a abrir tu válvula cuando quieras.

Deseo y pasión

El deseo puede proporcionarte motivación para alcanzar tus objetivos, pero la pasión puede volverte imparable. Esto es especialmente cierto si conecta con tus valores fundamentales y tu propósito. El deseo te ayuda a avanzar, y la pasión lo favorece todavía más. La pasión tiene muchas caras. Puede enamorarte, prender un fuego en tu alma o hacerte saltar por un precipicio.

La pasión surge de lo que parece una necesidad; es todavía más intensa que el deseo de algo que quieres. Puede incluso apasionarte querer alcanzar un deseo. Con ese estado mental, sabes que irás a por todas, totalmente comprometido y muy concentrado.

La pasión, según el doctor Robert Vallerand, autor de *The Psychology of Passion*, es «una fuerte inclinación por un objeto, actividad, concepto o persona concreto que se quiere (o que por lo menos gusta muchísimo), que se valora muchísimo, [y] en el que se invierte tiempo y energía»[62]. Cuando algo nos apasiona, queremos sumergirnos en esa actividad. Las horas parecen minutos. Nos hace sentir vivos.

Dos tipos de pasión

¿Sabías que hay dos tipos de pasión? El primero es la pasión armoniosa, que mejora tu vida y te permite vivirla con mayor plenitud. Eres capaz de dedicar tiempo a lo que te encanta además de decidir cuándo dejarlo para disfrutar también de tiempo de calidad con amigos y familiares. El segundo tipo es la pasión obsesiva (que se acerca mucho al deseo compulsivo), y parece controlarte.

Este tipo de pasión es tan cautivador que se apodera de tus pensamientos y de tu tiempo hasta el punto de que no quieres interrumpir lo que estás haciendo. Estás sumido en un estado de flujo; ¿por qué ibas a parar? Pero la parte negativa puede ser terrible. Algunos atletas, cuando se entrenan en exceso y se lesionan de gravedad como

---

62. Robert J. Vallerand, *The Psychology of Passion: A Dualistic Model*, Oxford University Press, Oxford, 2015.

consecuencia de ello, saben adónde puede conducir este sentimiento. En la vida corriente, la pasión obsesiva está presente cuando eres adicto al trabajo, haces un maratón de vídeos o te entregas en exceso a algo que te gusta. Aunque te hace sentir bien en ese momento, se llega a un punto de rendimientos decrecientes. Sí, te encantaría ver la primera y la segunda temporadas de una serie fascinante, pero por la mañana suena el despertador y ¡tienes que ir a trabajar! O trabajas tantas horas que tu familia se siente abandonada y distanciada de ti. Haz la prueba siguiente: si puedes dejar la actividad cuando quieras, estás fuera de peligro. Si te sumerges en ella hasta el punto de que los demás aspectos de tu vida se resienten, usa esa información para corregir el rumbo.

Es cómo gestionamos nuestras pasiones lo que marca la diferencia entre que estas nos ayuden o nos perjudiquen. Según los estudios del doctor Vallerand, la pasión no es sólo para una minoría privilegiada; el 85 % de la gente tiene una pasión como mínimo. Muchas personas tienen más. Piensa en tu pasión (o tus pasiones). ¿Son armoniosas, o hay alguna que sea de tendencia obsesiva? A continuación las encontrarás desglosadas:

PASIÓN ARMONIOSA	PASIÓN OBSESIVA
Tú la controlas; puedes parar cuando quieres	Te controla y monopoliza tu tiempo
Aumenta la productividad y mejora otras aspectos de la vida	Conduce a la adicción al trabajo y al agotamiento, y puede perjudicar otros aspectos de la vida
Aumenta la energía y te mantiene vital	Merma tu energía y te deja agotado
Te permite priorizar cómo se integra en tu vida	Se adueña de las prioridades de tu vida y se convierte en el único centro de atención

Conduce al bienestar y a la satisfacción que favorece las relaciones estrechas	Conduce al conflicto que socava relaciones más estrechas
Aumenta las emociones positivas, la salud y el bienestar, y las conexiones sociales	Aumenta, con el tiempo, las negaciones negativas: puedes acabar sufriendo y hacer que los demás sufran contigo.

Si ves que tus pasiones están al borde de ser obsesivas, puedes adoptar las siguientes acciones:

- Incorpora poco a poco otras pasiones divertidas para debilitar el dominio que ejerce sobre ti tu pasión principal. Si sientes una pasión obsesiva por la danza, incorpora el yoga (o cualquier otra cosa que te guste). Si piensas mucho en una persona, dedica también tiempo a otros amigos. Examina la pasión durante un período más largo de tiempo; a lo largo de toda tu existencia, esta actividad o persona no define realmente quién eres. Tómatelo más a la ligera, y si es posible, añádele algo de humor y de perspectiva.
- Echa un vistazo a todo tu ecosistema: familia, amigos, trabajo, comunidad, deportes y espiritualidad. Esta pasión es una porción del pastel. ¿Cómo encaja ahora en tu vida, y te haría sentir mejor aún si todas las partes de tu vida funcionaran en armonía? Da un paso en esa dirección.
- Las pasiones, como los deseos, no pueden forzarse. De pequeña, recibía lecciones semanales de piano. Cuando mis padres me dieron la lata para que practicara todos los días, la alegría de tocar el instrumento se desvaneció por completo. Ya no era algo que quería dominar; de hecho, ¡me horrorizaba! Cuando la gente toma sus propias decisiones sobre lo que desea o le apasiona, su curiosidad renace, la ilusión de aprender

más se activa, y cualquier progreso debido a su propio esfuerzo resulta estimulante. Si estás intentando encender la pasión de alguien, dale espacio para que pruebe varias cosas y deja después que decida por su cuenta. Permítele encontrar lo que le va; el entusiasmo surge así de forma natural.

Activa tu propósito

Lo mejor de conectarte con tu deseo y tu pasión es que ambos te conducen a tu propósito, tu razón de ser, el sentido de por qué estás aquí. Se trata de una pregunta que todos nos hacemos en algún momento de nuestra vida, algunos antes y otros después.

Lo que tiene el propósito es que nadie puede decirte cuál es el tuyo. Tiene que proceder de la sabiduría de tu corazón, y es algo de índole personal. Una de las mejores formas de acercarse a ese conocimiento interior es hacerte a ti mismo algunas preguntas. Aquí tienes unas cuantas para empezar:

1. **¿Qué te hace sentir más vivo?** ¿Qué te apasiona tanto que te hace perder la noción del tiempo? Cuando oyes a un músico decir «La canción se escribió sola» o a un jugador de baloncesto hablar de que estaba metido en el partido, es que hay algo activo más allá de la mente. ¿Qué actividades o intereses te hacen sentir semejante armonía? Prográmate más durante la semana. Aunque no coincidan con tu propósito (que te guste cantar no significa por fuerza que elijas dedicarte profesionalmente a cantar). Pero la alegría que sientes te hará olvidar tus preocupaciones diarias y contribuirá a liberar tu mente para que puedas acceder a tu sabiduría intuitiva y escuchar lo que te dice el corazón.

2. **¿Qué te desgarra el corazón?** ¿Qué tema social o experiencia personal hace que quieras convertir el dolor que lo rodea

en tu propósito? Si ver o experimentar algo doloroso hace que quieras dedicar todas tus energías a corregir esa situación para que no tengan que sufrirla otras personas, ya estás en ello. Si quieres crear una organización sin ánimo de lucro para una causa concreta, si aspiras a tener tanto éxito que puedas financiar la cura de una enfermedad, si eliges dedicar tu tiempo a una organización porque aborda un problema que te preocupa, ya avanzas en esa dirección. Este camino hacia tu propósito es muy positivo y muy fuerte. Te aporta la tenacidad para superar muchos desafíos y favorece una profunda conexión con tu «por qué» y con tus valores fundamentales.

3. **¿Cuál es tu *ikigai*?** Se trata de una palabra japonesa que significa tu razón de ser. *Ikigai* incluye la alegría, el bienestar y una sensación de sentido y propósito. Suena bien, ¿verdad? ¿Pero cómo podemos encontrarlo? He aquí algunas pistas:
   * Si te encanta y se te da de fábula, es tu pasión.
   * Si se te da de fábula y te pagan por ello, es tu profesión.
   * Si te pagan por ello y el mundo lo necesita, es tu vocación.
   * Si el mundo lo necesita y tú no puedes pensar en otra cosa, es tu misión.

   Tu *ikigai* es el punto óptimo en el que todas estas cosas se conectan. Si dedicamos unas ocho de las veinticuatro horas del día a trabajar, es lógico elegir un trabajo que nos conduzca hacia nuestro *ikigai*. La buena noticia es que la gente cambia de empleo tantas veces durante la vida (según la información actual, en Estados Unidos se sitúa entre los siete y los diez cambios) que si no pierdes de vista el objetivo y sitúas tus intenciones en un lugar destacado, puedes avanzar en esta dirección. Eso nos lleva a la siguiente pregunta.

4. **¿Eres una persona del renacimiento con muchas vocaciones, o más bien un especialista con sólo una?**

DESAFÍO DEL DIARIO

En tu **diario**, reflexiona sobre los ámbitos que te atraen y por qué. Algunas personas saben desde muy temprana edad que quieren trabajar, por ejemplo, en el mundo de la medicina ayudando a los demás, o que su pasión es la moda o tiene que ver con hacer cosas. Hay quien nace maestro. Son personas que ya saben qué satisface sus necesidades fundamentales, está en sintonía con sus valores y les hace sentir bien en general.

A otras personas les cuesta más contestar la conocida pregunta: «¿Qué quieres ser de mayor?» Algunas no dejan nunca de sentir curiosidad y acaban prendadas de determinadas disciplinas, ansiosas por estudiar todo lo que existe sobre ese tema, pero cuando llevan esa pasión al mundo real, pierde su brillo. Y pronto hay otro tema que parece fascinante, que les impulsa a estudiar todo lo que pueden sobre *ese* tema concreto. Es fabuloso un tiempo, pero después aparece otra atracción nueva. Hay quien diría: «¿Por qué vas siempre en pos de algo que brilla más? ¿No puedes concentrarte en una cosa?» Hay una buena razón para ello, y Emilie Wapnick, en su charla de TED, ha acuñado un nombre para este tipo de persona. Si tienes múltiples intereses, muchos deseos y pasiones consecutivos, puede decirse que eres «multipotencial»[63]. Es muy probable que se te dé muy bien:

---

63. Emilie Wapnick, «Why Some of Us Don't Have One True Calling», TEDxBend Talk (octubre 2015), www.ted.com/talks/emilie_wapnick_why_some_of_us_don_t_have_one_true_calling.

- La síntesis de ideas, ya que la innovación se produce en la intersección de dos o más campos.
- El aprendizaje rápido, ya que no te da miedo intentar algo nuevo; tus habilidades son transferibles.
- La adaptabilidad, ya que puedes pivotar para satisfacer las necesidades del mercado.

La buena noticia es que este mundo en rápida evolución necesita estas habilidades tanto como necesita especialistas. De hecho, cada equipo debería tener una mezcla de ambos tipos para obtener los mejores resultados. De modo que tanto si has encontrado tu propósito como si estás avanzando hacia él, no te cierres puertas. Tienes más cosas que ofrecer de lo que imaginas.

5. **La gratitud lleva a dar, lo que conduce al propósito.** ¿De qué estás agradecido? Robert Emmons, pionero en el campo de la gratitud, y William Damon, experto destacado en desarrollo humano, descubrieron que era más probable que las personas que sentían gratitud por las pequeñas cosas de la vida intentaran «contribuir al mundo más allá de ellas mismas»[64]. Ver cómo otras personas hacen mejor el mundo y cómo eso enriquece también su vida es muy inspirador, contagioso incluso. La gratitud de los demás, que surge cuando compartimos una habilidad que ayuda a una causa, da lugar también a una mayor sensación de propósito personal. Lo que nos hace felices es la sensación de poner en práctica nuestras capacidades, y cuando a eso se añade la ventaja de ayudar a los demás, aumenta todavía más nuestra sensación de propósito.

¿Sabes establecer conexiones con los demás, se te dan bien la organización, la estrategia, el trabajo en equipo? Si tienes

---

64. Jeremy Adam Smith, «How to Find Your Purpose in Life», Greater Good Science Center (10-1-2018), https://greatergood.berkeley.edu/article/item/how_to_find_your_purpose_in_life.

talento para decorar y sabes cómo dar una buena fiesta, estas habilidades son valiosas para la organización de eventos. Puedes aportar tu tiempo y tu experiencia a una organización que quiera dejar huella, o incluso a alguien de tu barrio a quien le iría bien una ayuda. Todo el mundo puede ayudar. Busca oportunidades de prestar ayuda. Cuando usas tus facultades para bien, descubres que lo que buscas te está buscando. Tu propósito te encontrará.

La esperanza, el deseo y la pasión te impulsan a avanzar hacia tu mejor vida.

La esperanza, cuando se aprovecha, desemboca en un mayor bienestar, una actitud más resiliente y una mayor productividad.

El deseo despierta tu potencial y te da la vitalidad para alcanzar tus objetivos. Cuando tu deseo está en sintonía con lo que más valoras, tu vida cobra más sentido y creas oportunidades de convertirte en lo que estabas predestinado a ser.

La pasión es como un fuego interior que activa tu alegría. Cuando estás absorto en tu pasión, es como si la vida fluyera en ti de una forma maravillosa. Cuando mantienes la pasión alejada de la obsesión, tu energía aumenta y tus relaciones mejoran.

La buena noticia es que la esperanza, el deseo y la pasión contribuyen a despertar tu propósito, tu razón de ser, tu *ikigai*. Plantéate en qué quieres concentrarte y qué te proporciona alegría. Recuerda tener tu válvula abierta para ver toda la bondad que te rodea y todo el potencial de tu interior. Nunca es demasiado tarde para encaminarte hacia tu propósito. Cada experiencia, si se aborda con curiosidad y conciencia, te acerca más a él. Esta época es rica en oportunidades... Deja que la esperanza, el deseo y la pasión te guíen hacia lo que quieres de la vida, a la vez que liberas lo mejor de ti.

Miedo

La misma cueva a la que temes entrar es el origen de lo que estás buscando.

JOSEPH CAMPBELL

Seamos realistas, vivimos en un mundo basado en el miedo. Basta con ver las noticias para que nadie quiera salir de la cama. En una cultura en la que se valora mucho cargar con dureza y ser «fuerte», reconocer nuestros miedos no es ningún mérito. El miedo no es una emoción que la gente quiera anunciar al mundo.

Pero el miedo, en el mejor de los casos, activa una capacidad innata de reaccionar deprisa para poder escapar de amenazas peligrosas. Hasta podría decirse que gracias al miedo la especie humana está aquí hoy en día. ¿Por qué desdeñamos entonces esta emoción, o incluso nos avergonzamos de ella; por qué tendemos a rechazar o a suprimir no sólo el miedo en sí, sino el mensaje que intenta transmitirnos? ¿No se merece también algo de respeto?

La percepción de que el miedo es una debilidad socava su potencial, porque el miedo siempre ha servido para protegernos. Que una persona tenga miedo no significa que sea débil o que sea fuerte, significa que está conectada, despierta, que es consciente.

Existen muchos recursos disponibles cuando reconocemos el miedo, lo vemos tal como es y actuamos. Cuando ocultamos nuestros miedos o los relegamos al fondo de algún rincón oscuro de la mente, se enconan, crecen y cobran vida propia.

Como todos lidiamos con muchos factores de estrés, tanto si proceden del mundo exterior como de nuestra mente, es importante e incluso vital ver esta emoción desde una nueva perspectiva. Por más que nos gustaría alejarlos o eliminarlos simplemente pulsando la tecla de borrar, los miedos son herramientas que el ego utiliza para intentar mantenernos a salvo: cumplen un propósito. El miedo es una señal esencial que nos advierte que prestemos atención a nuestros mensajes interiores.

Así que, dada su mala prensa y lo intensa que puede ser la vida, tómate esto como una oportunidad de reaprender a trabajar con esta emoción. Imagina que pudiéramos usar nuestro miedo como un estímulo; podemos. Imagina que pudiéramos obtener intuitivamente el regalo que el miedo nos ofrece y evitar así situaciones que en el futuro pudieran amenazar nuestra seguridad, por no hablar de nuestra cordura. El miedo tiene mucho que darnos. ¿Podemos ser lo bastante abiertos para aceptarlo? En este capítulo, veremos por qué existe el miedo, los distintos tipos, incluidas algunas paradojas del miedo, y cómo este puede ser nuestro aliado. También veremos qué pasa cuando el miedo se esconde, y algunas estrategias útiles para sacar el máximo partido a esta emoción infravalorada.

Por qué existe el miedo

El miedo forma parte de nuestro arsenal ancestral. A lo largo de la evolución, la especie sobrevivió porque los humanos fueron capaces de sintonizar con las señales del miedo. En el mejor de los casos, el miedo es una respuesta instintiva a una situación peligrosa. Tanto si se trataba de un animal depredador que acechaba a lo lejos como de un trueno que advertía de una gran tormenta o de grupos de humanos que libraban un combate a muerte, era una señal para luchar, huir o quedarse inmóvil.

Sólo tenemos que observar el reino animal para encontrar ejemplos de cómo distintos animales reaccionan al miedo al peligro. Igual que los seres humanos, luchan, huyen o se quedan inmóviles. Los tigres, por ejemplo, marcan y defienden su territorio cuando se sienten amenazados, y *luchan* cuando el peligro se acerca. Cuando los aldeanos próximos al volcán del monte Agung de Bali vieron serpientes y monos que se alejaban a toda velocidad de la montaña hacia las aldeas, hubo quien pensó que era una señal de que el volcán entraría pronto en erupción[65], ¡y lo hizo! Los animales, que temían correr peligro, *huyeron* instintivamente. Cuando la zarigüeya está asustada, *se queda inmóvil* fingiendo estar muerta. Luchar, huir o quedarse inmóvil. No somos tan distintos a nuestros amigos de cuatro patas, que demuestran que todas estas respuestas pueden salvar la vida en situaciones peligrosas.

El miedo es una emoción poderosa. Cuando aparece, dificulta pensar en ninguna otra cosa y obliga a concentrar toda la atención en la amenaza en cuestión. Esta emoción te obliga a situarte en el momento presente, de modo que puedes captar dónde estás en relación con lo que percibes como peligro. Estás más alerta[66], tu tiempo de reacción se acelera y tus sentidos están totalmente activados para que puedas dar tu siguiente paso. El cuerpo, en todo su esplendor, también se moviliza. Puedes presentar temblores, pulso acelerado u opresión en el tórax. Todos los sistemas que no son absolutamente necesarios para luchar, huir o quedarse inmóvil han sido diseñados para desactivarse. Hasta los vasos sanguíneos de la barriga se contraen (lo que la mayoría de la gente conoce como mariposas en el estómago)[67] para que la sangre se redirija hacia las extremidades; es decir, a brazos y piernas. Esto te da la capacidad de moverte deprisa si tienes que hacerlo.

---

65. Sam Duncan y Josh Hanrahan, «The Seven Signs Mount Agung WILL Erupt», *Daily Mail Online* (23-9-2017), www.dailymail.co.uk/news/article-4914086/Bali-volcano-Animals-flee-mountain-sign-eruption.html.

66. «What Happens in the Brain When We Feel Fear», Smithsonian.com (27-10-2017), http://www.smithsonianmag.com/science-nature/what-happens-brain-feel-fear-180966992/.

67. «Prof. Bruce Lipton Teaches Life-changing Truths About Fear», entrevista de Billy Atwell, *Fear Not*, pódcast (9-8-2017), www.livingbeyondyourfears.com/prof-bruce-lipton-teaches-life-changing-truths-fear.

Conocer las caras del miedo

El miedo adopta muchas formas, desde una ligera inquietud hasta el terror total y muchos estados intermedios. Si miráramos la gama de miedos, pasaría **de la inquietud al temor, a la preocupación, la angustia, la ansiedad, la alarma, el pánico, el terror y finalmente al horror.** El miedo puede también expresarse a través de estados emocionales como **dudar de uno mismo, sentirse aislado, indefenso, agitado, nervioso, abrumado, inseguro, indigno, excluido, perseguido o expuesto.** ¡No falta de nada!

DESAFÍO DEL DIARIO

Para conocer mejor tus miedos, toma el **diario** y:
- Elige varias palabras del párrafo anterior con las que te identificas.
- Señala las situaciones que suscitan esas sensaciones.
- Describe un posible cambio para avanzar; por ejemplo:

TIPO DE MIEDO	SITUACIÓN	CAMBIO
Temor	Tuve que hablar delante del grupo y me puse tan nervioso que olvidé todo	Practico antes una y otra vez hasta que me resulta natural. Ahora es algo que disfruto
No soy lo bastante bueno	Me comparo con todo el mundo todo el rato	Examino y valoro lo bueno que es único de mí, en lugar de intentar no desentonar/buscar la aceptación de los demás

---

El miedo no se cuenta entre las sensaciones cálidas de bienestar que buscamos. Pero lo que no solemos plantearnos es que esta emoción forma parte de la experiencia humana y tiene lecciones que enseñarnos si prestamos atención. Al familiarizarnos con nuestros principales tipos de miedo y con algunas formas de abordarlos, empezamos a neutralizar su aguijón. También desarrollamos nuestras propias estrategias, que pueden ser también útiles cuando queremos ayudar a los demás con sus miedos. Al identificar la emoción, podemos examinarla con mayor objetividad, en lugar de dejarnos arrastrar por su energía. El doctor Dan Siegel llama a esta estrategia **«Identificarla para dominarla»**.

Miedos clásicos

Veamos ahora algunos de los miedos clásicos (teniendo en cuenta que la ansiedad dispone de su propio capítulo y que las fobias están fuera del ámbito del presente libro). **Piensa si hay uno o quizá unos cuantos que destaquen en tu caso, y añádelos a tu diario.**

A continuación encontrarás potenciales generadores de pensamientos para contrarrestar los miedos tanto intelectual como emocionalmente, además de algunas formas de examinarlos antes de enfrentarse frontalmente a ellos. Se trata de hacer inventario de tus miedos y de las posibles formas en que puedes cambiarlos. Cuanto más los conozcas, menos en su poder pueden tenerte. Comprueba con cuáles te identificas.

Miedo a la pérdida

1. Este miedo incluye **perder a un ser querido**, como cuando quieres tanto a una persona que no puedes imaginarte la vida sin ella. Esto es aplicable a las relaciones románticas o familiares, las amistades, los mentores e incluso las mascotas muy queridas.

Cambio: Deja que este miedo te sitúe en el momento presente para valorar y aprovechar el tiempo que pasáis juntos. Puede ser un poderoso cambio de perspectiva que te ayudará a conectarte más profundamente de lo que creías posible.

2. El miedo a la pérdida incluye también **preocupaciones laborales o económicas**.

   Cambio: Para una mayor tranquilidad, date cuenta de que no podemos controlarlo todo en la vida, y a menudo sólo vemos parte de la historia. Pero podemos extraer lecciones de cada situación que vivimos. El miedo a la inestabilidad económica es una de las mayores motivaciones para salir de nuestra zona de confort y convertirnos en una versión ampliada de quien creemos que podemos ser.

3. Está también el **miedo a perder oportunidades**: cuando tomas la decisión de seguir un camino, te pierdes lo que el otro podía ofrecerte (coste de oportunidad).

   Cambio: En lugar de estar entre Pinto y Valdemoro, y dejar que el análisis nos paralice, es un enorme alivio tomar una decisión. Después de todo, estás actuando y puedes corregir el rumbo mientras avanzas.

4. También puedes pensar que **el tiempo se te está agotando** para lograr lo que soñabas.

   Cambio: Para una vida más feliz, en la que no te vuelvas loco a ti mismo, sustituye la expectativa por la gratitud. Agradece los regalos, los talentos y la experiencia vital que ya tienes, y date cuenta de que las fechas límites impuestas son cuestiones que nos mantienen estancados. La vida es dinámica, ¡y tú también!

Miedo al cambio

5. **Miedo al fracaso**: Puede que estés empezando un nuevo trabajo y tengas miedo a la falta de familiaridad con la nueva

actividad: se requiere mucho trabajo duro, ¿estás preparado para ello?

Cambio: Tu siguiente paso es siempre decisión tuya. El trabajo duro, la tenacidad y el interés por lo que estás haciendo hacen que sobresalgas entre los demás. También te abrirá puertas.

6. ¿Y si **no sale bien**?

    Cambio: ¿Hay algo seguro en la vida? Puede que no salga exactamente como habías previsto, pero nada es en vano. Cuando mires atrás, verás cómo ha enriquecido tu vida y te ha conducido a tu siguiente etapa. En lugar de ver lo negativo, imagina cómo te sentirías si saliera bien y ponte a ello.

7. Quizá te gustaría **dejar un empleo o una relación**. ¿Encontrarás algo mejor?

    Cambio: Pregúntate a ti mismo si tu empleo o relación apoya tus valores y aspiraciones. ¿Te ayuda a vivir como la mejor versión de ti mismo o puedes hacer algo para que sea así? Si no, la vida es más generosa de lo que imaginas. Examina oportunidades, elige y da el primer paso.

8. Podrías tener **miedo a un traslado**. ¿Harás amigos?

    Cambio: Si eres abierto con los demás, ellos serán abiertos contigo. Si saludas a alguien sin recelos, como si fuera un viejo amigo, es probable que ese alguien te responda del mismo modo. Inténtalo una semana y observa el resultado.

9. Quizá pienses que no eres lo suficientemente bueno como amigo, como progenitor... (rellena los espacios en blanco).

    Cambio: Sólo tienes que intentar hacerlo lo mejor posible, estar presente y poner el corazón en ello. Tu corazón es más elocuente que las palabras.

10. No olvidemos el **miedo al éxito**. ¿Qué pasa si todo sale bien más allá de tus expectativas? ¿Serás capaz de manejarlo, y te tratará igual la gente?

Cambio: En primer lugar, ya tienes éxito. Enorgullécete de ser una buena persona. Mereces vivir plenamente. Sabotearte a ti mismo es la forma que tiene el cuerpo de protegerte de algo que te había dado miedo en el pasado. Si estás dando el siguiente paso, es porque es tu momento. Tenlo en cuenta ahora que estás progresando. Lo cierto es que cuando tú brillas, das permiso a los demás para hacer lo mismo.

Miedo al rechazo

11. Es fácil **sentirte como si «no fueras lo bastante bueno»**. Cada anuncio te recuerda que compres algo para «impresionar más». ¿Qué haces? En tu **diario**, anota unos cuantos pensamientos que puedan cambiar tu punto de vista.

    Cambio: No te dejes convencer por la publicidad. Siempre habrá alguien más o menos (poderoso, creativo… rellena los espacios en blanco) que tú. No se trata de comparar, sino de reivindicar tus valores, pasiones y talentos únicos. Estos son tus superpoderes; no los infravalores ni te infravalores a ti mismo. Cuando expresas tu naturaleza interior, los viejos miedos carecen de relevancia.

12. Parece **peligroso mostrar vulnerabilidad**. Pero cansa mucho llevar siempre puesta una máscara.

    Cambio: Las máscaras son agotadoras. Las personas más fuertes tienen el valor de ser vulnerables y vivir plenamente. Se trata de tener confianza en ti mismo para mostrar que eres humano. Lo curioso es que eso empodera a los demás para ser también auténticos.

13. Puede que tu aspecto externo no refleje ninguna preocupación, pero que te atormente la inseguridad. El **síndrome del impostor** es algo real.

    Cambio: ¡Sí, existe! El síndrome del impostor describe a las personas que no pueden interiorizar sus logros y que temen que se descubra que son unas farsantes. Según las investigaciones realizadas, el 70% de las personas se ha sentido así[68]. Date cuenta de que tus logros no determinan tu valía. Confía en tu competencia global. Y saborea las pequeñas victorias cotidianas. Agradecer las pequeñas cosas pone las supuestas grandes cosas en perspectiva.

14. Puede que te suponga **un desafío aceptar elogios** o incluso reconocer tus logros por si los demás tienen envidia.

Cambio: Que *tú* sepas que lo estás haciendo lo mejor posible es el mayor reconocimiento. Pero también es bueno aceptar un cumplido sincero. Aprende a dar las gracias y saborea el momento. Al mismo tiempo, no dejes que el halago o la crítica se te suba a la cabeza. Lo que importa no es lo que dice la gente, sino lo mucho que estás conectado con tus valores fundamentales.

Miedo a un perjuicio

15. Si **consideras que la vida es peligrosa** y que la gente quiere aprovecharse de ti, puedes cerrarte emocionalmente o volverte insensible.

Cambio: Cada relación nos enseña algo, ya sea lo que valoramos o lo que no funciona. Sé exigente, pero no te aísles. Acepta la lección, apóyate a ti mismo y observa lo fuerte que te estás volviendo.

Cuando emites una vibración de miedo a resultar perjudicado, estás volviendo eso más preponderante energéticamente. Así que concéntrate en lo que quieres, no en lo que no quieres. Elige pensamientos sobre recibir apoyo y empoderamiento.

---

68. Dailymail.com, Cheyenne Macdonald For., «University of Salzburg Study Says 70% of People Feel like a Fraud in the Office», Daily Mail Online (21-11-2016), https://www.dailymail.co.uk/sciencetech/article-3958742/Do-feel-like-fraud-office-Researchers-say-70-people-think-impostor-harms-work.html.

Recuerda a los demás que *tú* estás ahí cuando necesiten a alguien que los escuche, y sabe que ellos también están ahí para ti. Pasa tiempo con personas que te recuerden lo fuerte que eres realmente.

Piensa en una vez que hiciste frente a una situación abrumadora, te enfrentaste a tu miedo y lo superaste. Sigues teniendo esa cualidad.

Miedo a la muerte

16. Muchas personas tienen un enorme **miedo a la muerte**, especialmente si representa un miedo a lo desconocido, a la frialdad, al vacío o al final. Es un miedo primario.

   Cambio: La perspectiva de la muerte nunca es fácil. Es un territorio desconocido, salvo para aquéllos que han tenido experiencias cercanas a la muerte. Es lo que le pasó a mi padre, y mejoró inmensamente su idea de la muerte.

   El doctor Sam Parnia, autor de *Resurrecciones*[69], realizó el mayor estudio científico sobre experiencias cercanas a la muerte. Todos los pacientes informaron mirar desde lo alto hacia abajo y ver su cuerpo en la mesa de operaciones (como mi padre). También podían hacer alusión a las conversaciones exactas que habían tenido los médicos y el personal de enfermería mientras los observaban desde arriba. Podría alegarse que estas conversaciones eran meras alucinaciones, pero no era así, puesto que todas ellas fueron validadas por los médicos y el personal de enfermería, que confirmaron los detalles que habían dado los pacientes. Según el estudio de Parnia: «La mente, el yo, lo que nos hace ser quienes somos [llamado también *el alma*] seguía funcionando a pesar de que

---

69. Sam Parnia y Josh Young, *Resurrecciones: la ciencia está borrando la frontera entre la vida y la muerte*, Esfera de los Libros, Madrid, 2014.

muchos de ellos [los participantes] estaban al borde de la muerte».[70]

Religiones, como el cristianismo, el judaísmo[71] y el islam, consideran que el alma existe también en otros reinos, y religiones como el hinduismo y el budismo contemplan la reencarnación. Un psicoterapeuta, el doctor Brian Weiss, expone buenos argumentos a favor de la reencarnación al describir múltiples vidas pasadas en su clásico libro *Muchas vidas, muchos maestros*. Todo el mundo hace su propia interpretación de lo que ocurre tras la muerte; es algo muy personal.

Pero hasta las pruebas científicas revelan actualmente que la muerte del cuerpo no es necesariamente el final del camino. Las palabras de Albert Einstein coinciden: «La energía no se crea ni se destruye, sólo se transforma de una forma en otra». Algunas personas afirman notar cerca la energía de sus seres queridos, incluso después de su muerte. Esta es, en muchos sentidos, una forma reconfortante de ver el mundo.

Con esto en mente, ¿por qué la muerte produce tanta angustia entonces? Por lo general solemos pensar en la muerte como en una experiencia traumática. Pero ¿y si la muerte no fuera tan aterradora como cabría pensar? Kurt Gray, profesor adjunto de psicología de la Universidad de Carolina del Norte en Chapel Hill, manifiesta en sus recientes investigaciones: «Cuando imaginamos nuestras emociones al acercarnos a la muerte, pensamos sobre todo en la tristeza y el terror. Pero resulta que la muerte es menos triste y aterradora, y más

---

70. *Megyn Kelly Today*, «Doctor Describes the Science Behind a Near-death Experience», entrevista con Sam Parnia (17-8-2018), www.today.com/video/doctor-describes-the-science-behind-a-near-death-experience-1301059139948?v=raila.

71. Nissan Dovid Dubov, «The Soul and the Afterlife» (27-2-2006), www.chabad.org/library/article_cdo/aid/361897/jewish/The-Soul-and-the-Afterlife.htm.

feliz, de lo que pensamos».[72] Gray comparó blogs de personas que estaban muriendo de cáncer con blogs de personas
sanas a las que se pidió que *imaginaran* que apenas les que-
daban unos meses de vida. Cabría esperar que el grupo de
enfermos terminales estuviera cargado de pesimismo, pero
en realidad este grupo usó palabras más positivas como «felicidad» y «amor» (y menos palabras como «ansiedad» y «terror») que el grupo que imaginaba su muerte. Los verdaderos
pacientes terminales habían llegado a sentir una mayor gratitud y paz por su vida, quizá porque sabían que estaba menguando.

Algunas estrategias para lidiar con el miedo a la muerte
incluyen este desafío: Si tomaras la decisión de vivir este año
como si fuera el último, ¿a quién acudirías y qué elegirías
hacer? Haz una lista de cosas que hacer antes de morir y llena intencionadamente el tiempo de experiencias positivas.
Cuando programas tus días para incluir actividades con sentido, la satisfacción por la vida aumenta, y es mucho menos
probable que el miedo a la muerte sea predominante en tu
mente.

Un diario de agradecimientos contribuye también a re-
alzar lo precioso que es cada día. Hasta las pequeñas bendiciones, conversaciones y observaciones adquieren una mayor
magnitud cuando se adquiere conciencia de la impermanencia de la vida.

En un aspecto más práctico, quienes ponen en orden sus
asuntos suelen tener menos miedo a morir, ya que saben que,
aunque ocurra cualquier cosa inesperada, se cumplirán sus
voluntades.

---

72. «Emotions Expressed by the Dying Are Unexpectedly Positive», Association for
Psychological Science, https://www.psychologicalscience.org/news/releases/emotions-dying-
positive.html.

El miedo a la muerte es una invitación a controlar lo que podemos, buscar una base espiritual o filosófica con la que nos identifiquemos y elegir después vivir y amar plenamente a diario. Cuando estamos concentrados en compartir amor, ni siquiera el miedo a la muerte puede envolvernos. Este es el mayor legado.

Paradojas del miedo

Hemos visto que el miedo adopta muchas formas. ¿Has sentido alguna vez un tipo de miedo y, casi al mismo tiempo, algo que era lo contrario? Otra forma de ver el miedo es a través de los sentimientos encontrados que esta emoción puede generar. A veces, por ejemplo, tenemos miedo al fracaso («Necesito que esto funcione para respaldar mis planes»), pero oculto en ello se encuentra el miedo al éxito («Si sale demasiado bien, puedo ofender a quienes tengo más cerca»). Podemos fluctuar entre ambos extremos según las situaciones a las que nos estemos enfrentando. A continuación encontrarás distintos rangos en los que puede presentarse el miedo. ¿Puedes visualizar cada uno de ellos como una línea de energía? ¿De qué extremo estás más cerca?

DESAFÍO DEL DIARIO

Reproduce en tu **diario** lo que sigue a continuación de este párrafo. ¿Dónde te situarías a ti mismo en cada ejemplo? Señala el lugar con una X. Según lo que pase, puede que un día te encuentres en un lado y el siguiente, en el lado contrario, o en algún lugar intermedio. ¡Eso puede ocurrir incluso en un lapso de quince minutos! El miedo te hace sentir a veces como si estuvieras subido en una montaña rusa. Pero no solemos mirarnos a nosotros mismos de este modo. Fíjate en lo que averiguas de tus miedos y tus preferencias. Tal vez te sorprenda lo que descubras.

Miedo al éxito — Miedo al fracaso

Miedo a la incertidumbre/ intentar algo nuevo — Miedo a la complacencia, a estar atrapado en la rutina

Miedo a acabar ahogado por las necesidades de los demás — Miedo a no ser necesitado

Miedo a destacar/ir a por todas — Miedo a ir a lo seguro/aspirar a poco

Miedo al compromiso — Miedo a estar solo

Miedo a no tener tiempo — Miedo a aburrirse

Miedo a sufrir en una relación — Miedo a no arriesgarse nunca en el amor

Miedo a sufrir en una relación — Miedo a no arriesgarse nunca en el amor

Miedo a no ser visto/visible — Miedo a ser objeto de burla

Miedo a la libertad — Miedo a los límites

En este pequeño ejercicio, ves tus miedos particulares: viejos, nuevos, quizá algunos que estaban ocultos. Al trasladar estos miedos de tu cabeza al papel, estás liberando en tu mente un espacio valioso para poder distinguir cuáles son los miedos que te protegen, los miedos que te guían y aquéllos que no te sirven de nada. Saber esto cambia la situación: la conciencia te da opciones. Las opciones te dan poder.

El miedo como aliado – el aspecto positivo del miedo

El miedo puede proporcionarte la focalización que te ayude a serenarte, a encauzar tu energía y a dar tu siguiente paso. Para hacerlo, sólo es necesaria una cosa, y no es algo que a todo el mundo se le dé bien. Implica prestar atención a tu miedo en lugar de anticiparte a él o de sofocarlo. Conlleva estar con él, respetar tu instinto y dejar que las respuestas vengan a ti. En el momento más álgido del miedo, cuando te preguntas a ti mismo «¿Cuál será mi siguiente paso?», escucha las pistas. Las recibirás enseguida, normalmente en instrucciones del tipo: «corre, escóndete, lucha, grita, cállate, confía en ti mismo, ya es tuyo…».

El miedo *trabajará* para ti, pero tú tienes que respetarlo y sintonizar con su mensaje. Te advierto algo: no es fácil hacerlo en los tiempos que corren. Si acaso, existe una presión constante para no tener en cuenta el instinto del miedo. El adagio «¿Quién dijo miedo?» ha cobrado vida propia. Desde muy temprana edad, se dice a los niños: «No tengas miedo; no seas crío»[73]. Cuando somos adultos, oímos: «Sé imparable, a lo único que hay que tener miedo es al miedo». Nota personal: tal vez sea el momento de dejar de sofocar nuestro miedo y de empezar a escuchar las señales que nos envía.

---

73. Karla McLaren, *The Language of Emotions: What Your Feelings Are Trying to Tell You*, Sounds True, Boulder (Colorado), 2010.

Hazte una pregunta: Si en tu mente o tu cuerpo surge el miedo como reacción a una pista de tu entorno, ¿significa eso que eres un cobarde? La respuesta es un rotundo «¡NO!». Al contrario, significa que tienes el sentido común de prestar atención a tu instinto biológico, a tu auténtica intuición, en lugar de no hacerles caso, de ignorarlos o de censurarlos. La autora y educadora Karla McLaren lo expresa a la perfección: «Miedo no es cobardía; es el mecanismo protector interno que sabe que no estás debidamente preparado para lo que va a pasar. El miedo te detiene; no te inmoviliza, sino que te da el tiempo que necesitas para prepararte y reunir tus recursos»[74]. En pocas palabras, miedo no es cobardía; es cautela.

Cuando el miedo se reprime: ¿Qué pasa cuando el miedo se esconde?

Al reprimir o minimizar el miedo para parecer seguro, considerado o atento, puede pagarse un precio. En su destacado libro *El valor del miedo*, Gavin de Becker, analista del peligro, examina la diferencia entre miedo, preocupación y ansiedad.

El miedo es involuntario; es el sistema de alarma del cuerpo que te advierte de que algo es una amenaza en este momento. ¡Así que presta atención! Está orientado a la seguridad y reacciona ante los peligros inmediatos. El ejemplo clásico es el de una mujer que espera el ascensor por la noche. Cuando se abre la puerta, hay un desconocido dentro. Nota una sensación incómoda en el cuerpo, pero su mente interviene: «Es sólo un trayecto en ascensor. No voy a cerrar la puerta en sus narices. Sería una grosería». Entra, en contra de su intuición. Él se le acerca demasiado en el ascensor, y ella nota su aliento cálido en el cuello. Se baja en el siguiente piso diciéndose a sí misma: «Tenía una sensación...»

---

74. Ibídem.

La cuestión es que recibió una señal de advertencia; su intuición le estaba intentando dar un mensaje. Aunque no pasó nada, hizo caso omiso del mensaje; optó por la cortesía y entró en el ascensor. Cuando el miedo fluye, intenta enviar señales de advertencia, pero depende de nosotros prestarles atención. ¿Cuántas veces has tenido una extraña sensación con respecto a una situación: quizá se te pasó por la cabeza que un trato era demasiado bueno para ser verdad o te notaste alterado tras pasar tiempo con alguien y no acertaste a entender por qué?

DESAFÍO DEL DIARIO

Anota en tu **diario** una situación en la que escuchaste a tu instinto y otra en la que ignoraste las señales de alarma. A continuación, relaciona los resultados de ambas situaciones.

Lo cierto es que siempre habrá un protocolo de formas de actuar aceptadas para «no agitar las aguas». Pero este es el momento perfecto para desechar lo que los demás quieren y pensar primero en ti. Piensa en ti mismo como en un animal de la selva. ¿Qué instinto está intentando aflorar? Sé lo bastante fiero para respetarlo y reconocer su valor. De esta forma puedes reaccionar con decisión y en sintonía con tu orientación interior. Ya dispones de un sistema de seguridad interior. Esto es una invitación a reconocer que tu instinto está ahí para ti, como una sabia presencia interior, a la espera de que le prestes atención.

Mantener los circuitos abiertos a esas advertencias intuitivas es más importante de lo que imaginamos. Al desestimar constantemente los mensajes del instinto del miedo y decirnos a nosotros mismos «no debo tener miedo» o «es tan sólo un desahogo, no hace falta preocuparse», estamos entrenando, literalmente, a nuestro cerebro a ignorar y con el tiempo inutilizar esas señales que este genera en nuestro beneficio. Las mujeres en relaciones abusivas pueden incluso intentar decirse a sí mismas que es meritorio desestimar su sensación de miedo.

Al final, cuando restamos importancia y no prestamos atención a nuestros miedos, ese poderoso sistema de seguridad incorporado que se ha ignorado repetidamente termina debilitándose. A diferencia del animal que se enfrenta frontalmente al instinto del miedo y regresa después a la calma, al ignorar repetidamente nuestros miedos y justificarnos a nosotros mismos por hacerlo, el sistema interior de seguridad se descompone y la señal se debilita tanto que apenas la oímos[75]. Si el verdadero miedo no se reconoce como el aliado que es, no puede protegernos del peligro real.

Cómo cambiar tus creencias puede cambiar tu vida

A veces heredamos creencias de quienes nos rodean. ¿Has oído la expresión «A los niños no se les escapa una»? Ya en la infancia aprendemos observando a quienes tenemos más cerca. Las neuronas espejo del cerebro influyen en que los niños sientan empáticamente lo que sienten sus progenitores, como si esas emociones fueran suyas. Cuando somos pequeños, normalmente antes de los siete años, asumimos actitudes y creencias de quienes nos rodean, como progenitores, cuidadores o familia cercana. Esto es aplicable también a los miedos.

En su famoso libro *La biología de la creencia*, el biólogo Bruce Lipton afirma: «Las conductas, las creencias y las actitudes fundamentales que observamos en nuestros progenitores quedan "integradas" como

---

75. Sandra L. Brown, «Is It Fear or Anxiety?» *Psychology Today* (15-11-2012), www.psychologytoday.com/blog/pathological-relationships/201211/is-it-fear-or-anxiety.

caminos sinápticos en nuestra mente subconsciente. Una vez programadas en la mente subconsciente, controlan nuestra biología el resto de nuestra vida... o por lo menos hasta que hacemos el esfuerzo de reprogramarlas».[76]

Cuando los progenitores marcan sin darse cuenta a sus hijos con mensajes como «no te adelantes, que te raptarán», «no haces nada bien», «no me molestes ahora, ¿no ves que estoy ocupado?» o las palabras negativas que sean, el cerebro subconsciente del niño integra como parte de su identidad el mensaje de que no está seguro, no es importante o no es lo bastante bueno. Estas viejas heridas aparecen en forma de miedos o de sensaciones de falta de valía, y determinan qué piensa alguien de sí mismo y de su potencial en el futuro.

Cuando reprimimos lo que es incómodo, se queda atrapado. La doctora Candace Pert, autora de *Molecules of Emotion*, explica: «Cuando las emociones se reprimen, se niegan, se impide que sean lo que pueden ser, nuestra red de caminos se bloquea y se interrumpe el flujo de sustancias químicas vitales, unificadoras y generadoras de felicidad que rigen nuestra biología y nuestra conducta».[77]

Podemos ir siempre con el piloto automático, de modo que la mente subconsciente y sus arraigadas ideas negativas lleven la batuta. O podemos estar *con* los miedos, sentir donde se sitúan en nuestro cuerpo e invitarlos a aflorar a la superficie para liberarlos. Estas partes negadas o «en la sombra» de nosotros mismos quieren ser reconocidas. Indican el camino hacia lo que está preparado para ser sanado.

Si la herida es el lugar por donde nos penetra la luz, tenemos la oportunidad de convertir esa herida en sabiduría. ¿Qué nos ha enseñado? ¿Hacia dónde nos orienta, y cómo podemos usar esa percepción para empoderar nuestra vida y tal vez dejar huella también

---

76. Bruce H. Lipton, *La biología de la creencia: la liberación del poder de la conciencia la materia y los milagros*, Gaia, Móstoles, 2014.

77. Candace B. Pert, *Molecules of Emotion: Why You Feel the Way You Feel*, Touchstone, 1999.

en la de otra persona? A veces nuestros miedos nos dirigen hacia nuestro propósito.

Estrategias para el cambio

He elegido cinco estrategias para ayudarte: aprender a ser compasivo contigo mismo, cómo hacer que tus miedos surjan sin peligro, cómo liberar viejos miedos, dar pequeños pasos para rebajar tu sensibilidad al miedo y, finalmente, cómo actuar eficazmente. Cada una de ellas aborda un aspecto distinto, y juntas te preparan para conocerte mejor, ser más delicado con tus partes sensibles y no tener miedo cuando sea necesario. Una advertencia: estas herramientas están pensadas para miedos cotidianos. Para lidiar con formas graves de miedo o trastornos de la ansiedad, un profesional de la salud mental te ayudará de una forma más directa. Dicho esto, prueba cada una de estas estrategias para ver cuál se adapta mejor a ti. Encontrarás un tipo distinto de alivio en cada técnica. Después, repite diariamente la que más te guste durante veintiún días, que es el tiempo que tarda en arraigar un nuevo hábito. Al practicar actividades intencionadas, cambias los caminos neuronales en el cerebro. Hay quien observa un cambio en menos tiempo, según lo cerca que ya estuviera de liberar esa creencia. Ten paciencia contigo mismo. Te ha llevado años formular estos miedos; date cierto margen de respiro para deshacerte de ellos.

1. Perfeccionismo y capacidad de autocompasión

El perfeccionismo es un miedo social a ser juzgado, y va en aumento. Vivimos en una sociedad que celebra el aspecto superficial de la gente, el mito de la popularidad y la adulación a la fama. Hoy en día, se suele considerar más importante tener publicada tu fotografía en los medios sociales que experimentar de corazón lo que sentías para empezar. Cómo la gente «representa» su vida se ha vuelto más importante que estar energéticamente presente.

Un estudio científico revela que el perfeccionismo impuesto socialmente entre los universitarios está aumentando a un ritmo nunca visto, junto con todos los problemas de salud mental que conlleva, como la ansiedad, la depresión, la fobia social y los pensamientos suicidas[78]. No hablamos del hecho de que nos hemos apuntado de buen grado a un sistema que echa diariamente sal a la herida. Ha llegado el momento de tener algo de criterio. Ha llegado el momento de ver qué nos funciona. Y ha llegado el momento de priorizar centrarnos en lograr lo que nos respalda, no en lo que nos destroza.

Sin darnos cuenta, nos hemos dejado seducir por el culto a la comparación, lo que nos predispone aún más a creer que no estamos a la altura. La mayoría de las personas, con independencia de su nivel de ingresos o de educación, con independencia de sus logros o premios, tienen algo de miedo a no ser lo bastante buenas. Hay demasiada presión para «hacerlo muy bien» todo el rato.

Brené Brown hace una distinción importante. Explica que esforzarse por hacerlo lo mejor posible es una cosa. El perfeccionismo es otra muy distinta. Se deriva de la creencia de que «si vivimos perfectamente, nos vemos perfectamente y actuamos perfectamente, podemos minimizar o evitar el dolor de la culpa, la crítica y la vergüenza»[79]. De esta forma, el miedo sirve de escudo. Por un lado, intenta protegerte; por el otro, impide también que los demás se te acerquen.

Perfeccionismo es estar atrapado en el miedo a lo que pensará la gente. Podría estar relacionado con la necesidad de comportarse de

78. Thomas Curran y Andrew P. Hill, «Perfectionism Is Increasing over Time: A Meta-analysis of Birth Cohort Differences from 1989 to 2016», *Psychological Bulletin* (28-12-2017), http://dx.doi.org/10.1037/bul0000138.

79. Brené Brown, *Los dones de la imperfección: guía para vivir de todo corazón: líbrate de quien crees que deberías ser y abraza a quien realmente eres*, Gaia, Móstoles, 2014.

cierta forma para recibir amor y aceptación de un progenitor en la infancia. Tal vez la vida era inestable y tú tuviste que ser quien se ocupara de las cosas, y te convertiste en el cuidador o el responsable a temprana edad. O quizá tus progenitores querían alardear de tus logros ante sus amigos para quedar ellos mejor. En cualquier caso, quién eras en tu interior no gozaba en absoluto de tanto reconocimiento como lo que hacías exteriormente.

En la vida adulta, las personas que son perfeccionistas se valoran a sí mismas por sus logros, la atención a los detalles y la capacidad de organizar muy bien las cosas. Esforzarse de modo saludable no tiene nada de malo, pero para un perfeccionista, el desafío es ser amable consigo mismo, evitar pensar: «Tiene que ser perfecto o soy un fracasado total», y dejar que el proceso se desarrolle. Como dice el refrán: «Mejor hecho que perfecto».

Atrévete a intentar cosas nuevas y hacerlas mal; súmete en el caos; sé un aprendiz en la vida. En lugar de no empezar algo nuevo por miedo a no saber lo suficiente, si intentas crecer, avanzarás. ¡Eso conlleva una enorme libertad e incluso diversión!

Los perfeccionistas quedan atrapados al valorarse a sí mismos solamente por lo bien que lo están «haciendo». No hay alegría de vivir en ello, ya que puede convertirse muy fácilmente en un impulso insaciable. Porque incluso tras una serie de éxitos siempre hay otro objetivo, otra montaña que escalar; nunca es suficiente.

De modo que si eres perfeccionista, y yo me considero a mí misma una perfeccionista en fase de recuperación, sé consciente de tu diálogo interior. ¿Cuántas veces al día te menosprecias sin darte cuenta? ¿Te has fijado en que algunas de las cosas que te dices a ti mismo son tan crueles que jamás soñarías decírselas a otra persona? Puede ir de «Menudos pelos, hoy» a «Esos pantalones te quedan de pena» o «Esto no funciona... estoy acabado». Las flechas que te diriges a ti mismo no tienen nada que ver con una habilidad que puedas mejorar; indican que *tú* no estás a la altura. Un método que usan algunas personas es ponerse una goma elástica en la muñeca y hacerla chasquear cuando se pillan criticándose a sí mismas. Pero no uses esa recién descubierta conciencia para decir: «Oh, ya vuelvo a las andadas menospreciándome». En lugar de eso, celebra que te estás dando cuenta de hábitos mentales que te harían quedar estancado.

El antídoto para el perfeccionismo y el aluvión de autocrítica es una dosis saludable de autocompasión. Ser compasivo contigo mismo te ayuda a recuperarte más deprisa que recurrir a la autoestima, que también basa tu valía en hacerlo «mejor» que quienes te rodean.

Eso hace referencia a la cabeza; pero ¿qué hay del corazón? ¿Qué hay de la parte de ti a la que altera y asusta dar el siguiente paso? La autocompasión te invita también a aligerarte. Kristin Neff, pionera en el campo de la autocompasión, señala las tres partes:

- **Mindfulness:** Te ayuda a estar en el momento presente y a no identificarte en exceso con lo que te molesta.
- **Humanidad común:** En lugar de hacerte sentir aislado, la autocompasión se concentra en nuestra humanidad compartida; todo el mundo, en todas partes, atraviesa momentos difíciles. Compartir nuestros desafíos de la vida real trasciende todos los límites y nos acerca más.
- **Amabilidad con uno mismo:** Sé amable contigo mismo en vez de autocriticarte. Intenta tratarte a ti mismo como tratarías a un buen amigo. ¿Qué tono de voz usarías? ¿Qué palabras tranquilizadoras dirías? Plantéate ponerte una mano en el corazón y decir: «(Tu nombre), esta *es* una situación difícil, y es perfectamente normal tener miedo... Encontrarás una forma de superarlo; siempre lo haces». Calmar antes que condenar. Es como si una parte sabia de ti ayudara a la parte de ti que tiene miedo o está confusa. Aprendes a aceptarte a ti mismo como alguien que está haciendo todo lo que puede para navegar por el paisaje siempre cambiante de la

vida. Empiezas a observar todas las cosas que has descubierto sobre ti mismo a lo largo del camino. Comprendes que los errores son también útiles para aportar una lección poderosa: te guían adelante mucho más deprisa que si te hubieras replegado hacia tu zona de confort. En lugar de decirte que eres idiota, te recuerdan que tienes el valor de intentar algo nuevo y que estás creciendo.

El fracaso es la clave del éxito; cada error nos enseña algo.

Morihei Ueshiba

Bueno, si te sitúas entre quienes creen que esta práctica te dejaría sin motivación y provocaría que te repantigaras en el sofá, diversos estudios demuestran que ocurre justo lo contrario[80]. En este mundo cada vez más estresante, las agallas no bastan para seguir adelante a la larga. La perseverancia a toda costa conduce al agotamiento. Si quieres recuperarte más deprisa, esta herramienta tiene que estar en tu caja de herramientas. En lugar de ser crítico, ejerce de entrenador. Con el tiempo, la autocompasión aumentará tu resiliencia emocional, además de hacerte más feliz, más productivo y más seguro.

2. Tratar con suavidad tus miedos: «el proceso de paz»

Cuando aparecen los miedos, tenemos la opción de aliarnos con ellos y utilizar su enfoque protector para dejarlos atrás… o aplacarlos con atracones de TV, comida, ejercicio, trabajo, sexo, drogas o lo que sea que nos mantenga alejados de las emociones no resueltas

---

80. Kristin D. Neff, «Self-compassion, Self-esteem, and Well-being», *Social and Personality Psychology Compass*, 5, n.º 1 (enero 2011), pp. 1–12, http://self-compassion.org/wp-content/uploads/2015/12/SC.SE_.Well-being.pdf.

que surgen para ser sanadas. Esto revela el mayor miedo de todos: percibir nuestros sentimientos.

Cuando abres la puerta a recibir todas tus emociones con los brazos abiertos, hay algo fundamental: hazlo con cuidado, tiene que ser una zona de seguridad. Los miedos son frágiles; hay que tratarlos con suavidad. No es algo instintivo. Mucha gente suele ser increíblemente dura consigo misma, a menudo sin darse cuenta de ello. Actúa con suavidad. Estás aportando luz natural a los lugares más oscuros y respetando tus miedos con ternura.

Imagina a un bebé sollozando. De modo parecido a un bebé, tus miedos lloran para que te fijes en ellos, los escuches y les prestes atención. No encerrarías a un bebé en un sótano oscuro; ocurre lo mismo con tus miedos. Tienes que hacer que surjan de modo seguro. Igual que un bebé, puede que necesiten ser abrazados, consolados y poder relajarse en tu presencia afectuosa.

Christian Mickelsen ha desarrollado un proceso que es una forma suave pero poderosa de gestionar los miedos. Llamado «El Proceso de Paz»[81], sortea a la mente abordando las sensaciones grabadas en el cuerpo. El cuerpo, que almacena todo tipo de recuerdos, incluidos los traumáticos, se usa como vía para liberar el miedo. Hay siete pasos. Elige un miedo que tengas, quizá no el más intenso cuando estás aprendiendo el proceso. Puedes repetirlo con los miedos más grandes una vez sepas cómo funciona. Piensa en el miedo, deja que ocupe un lugar destacado en tu mente. Recuerda que estás en un lugar seguro y que el miedo no puede lastimarte, y concéntrate en sentirlo en tu cuerpo. Estos pasos te ayudarán a lo largo del proceso:

1. **Encuentra la sensación:** Como las sensaciones se notan en el cuerpo, piensa en tu miedo y observa dónde se presenta

---

81. Christian Mickelsen, *Abundance Unleashed: Open Yourself to More Money, Love, Health, and Happiness Now*, Hay House, Carlsbad (California), 2017.

en tu cuerpo (la mayoría de las personas identifica la zona del corazón, la garganta, o la barriga, aunque puede ser cualquier sitio).

2. **Mantente presente:** Fija tu atención en esa parte, o esas partes, de tu cuerpo. No intentes resolver la cuestión en tu mente ni aplacarla con comida, el móvil u otras adicciones a las que recurras. ¡Puedes hacerlo!

3. **Acepta esa sensación:** En lugar de reprimirla, deja que la sensación aflore. Como harías con un niño lastimado, intenta enviarle algo de atención, algo de amor.

4. **Concéntrate en el lugar donde la sensación es más intensa:** Hay un punto donde esa sensación alojada en algún lugar de tu cuerpo es más fuerte, más intensa. Dirige y mantén ahí tu atención cariñosa.

5. **Déjala respirar:** Cuando concentras tu atención en esa zona de tu cuerpo, la sensación puede desplazarse o volverse más o menos intensa. Invítala a crecer y observa cómo cambia. Mickelsen lo compara con una vela de aceite. Afirma: «El combustible necesita oxígeno para quemar, pero una vez ha quemado, se acabó. Tu atención es el oxígeno y la sensación es el combustible. Nunca sabemos cuánto combustible hay». De modo que es necesario que te quedes con ella y estés presente para ayudarla a seguir su curso. Podrían ser segundos, minutos o, rara vez, unas horas.

6. **Conecta con la paz:** Deja que la sensación crezca y se desplace, sin alejar tu atención amorosa de la parte donde parece ser más intensa. Al final observarás que el miedo se disipa, y la sensación de paz es más fuerte que la sensación de miedo. Esto suele ocurrir en un lapso de entre cinco y diez minutos. A veces puede ser más, a veces va más deprisa; no abandones.

7. **Encuentra una paz duradera:** Una vez el miedo ha remitido, tendrás una sensación neutra, que es una sensación de paz. Comprueba que has eliminado por completo el miedo

pensando en la cuestión que estabas liberando. Observa si sientes algo que no sea paz, y si es así, repite el proceso. Según lo arraigadas que estén las sensaciones, puede ser un proceso gradual con varias capas de las que ocuparse. Pero cada vez que lo haces accedes a una mayor libertad. Pronto notarás que te sientes menos atrapado por el miedo que te mantenía estancado. Te estás dando margen de respiro y luz verde para avanzar y sacar lo mejor de ti.

3. Decir gracias y liberar tu miedo

Al agradecer a las viejas creencias haber hecho todo lo posible por mantenerte a salvo y liberarlas después para lograr algo mejor, estás creando espacio para recibir una versión más consciente y actualizada de ti mismo. Por ejemplo, sustituye «No confíes en los desconocidos» por «Me gusta relacionarme con gente maravillosa». Cambia «Tengo miedo de ser yo mismo» por «Las personas con quienes quiero pasar tiempo valoran mi enfoque único de la vida». Cambia «Tengo miedo de no lograrlo» por «Aprendo y crezco con cada experiencia».

DESAFÍO DEL DIARIO

Después de identificar qué miedo quieres liberar, abre tu **diario** y describe el miedo. Escribe cómo te protegió en el pasado y agradécele estar ahí con su intención de mantenerte a salvo. Ahora ya estás preparado para desprenderte de él.

La siguiente visualización centrada en el cuerpo (somática) te ayudará a liberarlo. Imagina que asignas a la creencia o al miedo limitadores un color. Visualiza ahora que ese color se acumula en tu cuerpo y te desciende por el torso, por las piernas hacia las plantas de los pies y hacia el centro del planeta, donde se disipa. Es fácil, como si un imán tirara de él fuera de tu cuerpo. Imagina después un sol dorado, y que tus nuevas percepciones, entusiasmo y energías positivas acceden a ti por la coronilla y te recorren el cuerpo, de arriba abajo con una sensación cálida y serena, sustituyendo totalmente cualquier rastro del color de la vieja creencia. Disfruta de la sensación de calidez, ligereza, comodidad y paz. Sigue haciéndolo un instante o dos. Abre después los ojos. Ya estás preparado para concentrarte en un cambio positivo y avanzar para experimentar lo mejor de tu vida. Puedes repetirlo cuando quieras.

---

4. Empieza por poco: cómo rebajar la sensibilidad a tus miedos

Hay una razón por la que, cuando eres pequeño, empiezas a ir en bicicleta con ruedines. Te ejercitas en algo, pero de una forma que te hace sentir seguro. Para esta estrategia, elaboras un plan, piensas en los detalles más minúsculos y empiezas con pequeñas acciones[82] para ayudarte a ganar impulso. La acción es el antídoto del miedo.

Si tienes miedo a hablar en público, queda con un buen amigo que no te juzga y que será amable con independencia de lo que tenga que decirte, y habla delante de él. ¿Te has muerto? ¡No! Seguramente fue mejor de lo que habías previsto. ¡Adelante! El siguiente paso es practicar. Cuanto más repites una actividad y observas que no pasa nada malo, más rebajas tu sensibilidad al miedo. Si usamos el ejemplo de hablar en público, te irás sintiendo más a gusto cada vez que ensayes delante de otras personas. Después podrías desafiarte a ti mismo a hablar frente a un grupo reducido de gente. Pronto estarás preparado para intentar hablar delante de una mayor concu-

---

82. «Overcoming a Fear», Greater Good in Action, https://ggia.berkeley.edu/practice/overcoming_a_fear#.

rrencia. Quizá podrías entonces hacer un curso o apuntarte a un club de oratoria. Con acciones lentas y deliberadas, te demostrarás a ti mismo que los pequeños pasos llevan a dar grandes pasos.

5. La norma de los cinco segundos – pasar a la acción

El Proceso de Paz facilita que los miedos ocultos sean liberados del cuerpo, haciendo que sea seguro dejar que el miedo se disipe. Pero ¿qué pasa con los miedos (no las ansiedades) de los que ya somos conscientes y que ocupan un lugar destacado en nuestra mente? El general George Patton dijo: «Hay un momento para recibir consejo de tus miedos, y hay un momento para no escuchar a ningún miedo». Los miedos a intentar algo nuevo, los miedos a brillar demasiado (¡no los escuches jamás!), los miedos a compartir tus ideas en grupo, los miedos de hablarle a un desconocido… son miedos, básicamente, a superar la inercia para salir finalmente de tu zona de confort, ¡que te será cada vez más incómoda porque sabes que quieres más!

A este tipo de miedo le va bien otra estrategia para que dejes de estar estancado. Se trata de la llamada Norma de los Cinco Segundos, desarrollada por Mel Robbins para que dejes atrás tus viejos hábitos[83]. Esta estrategia es útil cuando hay algo que sabes que deberías hacer pero la idea te asusta o te abruma. Se trata de que, desde el momento inicial en que tienes el impulso de hacer algo nuevo, dispones de un margen de cinco segundos antes de que intervenga tu viejo condicionamiento, que te mantendrá estancado. Cinco segundos, que pueden hacerte pasar a la acción. Contarlos te distrae del hábito de dudar, pensar demasiado y preocuparte. Cuando llegues al número uno, inmediatamente, en ese segundo, es el momento de ¡ACTUAR! Piensa en un cohete que despega y usa esa

---

83. Mel Robbins, *The 5 Second Rule: Transform Your Life, Work, and Confidence with Everyday Courage*, Savio Republic, 2017.

misma cuenta atrás, de modo que mentalmente o incluso en voz alta repítete: «Cinco, cuatro, tres, dos uno... ¡YA!» Al contar (redirigir la mente) y actuar de inmediato (activar el cuerpo), interrumpes los viejos patrones de duda. Según las investigaciones realizadas, esto te permite asumir el control de tu corteza prefrontal, el área de toma de decisiones del cerebro, y te ayuda a desarrollar la sensación de controlar más tu propia vida.

Esta técnica aparentemente sencilla te ayudará a ignorar la procrastinación, la apatía y los viejos hábitos que te impiden avanzar. Usa esta norma para pedir un ascenso, apuntarte a una clase, dedicar finalmente algo de tiempo a cuidarte a ti mismo o a tener una conversación difícil. Cuando haces algo a pesar de tus miedos y activas tu centro de control interior, recuperas la fe en ti mismo, te fortaleces y adquieres agallas y una confianza que nadie puede arrebatarte.

Estas técnicas mitigarán tus miedos y te incitarán a actuar ya. Haz estos ejercicios y ve eligiendo consecutivamente el que te gustaría practicar. Eso te ayudará a ver tus miedos de un modo totalmente nuevo.

Los miedos cumplen un propósito. Nos señalan nuestra intuición y nos vuelven a situar rumbo a estar en sintonía con nuestra verdadera naturaleza. Dedica un momento a reconocer tu voluntad de revisar todas las partes de la vida. No es fácil examinar nuestros miedos. Reconoce tu valor y tu buena disposición para hacer aflorar estos aspectos a la superficie.

Piensa ahora en una imagen de energía pura y reluciente, cubierta con la capa de sombra de los miedos. Tú eres esa energía pura, y los miedos son simplemente algo que te cubre. No te definen, ni son quien eres realmente. Piensa en los miedos como en una parte de ti mismo que está separada y que básicamente quiere volver al centro de tu ser. Cuando esta capa de sombra/miedo se siente lo bastante segura como para compartir sus lecciones, la capa de miedo puede liberarse. Cuando aprendemos de nuestros miedos, su energía se transforma en sabiduría. Cuanto antes hagamos las paces con nuestra capa de «sombra» (difícil o más dolorosa) de las creencias, antes podremos aprender de las situaciones y avanzar. Cuando examinamos intencionadamente estas creencias inquietantes y las liberamos suavemente, nos recordamos a nosotros mismos nuestra verdadera naturaleza y nos reconectamos con la esencia fundamental de quienes realmente somos.

Ansiedad

*Nuestra ansiedad no procede de pensar en el futuro, sino de
querer controlarlo.*

KAHLIL GIBRAN

¿Eres el tipo de persona que siente la presión de embutir todas las
responsabilidades de la vida en su día de veinticuatro horas: locura
matinal, proyectos y plazos laborales, obligaciones después del trabajo, tareas domésticas, tal vez tiempo en internet para estar más al
día de los detalles, algo de sueño, y volver a hacerlo todo al día siguiente? ¿O aguantas el tipo con otra versión que va a un ritmo
parecido... conocida como la vía rápida para acabar agotado?

«La desconexión impulsada por la ansiedad», en palabras de
Brené Brown, nos predispone para una gran cantidad de conductas
insensibilizadoras[84]. Ya sabes cómo va: llegas a casa, tomas unas
palomitas de maíz, un muslo de pollo, un poco de chocolate...
porque estás demasiado cansado para preparar un plato y sentarte,
y terminas tragándotelo todo sin pensar. ¿O tal vez vas corriendo
al baño durante el día cuando tienes la necesidad de llorar en silencio y pones después buena cara para conservar la calma y seguir
adelante? ¿Estamos de acuerdo en que la vida puede provocar ansiedad?

---

84. Brené Brown, *El poder de ser vulnerable: ¿qué te atreverías a hacer si el miedo no te
paralizara?*, Urano, Madrid, 2016.

Según el Instituto Nacional de la Salud Mental estadounidense, los trastornos de ansiedad afectan al 18,1 % de los adultos a partir de los dieciocho años de edad, más de cuarenta millones de adultos solamente en Estados Unidos. ¿Pero sabías que, según la Organización Mundial de la Salud (OMS), una de cada trece personas sufre ansiedad en el mundo[85]?

Aun así, incluso en medio de toda la tensión, es importante recordar que tenemos opciones.

Hay personas que han aprendido a abordar y modificar las *conductas* frenéticas que conducen a la ansiedad. Tal vez han llegado a un punto en que el ritmo de vida ya no les funciona, de modo que corrigen el rumbo para estar más en sintonía con sus valores. ¿Conoces a alguien que diga: «Sólo recibo correos electrónicos, llamadas o mensajes de nueve de la mañana a nueve de la noche, y todo tendrá que organizarse de acuerdo con eso»? ¿O que tiene la fortaleza de hacer un día de desintoxicación digital? Opciones: agotamiento o límites. Puede que digas: «Es imposible, por la vida que llevo y por lo que tengo entre manos», y efectivamente, a veces las cosas no son tan simples. Pero no dudes nunca que podemos dar pasos en esa dirección. A veces pequeños cambios dan lugar a grandes beneficios.

La buena noticia es que tanto la ansiedad diaria como los trastornos de ansiedad, más complejos, son altamente tratables; eso es, en sí, alentador. La realidad es que todo el mundo experimenta ansiedad de vez en cuando. Cómo la gestionamos depende de nosotros.

La ansiedad, definida como «el miedo en ausencia de peligro»[86], implica normalmente un escenario orientado al futuro. Lo que no se sabe tanto es que la ansiedad diaria no es necesariamente tan mala como la gente cree. La ansiedad puede ser una respuesta saludable

---

85. «Facts & Statistics», Anxiety and Depression Association of America, https://adaa.org/about-adaa/press-room/facts-statistics.

86. Helen Odessky, *Stop Anxiety from Stopping You: The Breakthrough Program for Conquering Panic and Social Anxiety*, Mango Publishing, Coral Gables (Florida), 2017.

a situaciones como prepararse para dar un discurso, hacer un examen o lidiar con tensiones que aumentan vertiginosamente.

La vida es, por naturaleza, estresante; la ansiedad aparece, y su expresión más saludable es cuando viene y se va.

Comprender lo que pasa en nuestra mente y en nuestro cuerpo es una ventaja enorme tanto para la ansiedad diaria como para los trastornos de ansiedad más profundamente arraigados. Cuando somos conscientes de lo que experimentamos, podemos encontrar la mejor forma de abordar esa situación concreta. En pocas palabras, cuanto más sabemos, más podemos hacer.

En este capítulo, veremos la diferencia entre el miedo y la ansiedad, así como entre la preocupación y la ansiedad. Aunque las palabras nos resulten parecidas, en realidad indican situaciones distintas. Veremos la ansiedad saludable y examinaremos los trastornos de ansiedad en general. Finalmente, aportaremos formas probadas de lidiar con esta emoción tan incomprendida. Vamos allá.

La diferencia entre miedo y ansiedad

Aunque a menudo los agrupamos, existe una diferencia entre la ansiedad y el miedo.

La definición oficial es: «Miedo es la respuesta emocional a una amenaza inminente, real o percibida, mientras que ansiedad es la anticipación de una amenaza futura.[87]» La ansiedad surge con respecto a situaciones que todavía no han tenido lugar y puede abarcar desde la ansiedad normal que siente la mayoría de la gente, como antes de hacer un examen, hasta la ansiedad debilitante que se experimenta en los ataques de pánico. El miedo, aunque puede estar relacionado también con acontecimientos futuros, suele ser una reacción instintiva a

---

87. American Psychiatric Association, *DSM-5: manual diagnóstico y estadístico de los trastornos mentales*, Médico Panamericana, Las Tablas, 2014.

una amenaza a la que nos enfrentamos en el momento *presente*. Piensa en él como en una alarma interior que sirve para protegerte de una situación espantosa. Ves que un coche se te acerca a toda velocidad por tu carril; oyes algo que parece un disparo, pisas el freno a fondo cuando un niño cruza de repente la calle... Existe un peligro acuciante, inmediato, y estás preparado para responder a ese miedo instintivo sin ninguna planificación, sin pensar, de hecho, siquiera en ello.

Cuando se reprime el miedo, puede aparecer la ansiedad, que es más difusa y más difícil de determinar específicamente.

La historia de Katie

Katie es una madre de cuarenta y pocos años que intenta hacerlo todo: trabajar, cuidar de sus hijos y llevar la casa. Pero los últimos años su relación, que parece ir bien vista desde fuera, se ha vuelto cada vez más difícil. Su marido, Mike, va con ella a las reuniones escolares, y se parecen a la mayoría de las parejas de la comunidad, pero al arañar la superficie, no hay amor, intimidad ni respeto mutuo. Su comunicación es escasa en el mejor de los casos y, en ocasiones imprevistas, Mike se pone a despotricar sobre las finanzas, la educación de los niños y sobre quién es responsable de qué. Katie siente que la amenaza con su desdén, y sus estallidos verbales son cada vez más brutales y difíciles de soportar, pero se siente impotente para hacer nada al respecto. Él nunca le pondría un dedo encima (para ella, eso sería cruzar una línea roja), pero si fuera capaz, se admitiría a sí misma que los ataques emocionales le hacen muchísimo daño. Muchas noches no puede dormir y no se explica por qué. Se siente herida y lastimada por dentro, y lo dejaría, pero ¿cómo daría a los niños lo que necesitan para abrirse camino en la vida?

En lugar de escuchar a su instinto, que le haría admitir que la relación es tóxica a cierto nivel y que no se siente segura, Katie esconde sus ansiedades por defenderse y por establecer algún limite sobre lo que acepta y lo que no. Tiene una vaga racionalización de que Mike podría dejarla sin nada. Después de todo, ella «ha dedicado sus mejores años a la relación», ¿por qué iba a lanzarlo todo por la borda? Se dice a sí misma: «No hay nada perfecto; mantén la compostura».

Así que, mes tras mes, y estación tras estación, Katie tolera ese trato y se dice a sí misma que no es tan malo. Se siente más bien ansiosa, claro, pero se recuerda a sí misma que Mike jamás le haría daño... sin admitir, ni siquiera a sí misma, las heridas abiertas que ignora cada día. Katie parece siempre preocupada por algo, y no sabe qué hacer al respecto. Pero la ansiedad es real y no desaparece, sino que va en aumento. Se entera de que algunas de sus amigas toman antidepresivos y, desde luego, parecen felices. ¿Qué tiene que perder? En la consulta del terapeuta, comenta que ya no confía en su intuición ni en sus decisiones. Las razones que da para la visita se centran en su creciente ansiedad. Oculta, como se ha ocultado incluso a sí misma, sus miedos más profundos.

Para Katie, la ansiedad es una señal de alarma, un indicador de los miedos que ha reprimido tanto tiempo. Su ansiedad la ha llevado a buscar ayuda, y ése es un paso enorme. Pero limitarse a tratar la ansiedad y detenerse ahí es como tapar con una tirita una herida profunda y enconada. Por fuera puede parecer que sana, pero la toxicidad permanece bajo la superficie. Si Katie alivia su ansiedad con la medicación y se detiene ahí, puede que mitigue el dolor y pase los días, pero seguirá sin abordar el problema de fondo: sus miedos y reservas fundamentales en cuanto a la relación.

Si reconociera sus miedos y encontrara el valor para ver la situación tal como es, Katie estaría en mejor posición, no sólo de aliviar su ansiedad, sino de oír su voz interior guiándola y de buscar ayuda proactiva para sus problemas fundamentales. La oportunidad real es conectar con el verdadero mensaje de su miedo para lidiar con los arrebatos de Mike de una forma más hábil y explorar opciones mejores para ella y para su familia.

Katie no es la única en esta situación. Muchas personas se las arreglan así en lugar de llegar a la raíz del problema. Pero cuando encuentre un entorno que la apoye y profesionales de confianza que la ayuden a abordar sus desafíos fundamentales, descubrirá que, en palabras de Francis Bacon, «el conocimiento es poder», y que es más fuerte de lo que cree.

Aunque puede costar cobrar conciencia de algo, la conciencia no sólo te empodera; te da más opciones. Cuando aprendes a confiar en ti mismo, a escuchar tus instintos para establecer límites fuertes, y a poner tu vida en sintonía con tus valores, la ansiedad pierde su poder.

La diferencia entre ansiedad y preocupación

La ansiedad significa cosas distintas para muchas personas; también suele confundirse con la preocupación, tanto que las palabras pueden usarse indistintamente. Pregunta sorpresa... ¿antes de una entrevista de trabajo estás preocupado, o ansioso? Si eres de los que se preocupa por todo, ¿significa eso que presentas ansiedad? El psicólogo Guy Winch efectúa algunas distinciones útiles[88].

Aunque las palabras «preocupación» y «ansiedad» expresan una inquietud, cómo experimentamos estos estados puede ser distinto. Normalmente la gente se preocupa por un problema concreto (como una factura pendiente de pago o llegar al aeropuerto a tiempo para tomar su vuelo), pero está ansiosa cuando su inquietud es por algo más vago y nebuloso (como la economía o viajar en general). La razón es que una preocupación suele gestionarse como un problema que precisa solución, como «pagaré ahora la mitad de la factura y la

---

88. Guy Winch, «10 Crucial Differences Between Worry and Anxiety», *Psychology Today* (14-3-2016), www.psychologytoday.com/blog/the-squeaky-wheel/201603/10-crucial-differences-between-worry-and-anxiety.

otra mitad, el mes que viene» o «saldré camino al aeropuerto quince minutos antes por si hay tráfico».

La ansiedad por la economía o por los inconvenientes de viajar es más confusa y escapa a tu control; no hay una forma sólida de abordarla. La preocupación está, además, causada por inquietudes más realistas que la ansiedad. Por ejemplo, Winch afirma: «Si te inquieta que te despidan porque hiciste muy mal un trabajo, estás preocupado. Si te inquieta que te despidan porque tu jefe no te preguntó por el recital de piano de tu hijo, estás ansioso». La ansiedad aparece porque supone un mayor desafío encontrar una solución razonable para una inquietud tan vaga y poco fundamentada; es más difícil estar tranquilo.

En el caso de la preocupación, una vez pagamos la factura, o nos encargamos de algún otro modo del motivo de la preocupación, la inquietud desaparece, pero la ansiedad por las cosas que no podemos controlar puede prolongarse y ser mucho más aguda. Tanto si la causa una relación, la salud o algo relacionado con el trabajo, puede aumentar hasta llegar a un punto en que altera el funcionamiento diario, lo que dificulta concentrarse y estar presente, y todavía más ser productivo. Mientras que la preocupación puede dejarse a un lado para atender asuntos urgentes, la ansiedad puede volverse tan predominante físicamente que es imposible hacer nada. Existe una buena razón para ello: la preocupación suele ser mental, estar relacionada con los pensamientos; la ansiedad, en cambio, es más física y se experimenta en todo el cuerpo.

Ansiedad saludable

Pero ¿y si, en realidad, cierta cantidad de ansiedad fuera algo bueno? Aunque la palabra «ansiedad» suele correlacionarse con un estrés abrumador, lo que olvidamos a veces es que un poco de ansiedad no es necesariamente algo malo. Si te estás esforzando al máximo por salir de tu zona de confort, viajando a lugares desconocidos, iniciando una nueva carrera profesional o, por lo general, adentrándote en territorio inexplorado, es normal tener algo de ansiedad. De hecho, es señal de que te estás exigiendo y desafiando a ti mismo. Te estás esforzando por ver qué puedes lograr. Esto significa que estás vivo; es algo bueno. En palabras de Søren Kierkegaard: «La ansiedad es el vértigo de la libertad».

También es perfectamente normal sentirte mentalmente nervioso o físicamente ansioso antes de una entrevista de trabajo o de una presentación importante. La ansiedad te advertirá que te presentes un poco antes y que practiques de antemano lo que vas a decir. Al planear una fiesta o una boda al aire libre, una persona excesivamente optimista puede no plantearse la posibilidad de que llueva («Estamos a mitad de verano»), pero puedes contar con que la persona con tendencia a sentir ansiedad y a preocuparse por naturaleza tendrá una carpa preparada por si cambia el tiempo. En cuanto a cuidar de su salud, las personas que siempre son positivas pueden estarse años sin ir al médico o al dentista, pero alguien ansioso pero concienzudo por naturaleza estaría pendiente de sus revisiones regulares. Cuando necesitas un abogado para revisar un contrato, ¿contratarías a alguien con una personalidad relajada y despreocupada o a alguien que se conecta con su ansiedad saludable para repasar todos los datos y profundizar en los detalles?

Lo que distingue la ansiedad saludable, que todos experimentamos de vez en cuando, como ante un plazo de entrega o una emergencia familiar, es que la sensación aparece y después, cuando la situación se resuelve, desaparece.

Trastornos de ansiedad

En el caso de los trastornos de ansiedad, los pensamientos molestos no remiten; de hecho, aumentan lo bastante vertiginosamente como para interferir en el trabajo o los estudios y, especialmente, en las relaciones. Si bien el miedo suele tener un desencadenante y la preocupación suele tener una causa, la ansiedad puede ser mucho más indefinida. Aunque normalmente no hay ningún peligro presente concreto, existe la expectativa vaga, pavor incluso, con respecto a una amenaza futura que se avecina y que, a veces, es incluso difícil de definir. Hay muchos factores que intervienen, desde la química del cerebro o la genética hasta las experiencias vitales o las respuestas aprendidas. Muy a menudo estas se originan en la infancia.

Las EAI

EAI significa Experiencias Adversas en la Infancia. En situaciones en que se experimenta adversidad con frecuencia, por ejemplo, en hogares donde hay abusos emocionales, físicos o sexuales, desatención, dificultades económicas, y progenitores incapaces de mantener a sus hijos de una forma saludable, la ansiedad y el estrés, en lugar de remitir, se mantienen constantemente en niveles elevados. Este estrés tóxico produce un trauma. En Estados Unidos, la mayoría de las personas tiene por lo menos una experiencia similar, con independencia de su origen. Según la doctora Nadine Burke Harris: «Esta clase de activación prolongada de los sistemas de respuesta al estrés alteran el desarrollo de la arquitectura del cerebro y otros sistemas orgánicos, y aumentan el riesgo de enfermedades relacionadas con el estrés y problemas cognitivos hasta bien entrada la edad adulta».[89] Obtén tu puntuación de EAI[90] usando un sencillo cuestionario de diez preguntas[91] para cobrar conciencia de tu riesgo de padecer una

---

89. Harris, *The Deepest Well*.

90. «Got Your ACE Score?» ACEs Too High (10-7-2018), https://acestoohigh.com/got-your-ace-score.

91. Laura Starecheski, «Take the ACE Quiz—and Learn What It Does and Doesn't Mean», NPR (2-3-2015), www.npr.org/sections/health-shots/2015/03/02/387007941/take-the-ace-quiz-and-learn-what-it-does-and-doesnt-mean.

enfermedad crónica. Una vez eres consciente de ello, puedes incorporar intencionadamente prácticas que favorezcan la resiliencia. Los investigadores indican: «Piensa en ello como en un nivel de colesterol para tu estrés tóxico en la infancia». Se trata de una forma interesante de tener controlado tu bienestar preventivo. Resulta alentador que este recurso bien fundamentado esté ganando adeptos.

DESAFÍO DEL DIARIO

Anota en tu **diario** unas cuantas acciones que te ayuden a aliviar el estrés agudo. ¿Qué nueva acción estarías dispuesto a intentar?

La ansiedad no tiene una solución universal. Hay cierta ansiedad que se aborda mejor con una combinación de terapia y medicación, y otra, más relacionada con un exceso de estrés, que puede remediarse cambiando las *conductas* que originaron la ansiedad. Los trastornos de ansiedad[92] aparecen cuando la ansiedad ha aumentado hasta llegar a un punto en que interfiere en los aspectos de la vida. Estos son los diversos tipos que existen:

- El **trastorno de ansiedad generalizada (TAG)** dificulta identificar la causa de la ansiedad, y cada vez cuesta más controlar la preocupación. Aumentan las sensaciones de irritabilidad o inquietud; cuesta dormir o, incluso, concentrarse.
- Los **ataques de pánico** provocan sensaciones de terror, palpitaciones, dificultad para respirar, náuseas, sudoración, temblores o una sensación de desastre inminente.

---

92. «Beyond Worry: How Psychologists Help with Anxiety Disorders», American Psychological Association (octubre 2016), www.apa.org/helpcenter/anxiety.aspx.

- La **ansiedad social** provoca miedos intensos a ser juzgados, rechazados o humillados por los demás.
- El **trastorno obsesivo compulsivo** conlleva actividades repetitivas, como lavarse las manos, comprobar los fogones o andar de cierto modo para aliviar la ansiedad.
- La **ansiedad por separación**, que puede provocar sensaciones de pánico, se produce cuando una persona, o incluso un animal, es separado de quienes lo hacen sentir seguro.
- Las **fobias** tienen que ver con miedos a situaciones concretas, como miedo a las alturas, miedo a salir de casa o miedo a las arañas por nombrar unas cuantas.
- El **trastorno por estrés postraumático (TEPT)** es la ansiedad que resulta de la experiencia de un trauma anterior, como en combate, en una agresión sexual o en accidentes graves.

Un trastorno de ansiedad no es un defecto de la personalidad ni una debilidad, se desarrolla a lo largo del tiempo o como reacción a un acontecimiento concreto de la vida. Resulta útil recordar que no debes culparte a ti mismo por sentir ansiedad; hay muchísimas personas a las que les pasa lo mismo. El mejor modo de usar tu energía es poner en práctica un plan sobre cómo reaccionarás a ella.

Cómo lidiar con la ansiedad

La buena noticia es que la ansiedad no es una condena a perpetuidad. Sus síntomas mejoran con la ayuda de un profesional médico y, si es posible, de un equipo de personas con enfoques complementarios. La terapia dialéctico-conductual, o TDC, recurre al mindfulness para ayudar a las personas a estar presentes, regular sus emociones y gestionar la angustia. La terapia cognitivo-conductual, o TCC, combinada a veces con medicación, ayuda a las personas a comprender cómo sus patrones de pensamiento contribuyen a la sensación de ansiedad y cómo pueden cambiar sus pensamientos para mejorar cómo se sienten. Las nuevas técnicas conductuales contribuyen también a reducir o eliminar los síntomas de la ansiedad. A continuación encontrarás algunas que pueden resultar puntos de partida útiles:

1. **Conviértete en detective:** Averigua qué provoca tu ansiedad.

DESAFÍO DEL DIARIO

Cuando estés ansioso, anota en tu **diario** qué provoca esa sensación. Puede ser una fecha límite en el trabajo, problemas en una relación, la familia, una noticia inesperada... Identifica la causa, escríbela, y puntúa tu nivel de ansiedad en una escala del 1 al 10, siendo 1 el inferior. Si realmente quieres hacer un seguimiento, programa la alarma del móvil tres veces al día durante una semana, y cuando suene la alarma, anota tus niveles de ansiedad. Observa si se producen variaciones durante el día; busca alguna pauta.

---

2. **Meditación mindfulness:** Una de las estrategias a la que recurren más personas es la meditación, que mejora la resiliencia al estrés y aumenta la concentración y la atención, a la vez que reduce la respuesta inflamatoria y el dolor del cuerpo[93]. Se enseña en escuelas, empresas y centros comunitarios. También está disponible en diversas aplicaciones, como

---

93. Jill Suttie, «Can Meditation Lead to Lasting Change?» *Greater Good Magazine* (15-9-2017), https://greatergood.berkeley.edu/article/item/can_meditation_lead_to_lasting_change#gsc.tab=0.

Headspace, Calm o Insight Timer. En la actualidad, es casi una introducción básica para sobrevivir al estrés. Hay más de una forma de desarrollar una práctica de mindfulness. Mientras que muchas personas responden a la meditación sentada, a otras les va mucho mejor la meditación en movimiento, como el taichí, el yoga, el qigong o incluso hacer senderismo. La respiración controlada ayuda a calmar el cuerpo y la mente, y activa el sistema nervioso parasimpático. La relajación progresiva y las imágenes guiadas facilitan que el cuerpo libere tensiones y se relaje. También es útil para conciliar el sueño. En la biorretroalimentación se conectan sensores eléctricos a las personas para que aprendan a controlar sus funciones corporales, como el ritmo cardíaco, la tensión arterial y la tensión muscular[94].

3. **Trabaja con el cuerpo para sanar traumas:** También hay terapeutas somáticos que ayudan al cuerpo a liberar traumas. La idea es que el cuerpo posee una inteligencia innata que llega al nivel celular, y cada célula está conectada con las demás. Normalmente, si surge algo perturbador, el cuerpo sabe qué hacer para recuperar el equilibrio. El científico Dawson Church indica que surgen problemas para escuchar las pistas del cuerpo cuando se produce un trauma, como una situación en la que la gente percibe que su vida está en peligro, se siente impotente, hay algo que es demasiado abrumador para enfrentarse a ello o la situación incumple las expectativas[95]. Entonces las emociones y los caminos de energía del interior del cuerpo se bloquean. Es cuando «desconectamos». Cuesta estar totalmente presente e implicado cuando

---

94. «5 Things to Know About Relaxation Techniques for Stress», NIH National Center for Complementary and Integrative Health (24-9-2015), https://nccih.nih.gov/health/tips/stress.

95. Dawson Church, *Psychological Trauma: Healing Its Roots in Brain, Body, and Memory*, Energy Psychology Press, Fulton (California), 2016.

parte de nuestros pensamientos y emociones siguen aferrados a un trauma pasado. A continuación encontrarás algunas opciones que te podría resultar útil explorar.

- La **EMDR**, terapia de desensibilización y reprocesamiento por movimientos oculares, que ha demostrado ser útil en el TEPT y los ataques de pánico, propone movimientos oculares concretos junto con terapia para liberar la angustia emocional.

- La **terapia craneosacral** trata el cuerpo, concentrándose en abrir el sistema nervioso central y liberar limitaciones que provocan dolor o disfunciones.

- La **acupuntura** utiliza pequeñas agujas para desbloquear los canales de energía del cuerpo, conocidos como meridianos en la medicina china.

- La **digitopuntura** hace lo mismo sin las agujas, y la reflexología se concentra en los pies o las manos para liberar la tensión de todo el cuerpo.

- El *tapping*, o técnica de liberación emocional (EFT, por sus siglas en inglés), combina la acupuntura con la psicología para liberar viejos traumas y ha sido muy utilizada.

- El **Psych-K** se concentra en cambiar creencias subyacentes relacionadas con la autoestima, las relaciones y la salud física.

- El sistema **HeartMath** cuenta con más de trescientos estudios validados que demuestran que las personas pueden acceder a un estado llamado «coherencia», en el que el corazón, la mente y las emociones están en sintonía, y el estrés se reduce drásticamente. Se hace cambiando los ritmos del corazón, que envía un neuromensaje diferente al cerebro[96].

Si todavía no has probado estas opciones, mira cuáles te atraen y piensa en cómo cualquiera de ellas puede ayudarte a liberar los

---

96. «The Science of HeartMath», www.heartmath.com/science.

traumas, recentrarte y permitir que tu conexión cuerpo-mente funcione de un modo más saludable. Aprenderás a prestar más atención a cómo navegar por la ansiedad y los traumas, en lugar de quedarte estancado en ellos. El caso es que existen muchas modalidades que pueden ayudar y que ayudan. Puedes crear una caja de herramientas personal con recursos de afrontamiento que te ayuden a hacerte con el control de tu vida.

Tener a mano estos recursos puede marcar la diferencia. Un estudio de la Universidad de Cambridge hizo un seguimiento de mujeres que eran pobres y de otras que eran ricas para valorar sus niveles de ansiedad[97]. No fue ninguna sorpresa que las mujeres que gozaban de seguridad económica presentaran menos ansiedad. Lo que fue sorprendente, sin embargo, fue que entre las mujeres que eran pobres, la ansiedad de las que usaban recursos de afrontamiento era considerablemente menor. La autora Olivia Remes explica que la investigación demostró que «La forma en que te enfrentas a las cosas o las gestionas en la vida influye directamente en la cantidad de ansiedad que experimentas, así que retoca ligeramente el modo en que las abordas y reducirás tus niveles de ansiedad».

4. **Crea tu equipo:** Ten una persona a quien acudir para poder hablar en cuanto notes que aparece la ansiedad. Ella te ayudará a verificar tus suposiciones para evaluar lo reales que son, te recordará que no puedes controlarlo todo y te aportará algo de perspectiva sobre lo importante que es ese problema en toda tu vida. Según la intensidad de tu ansiedad, tal vez quieras acudir a un profesional de la salud experto que pueda ayudarte a obtener resultados más deprisa.

5. **No olvides cuidarte a ti mismo:** Recuerda lo básico. El sueño es sumamente importante para recuperarte del estrés. Y formas

97. Olivia Remes, Nick Wainwright, Paul Surtees, Louise Lafortune, Kay-Tee Khaw, Carol Brayne, «Sex Differences in the Association Between Area Deprivation and Generalised Anxiety Disorder: British Population Study», *BMJ Open* (4-5-2017), http://dx.doi.org/10.1136/bmjopen-2016-013590.

de hacer ejercicio, como el yoga, andar/correr y el qigong, te ayudan a conservar el equilibrio emocional. ¿Sabías que el alcohol o la cafeína pueden aumentar vertiginosamente la ansiedad y provocar ataques de pánico? El azúcar, por más apetitoso que sea, tampoco ayuda. Mantén los niveles de glucosa con comidas regulares y tentempiés saludables, llenos de proteínas. A veces un buen llanto saludable alivia mucho el estrés en un periquete. La ansiedad es un estado que afecta al cuerpo además de la mente, así que ayuda a tu valioso cuerpo para que te ayude.

6. **La respiración 4-7-8:** La respiración se usa en el deporte, el parto y las artes marciales para recentrarse. Para el doctor Andrew Weil la respiración 4-7-8 es la herramienta antiansiedad más potente que ha encontrado[98]: inspira despacio por la nariz contando hasta cuatro, contén el aliento (no espires todavía) contando hasta siete, y espira despacio por la boca contando hasta ocho. Hazlo sólo cuatro veces. (Algunas personas empiezan contando hasta cuatro al inspirar, hasta cuatro al contener el aliento y hasta seis al espirar; elige lo que prefieras.) Esta práctica debería hacerse dos veces al día. Por la noche te ayudará, además, a conciliar el sueño. Se sabe que es eficaz en situaciones que provocan ansiedad. Tras un tiempo de práctica diaria regular, puedes notar la diferencia. Un minuto y medio al día puede cambiar tu vida.

7. **Cambia tu estado de ánimo:** Cuando notes que empieza a aparecer la ansiedad y te estás sumiendo en una vorágine de pensamientos negativos, cambia tus pensamientos y tus acciones. Si tus pensamientos se dirigen hacia escenarios futuros que están llenos de resultados negativos, **vuelve al presente**. Activa tus sentidos para observar cómo se siente tu cuerpo en

---

98. «Video: Dr. Weil's Breathing Exercises: 4-7-8 Breath» (20-9-2017), www.drweil.com/videos-features/videos/breathing-exercises-4-7-8-breath.

ese momento, dónde estás sentado, los detalles de los objetos que hay en la mesa, escucha los sonidos al otro lado de la ventana, observa los colores que te rodean; dedica tu atención plena al presente. También puedes cambiar tu estado mental moviendo tu cuerpo: ve a dar un paseo alrededor de la manzana y observa lo que te rodea; si puedes, ponte en contacto con la naturaleza que tengas cerca. También puedes ver un vídeo divertido, que puede ser la forma más rápida de salir del estado de ansiedad. Por cierto, si ves que recurres al móvil para obtener un alivio instantáneo al ponerte ansioso, intenta ser consciente de esa tendencia y conectar realmente con la raíz del problema en lugar de desviar la atención de él.

8. **U.N.L.O.C.K., un enfoque más ingenioso:** Si experimentas pánico, consulta primero tus síntomas con un médico. Si el problema no es de origen físico, busca un profesional de la salud que trabaje contigo. Puede que él o ella te sugiera el método U.N.L.O.C.K. de la doctora Helen Odessky[99].

   - *Understand*, que en inglés significa «comprende» (intelectual): Comprende la forma en que aparecen y remiten los síntomas de tu pánico y aprende a reconocer el falso mensaje que los síntomas sugieren, por ejemplo, que vas a morir.

   - *Negate*, que en inglés significa «invalida» (mental): Cuestiona las creencias negativas que aceleran el pánico. ¿Son realmente ciertas o son errores de tu pensamiento? Anota en tu **diario** por qué son falsas para que ya no puedan seguir atrapándote. Estás recuperando tu poder.

   - *Leverage*, que en inglés significa «haz uso de» tus miedos (físico): Familiarízate bien con los síntomas del temido pánico que acompañan a un ataque típico de pánico. Podrían ser pulso acelerado, mareo, etc. Reproduce su efec-

---

99. Odessky, *Stop Anxiety from Stopping You.*

to (corriendo sin moverte de sitio o girando en una silla) y observa pacientemente cómo tu cuerpo recupera el equilibrio. Al practicar esta exposición deliberada a los síntomas y observar que finalmente remiten, tendrás mucho menos miedo si vuelven a aparecer. Tu cuerpo experimenta que los síntomas pasan y estás bien.

• *Openness*, que en inglés significa «estar abierto» (actitud): Permítete estar abierto a la posibilidad de un cambio. Imagina un resultado más positivo y pregúntate: «¿Y *si* saliera mejor de lo que creía...?» y anota lo que pensarías, sentirías y harías en ese escenario. En lugar de vivir con miedo, estás creando un espacio para un cambio positivo.

• *Compassion*, que en inglés significa «compasión» (centrado en el corazón): Cuando estás probando algo nuevo, hay una curva de aprendizaje. Cuando las cosas TODAVÍA no van tan bien como habías planeado (mejorarán con la práctica), ¿cómo podrías reaccionar ante ti mismo como harías ante un niño que aprende a caminar? Escribe en tu **diario** tu propia frase, como: «Hace falta valor para probar algo nuevo, y no pasa nada si cometes errores, todo el mundo lo hace; sigue adelante, ya lo tienes». Es un proceso; sé consciente de que estás en ello.

• *Kindle*, que en inglés significa «enciende» (conducta): los pequeños cambios conducen a mayores cambios. Anota en tu **diario** una lista de actividades que te ponen ansioso. Puede que las estés llevando a cabo pero con mucha ansiedad, o tal vez hayas decidido no hacerlas. Relaciona primero las actividades más fáciles y avanza progresivamente hacia las más difíciles. Empieza con la más fácil, practícala un tiempo y demuéstrate a ti mismo que puedes enfrentarte a cosas que anteriormente habías evitado. Pasa después a la actividad ligeramente más difícil. Aprenderás qué se siente al confiar en ti mismo para salir de tu zona de confort. Tu confianza aumentará a medida que vayas haciendo cada vez más.

9. **Perdónate a ti mismo:** Las personas que padecen ansiedad suelen culparse de que hay algo que les falla. «¿Qué me pasa?, ¿por qué no puedo lidiar con esto?» La ansiedad, como hemos visto, es una reacción humana que la mayoría de nosotros vivimos en un grado u otro en determinados momentos de la vida. La pregunta es: «¿Cómo consigo algo de ayuda para aprender qué herramientas están a mi disposición si las necesito?» Menospreciarte, aparte de la experiencia inicial de ansiedad, te generará ansiedad por estar ansioso. ¡Eso es lo último que necesitas! Perdónate a ti mismo si sentiste ansiedad, perdónate a ti mismo si tuviste un ataque de pánico y perdónate a ti mismo si no pudiste enfrentarte a una situación social. Hay más gente de la que te imaginas en este mismo barco. *Puedes* aprender a remar, y entonces también serás capaz de ayudar a los demás.

En este capítulo has visto que existe una gama de ansiedades: la beneficiosa que te ayuda a recuperarte del estrés y a hacerlo lo mejor posible, y las que suponen un mayor desafío y que son un aviso para abordar tanto sus síntomas como su causa. Esto puede llevarte a considerar cambios en tu estilo de vida y establecer límites que estén en sintonía con tus valores y te ayuden a prosperar. *Puedes* tomar decisiones que te sirvan.

Al usar la ansiedad como mensajero estarás más en contacto con lo que tu mente, tu cuerpo y tu alma necesitan, y con esta información, puedes propiciar ser fiel a ti mismo a un nuevo nivel y tomar las decisiones que te ayuden a prosperar. La ansiedad no te convierte en un bicho raro. La razón de que haya tantas personas que experimentan ansiedad es que la cultura está llena de ansiedad, el mundo está más lleno de ansiedad que nunca, y todavía no hemos aprendido a gestionar nuestra adicción a los medios sociales.

Se precisa intención y algo de esfuerzo para examinar cuidadosamente la ansiedad saludable, que nos incita a profundizar más, tal vez a reconectarnos con nuestras prioridades y a modificar ligeramente cómo elegimos vivir. En ese sentido, es un toque de rebato para que nos demos cuenta de que podemos corregir el rumbo, podemos tomar decisiones y tenemos más opciones de lo que imaginamos. La ansiedad no es un callejón sin salida. Al contrario, es una invitación a crecer.

Confianza

Como cree en sí mismo, no intenta convencer a los demás.
Como está satisfecho consigo mismo, no necesita la aprobación
de los demás.
Como se acepta a sí mismo, el mundo entero lo acepta.

LAO TZU

La confianza es el reflejo exterior de una sintonía interior. Se sabe cuándo una persona confía en sí misma; su presencia habla antes que ella. ¿Has conocido alguna vez a alguien y te has preguntado quién era aquella persona que tenía una energía tan fabulosa, tanta chispa, y que irradiaba una confianza absoluta en sí misma? Y... ¿has sentido alguna vez que a ti te iría bien tener un poco más de todo eso? Pero a veces desear tener confianza en uno mismo parece distar mucho de tenerla. Quizá quieres reducir algo el estrés al que te enfrentas, pero no te ves capaz de hacer exigencias para sacar tiempo para ello; quizá en el trabajo quieres hablar más en las reuniones pero te contienes, quizá quieres que tus relaciones sean más estrechas, pero nunca has encontrado el momento oportuno para sacar el tema. O tal vez albergas un sueño en tu corazón, pero sería dar un salto al vacío intentarlo.

La buena noticia es que la confianza no está reservada a unos pocos afortunados. Existe una fuente de energía que nos ayuda a sentirnos más conectados y a confiar más en nosotros mismos, y cualquiera puede acceder a ella. Esta confianza que rezumas es mucho más que andar erguido, con la espalda recta, la cabeza alta y una sonrisa en los labios; todo eso es exterior. La confianza de la que estamos hablando procede del interior, y no puedes evitar acceder a ella cuando te sientes a gusto en tu piel, cuando te sientes en sintonía con quien eres, y cuando, simplemente, estás disfrutando de tu vida.

Puede que estés pensando: «Es fácil decirlo, pero ¿cómo se hace?» Es fácil quedarnos atrapados en creencias y pensamientos negativos que nos han estado refrenando y olvidar pensar en lo que nos *da* energía. Cuando nuestra mente se dirige automáticamente hacia lo que no nos gusta de nosotros mismos o de nuestra situación, cuando nos concentramos en cómo no somos lo bastantes buenos, o en cómo los demás lo tienen todo tan controlado, ponemos en marcha nuestra energía, pero no en la dirección que nos gustaría. Estamos cerrando eficazmente la válvula que nos conecta con la energía pura que todos deseamos, la energía que nos conecta con nuestros recursos interiores, nuestra alegría y nuestra confianza.

La confianza interior se describe también como el hecho de sentir que podemos dar un paso adelante. Según Richard Petty, catedrático de la Universidad del Estado de Ohio: «Confianza es lo que convierte nuestros pensamientos en acciones».[100] Esto incluye superar tanto los obstáculos mentales como los desafíos para pasar a la acción. Desviarnos de nuestro camino abre mentalmente la puerta a adquirir confianza a partir de lo que hacemos. Cuando quieres ser el artífice de tu propia vida, necesitas ambos aspectos: sentir que estás *dispuesto* a dar un paso adelante (aunque tengas miedos), y *actuar* de acuerdo con ello y dar el paso. La buena noticia es que pueden desarrollarse. Cuanto más practicamos una nueva perspectiva, hábito o habilidad, mejor se nos da. Aprendemos sobre la marcha.

---

100. Margo Wickersham, «How to Stop Limiting Beliefs from Crippling Our Happiness». *Money Inc.* (09-2-2018). https://moneyinc.com/how-to-stop-limiting-beliefs-from-crippling-our-happiness/.

En este capítulo veremos estos dos aspectos: la confianza a partir de la sintonía interior y del aprendizaje de algo nuevo. Estudiaremos el poder de creer en uno mismo y las distintas actitudes que apoyan o sabotean nuestra vida. Trataremos las desventajas de la autoestima y cómo las mujeres pueden abordar la brecha de confianza. A continuación te daré algunas pistas tácticas, como conocer tus puntos fuertes, cómo notar que tu confianza aumenta y cómo seguir sus progresos cuando surge. Es totalmente posible tener más confianza en uno mismo. He aquí algunas formas de acelerar tu proceso.

Creer en uno mismo

Todos hemos oído decir «Cree en ti mismo», pero ¿qué pasa cuando te sientes desanimado o decepcionado con la vida o incluso contigo mismo? ¿Y si ha habido algunas cosas que no han salido como querías y te sientes algo estancado? Cuando quieres ver cambios exteriores, siempre va bien empezar con cambios interiores. Uno de los cambios más potentes que pueden hacerse es aprender a gestionar tu actitud.

Tras décadas de investigación, Carol Dweck, psicóloga de la Universidad de Stanford, descubrió que el modo en que pensamos sobre nuestros talentos y nuestras aptitudes es una de las cosas que más influye en el éxito que tenemos en el mundo, y eso es válido para los negocios, los estudios, las familias y las relaciones[101]. Dweck explica que creer que nuestra inteligencia, nuestro talento o nuestra personalidad está «establecido», que somos buenos en algo o no lo somos de modo innato (y si no lo somos, para qué molestarnos en dedicarle energía), es lo que se llama tener una actitud fija. Alguien con una actitud fija no estaría interesado en intentar algo fuera de

---

101. Carol S. Dweck, *Mindset la actitud del éxito*, Sirio, Málaga, 2016.

su zona de confort. No es lo «suyo», y es probable que, si supone un desafío tan grande, no merezca la pena dedicarle tiempo, ¡a otra cosa! Además, si se arriesgara a ir a por ello, podría hacer el ridículo, o peor aún, podría darse un batacazo, y se sentiría un fracasado. ¿Quién quiere eso? Mejor dedicarse a lo que resulta fácil y quedarse en caminos probados, donde es mucho más probable tener éxito. Por desgracia, es una forma de vivir muy limitada. Si sucumbimos a la actitud fijada porque nos es familiar, estamos coartando realmente nuestro potencial al aceptar una vieja creencia limitadora.

Por otro lado, creer que la inteligencia, la personalidad y el carácter pueden desarrollarse, y que el potencial *puede crecer* si nos esforzamos por aprender nuevas habilidades es lo que se denomina actitud de crecimiento. Alguien con una actitud de crecimiento aborda nuevos desafíos con curiosidad y como alguien que aprende durante toda la vida. No se presiona a sí mismo para hacerlo a la perfección; después de todo, sólo está empezando. Eso le da el valor para correr riesgos en áreas no probadas. Es positivo que algo suponga un desafío. Sabe que cuanto más practique y más se esfuerce, más mejorará sus habilidades. Edison hizo diez mil prototipos antes de obtener la bombilla. Tenía, sin duda, una actitud de crecimiento. Los desafíos son sólo parte del viaje. Si algún camino no va bien, eso no significa que sea el final. Se toma otra ruta.

Lo apasionante de estas actitudes es que, una vez conocemos las dos, podemos ver más fácilmente cuándo una actitud fijada está poniendo límites a nuestra confianza. Imagina que eres un detective que dice: «Ajá, te pillé con las manos en la masa, actitud fijada. ¿Es eso lo que realmente quiero? ¿Me ayudará esa perspectiva? ¡NO! Va a hacer que me quede donde estoy. ¡Voy a acceder a mi actitud de crecimiento!» Esa conciencia nos lleva a un punto de elección, y de ese modo, recuperamos nuestro poder.

En Project Happiness, enseñamos estos conceptos incluso a los niños de primaria, traduciéndolos al lenguaje infantil. La actitud fijada, la que cree que estás limitado y no deberías intentar nada nuevo, es parecida a la voz interior crítica. Para los niños, es el llamado «Malo interior».

La actitud de crecimiento, que los niños denominan su «Amigo interior», te incita a esforzarte y te anima, diciéndote que aunque todavía no lo sepas, progresarás, basta con que lo sigas intentando. Enseñar a los niños a elegir esta actitud empoderadora les da más control sobre su estado interior. Un miembro del personal docente que trabaja con alumnos en situación de riesgo afirmó: «Cuando los alumnos se dan cuenta de que controlan el esfuerzo y, por consiguiente, los resultados que ven, se las apañan solos»[102]. Tuvimos una clase de niños de siete años que se decían unos a otros: «No escuches a tu Malo interior; ¡escucha a tu Amigo interior!» Tanto si lo llamas concentrarte en tu propia actitud de crecimiento o en tu «Amigo interior», *tú* puedes tomar esa decisión con la misma facilidad.

ACTITUD FIJA (MALO INTERIOR)	ACTITUD DE CRECIMIENTO (AMIGO INTERIOR)
Si intento algo nuevo, me arriesgo a parecer incompetente	Cuando intento algo nuevo, crezco
Los desafíos son una pérdida de tiempo. Si no es mi punto fuerte, ¿para qué molestarme?	Me esfuerzo en los desafíos porque refuerzan mi cerebro, mi capacidad y mi confianza
Si no funciona, seré un fracasado; será una humillación para toda la vida	Si mi estrategia fracasa, aprenderé e intentaré algo nuevo; la gente más exitosa se enfrenta todo el tiempo a desafíos

Necesitamos desafíos para crecer, pero según las investigaciones, es cinco veces más probable que las personas con una actitud fijada

---

102. «Mindset Works Programs Case Studies: Fiske Elementary School», Mindset Works, www.mindsetworks.com/science/Case-Studies.

eviten los desafíos[103]. De hecho, eso es algo más importante de lo que podría parecer. Jenny y Alexa formaban parte del mismo equipo de fútbol como actividad extraescolar. Jenny tenía una coordinación excepcional y una velocidad impresionante. Llevaba varios años seguidos siendo la delantera estrella. Alexa, nueva en el ataque, era una jugadora corriente pero entusiasta. Era normal verla entrenando a primera hora de la mañana, antes de empezar el día.

A mitad de la temporada, la entrenadora de toda la vida tuvo que irse de la ciudad por una emergencia familiar, y se incorporó al equipo una joven entrenadora, que era una fanática del entrenamiento y hacía trabajar duro a las chicas. A Jenny, la jugadora estrella, no le gustaba en absoluto, faltaba a la mayoría de entrenamientos y se presentaba sólo a los partidos. Se moría de ganas de que volviera la antigua entrenadora, lo que, para consternación suya, no sucedió porque tuvo que mudarse definitivamente para cuidar de sus padres enfermos. De modo que el equipo tuvo que adaptarse a la nueva entrenadora. Jenny no iba a los entrenamientos; Alexa era constante.

A lo largo de esa temporada y al empezar la siguiente, ocurrió algo inesperado: la chica que era corriente empezó a hacerlo mejor que la chica que tenía talento. Todo el mundo se sorprendió cuando Alexa empezó a marcar goles cada partido. Por primera vez, Jenny tenía un desafío: esforzarse más y alcanzar su potencial innato o retirarse. ¿Qué haría? Como habrás sospechado, su interés por el juego empezó a menguar. Decía que ya no le apetecía y que prefería dedicar más tiempo a hacer otras cosas.

Aunque Jenny había jugado partidos excelentes en el pasado, el entrenamiento constante de Alexa la hizo más fuerte y mucho más hábil de lo que nadie podría haber predicho. Su confianza aumentó

---

103. Carol S. Dweck y Ellen L. Leggett, «A Social-cognitive Approach to Motivation and Personality», *Psychological Review*, 95, n.º 2 (Abril 1988), pp. 256–273, https://doi.org/10.1037/0033-295X.95.2.256.

junto con su experiencia, y esto tuvo un efecto dominó en todos los aspectos de su vida.

Si todo el mundo se quedara en su zona de confort, no habría ninguna posibilidad de progreso ni ninguna oportunidad de cambio positivo. Los desafíos abren la puerta a capacidades que nunca habrías sabido que tenías. Averiguarás de qué estás hecho.

DESAFÍO DEL DIARIO

Anota en tu **diario** lo que sucedió una vez en que te enfrentaste a algo que te desafiaba más allá de lo que creías que podías soportar, pero lo superaste.

- Describe cómo te sentiste y qué aprendiste de esa experiencia.
- Escribe también un desafío al que te estés enfrentando actualmente. ¿Qué creencias podrían ayudarte a cambiar tu punto de vista sobre esa situación?

Te das a ti mismo una ventaja enorme si adoptas la actitud que ve los contratiempos como oportunidades para mejorar y el esfuerzo como el motor del crecimiento. En lugar de escuchar a tu crítico interior, te entrenarás para escuchar a tu entrenador interior. La confianza es una consecuencia natural de ver los resultados de tus esfuerzos. Es una capacidad renovada de confiar en ti mismo, de confiar en la vida y de sentir la energía ampliada de sentirte a gusto en tu piel. Eso es lo que te confiere un brillo, una luminosidad y una energía que atrae a quienes te rodean. ¡Por eso hay quien dice que la confianza es sexy! Con esta forma de pensar, no tienes que preocuparte por la confianza: surgirá en tu interior.

Confianza frente a autoestima

A veces se confunde tener una confianza saludable en uno mismo con tener la autoestima alta, pero en realidad no es lo mismo. Lo peliagudo de la autoestima es que depende del éxito exterior, y se basa en cómo te va en comparación con los demás. Funciona del siguiente modo: cuando nos sentimos exitosos, tenemos la autoestima por las nubes. Pongamos por caso que nos lucimos en una presentación, que lo hacemos bien en un partido o que ganamos una discusión, y nos consideramos valiosos. La vida es buena. El inconveniente es que cuando algo no va bien, cuando cometemos un error o no logramos un objetivo, nos consideramos indignos; la autoestima se desinfla como un globo que pierde todo su aire.

La autoestima se basa también en ser considerado mejor que los demás. La mayoría de las personas no se dan cuenta de que cuando, con la mejor intención del mundo, hacen hincapié en la autoestima, se sitúan en el ámbito de la comparación y la competición. Esto es también aplicable al cuidado de los hijos. Todo progenitor quiere que a sus hijos les vaya bien y tengan amigos; esto les proporcionará la base para el éxito en la vida. Suena bien, y si traen buenas notas y los invitan a fiestas de cumpleaños, sus progenitores están contentos y eso alimenta la autoestima de los niños. Pero ¿qué pasa si sus notas bajan; qué pasa si alguien se portó mal con ellos ese día? ¿Es eso una razón para que los niños se sientan menos dignos?

En lugar de elogiar las notas («Eres el mejor de la clase, eres un genio»), plantéate elogiar el esfuerzo dedicado a un proyecto («Veo que has trabajado duro en eso»). La cuestión es guiar a los niños para que lo hagan lo mejor posible y se esfuercen por aprender, en lugar de por recibir la esquiva «estrella dorada» otorgada como distinción. En vez de alabar la popularidad, haz hincapié en ser una buena persona. Ser una persona de la que estás orgulloso es mucho más importante para la confianza a largo plazo que ser admirado por gente al azar.

Cuando nos juzgamos por factores que están fuera de nuestro control, como un ascenso laboral o la cantidad de *me gusta* en una entrada en los medios sociales, estamos dando a los demás el control de la confianza que tenemos en nosotros mismos. Esto suscita la pregunta: ¿es ésa la opción que queremos elegir? Cuando todo está en perfecta sincronía, todo va bien. Pero cuando una cosa sale mal, los resultados previstos pueden malograrse en cuestión de segundos. Depender de circunstancias externas es una forma de mermar la confianza en lugar de aumentarla.

Amy Morin, en un artículo publicado en *Psychology Today*, sugiere que, si tienes que valorarte de algún modo, debes hacerlo basándote en cosas en las que tienes algo que decir, no en hechos exteriores de tu vida sobre los que no tienes ningún control. Cuando tienes una fuerte concepción de ti mismo y te sientes bien contigo mismo, eres capaz de surfear las olas del cambio. Da igual si el proyecto en el que estás trabajando se demora, si estás pasando por una ruptura o un despido, puedes conectarte con el conocimiento interior de que lo superarás; siempre lo haces. Morin afirma: «En lugar de perseguir... la autoestima, valórate por quien eres en *lo más profundo* de tu ser» [104].

«Usa una vara de medir basada en factores que puedes controlar, no en hechos exteriores de tu vida. Cuando sabes quién eres, y estás satisfecho con la persona en la que te has convertido, experimentas una sensación de paz a lo largo de los inevitables altibajos de la vida» [105].

La autocompasión importa

Es aquí cuando interviene la autocompasión. A diferencia de la autoestima, que hace que nos valoremos basándonos en cómo lo hacemos

104. Amy Morin, «How Do You Measure Your Self-worth?» *Psychology Today* (11-7-2017), www.psychologytoday.com/us/blog/what-mentally-strong-people-dont-do/201707/how-do-you-measure-your-self-worth.

105. Ibídem.

en comparación con los demás, la autocompasión nos recuerda que todo el mundo comete errores. Aceptarnos a nosotros mismos, con nuestras imperfecciones, es fundamental. De otro modo, pasamos demasiado tiempo atormentándonos por cómo «tendría que» haber sido. Aunque no lo hayamos hecho algo bien, todos merecemos ser tratados con amabilidad. Cuando te hablas a ti mismo como hablarías a un buen amigo, te recuperas de los contratiempos más deprisa y te sientes mejor contigo mismo. Eso da lugar a una confianza que se nutre interiormente y que es más capaz de soportar los desafíos de la vida.

Según Kristin Neff, autora de *Sé amable contigo mismo:* «Si eres amable contigo mismo, tienes tendencia a tener una autoestima más alta que si no dejas de criticarte a ti mismo[106]. Puedes ser compasivo contigo mismo incluso cuando has fracasado estrepitosamente. No depende de ser mejor que los demás»[107].

Las mujeres y la confianza

Naciste con potencial. Naciste con bondad y confianza. Naciste con ideales y sueños. Naciste con grandeza. Naciste con alas. No estás hecha para arrastrarte, así que no lo hagas. Tienes alas. Aprende a usarlas y vuela.

RUMI

Algunas mujeres tienen la suerte de poseer una autoconfianza innata o de haber sido criadas en familias que fomentaban esta cualidad. Pero

---

106. Kristen Neff, «Why Self-Compassion Trumps Self-Esteem», Greater Good Science Center (27-5-2011), https://greatergood.berkeley.edu/article/item/try_selfcompassion.

107. Kristin Neff, *Sé amable contigo mismo: el arte de la compasión hacia uno mismo*, Paidós Ibérica, Barcelona, 2016.

un estudio reciente[108] realizado con cuatrocientos alumnos mostró que las niñas perdían la fe en su talento a los seis años. Parte del estudio pedía a niños de ambos sexos que jugaran a un nuevo juego de mesa. A algunos de ellos se les explicó que era «para niños y niñas que son realmente listos» mientras que a otro grupo se le dijo que era «para niños y niñas que se esfuerzan de verdad». ¿El resultado? «Era tan probable que las niñas de seis y siete años disfrutaran del juego para quienes se esfuerzan como los niños varones, pero mucho menos probable que dijeran que disfrutaban del juego para niños y niñas listos».

Un artículo de la BBC cita al profesor Andrei Cimpian, que afirma: «Los estereotipos de la sociedad crean enseguida diferencias en la trayectoria... Es desalentador ver surgir esos efectos tan pronto. Cuando los ves, te das cuenta de lo ardua que será la batalla.[109]»

Aunque se presentan estas tendencias en la infancia, lo cierto es que actualmente terminan la carrera universitaria más mujeres que hombres. Según el Departamento de Educación de Estados Unidos, las mujeres representarán más del 56% de los estudiantes en los campus de Estados Unidos, y se espera que esa tendencia aumente[110].

¿Por qué están tan poco representadas las mujeres en los cargos tradicionales de influencia? Llevamos años hablando del techo de cristal, pero ¿pueden tener también algo que ver la confianza y las creencias mentales? En este clima actual, es más urgente que nunca abordar la cuestión, y hay una cantidad mayor que nunca de personas que quieren ver un cambio. En ciertos sectores, la diferencia de las condiciones no es tan importante, pero en otros es escandalosa;

108. Lin Bian, Sarah-Jane Leslie y Andrei Cimpian, «Gender Stereotypes About Intellectual Ability Emerge Early and Influence Children's Interests», *Science*, 355, n.º 6323 (27-1-2017), pp. 389–91, http://science.sciencemag.org/content/355/6323/389.

109. James Gallagher, «Girls Lose Faith in Their Own Talents by the Age of Six», BBC News (27-1-2017), www.bbc.com/news/health-38717926.

110. «Total Undergraduate Fall Enrollment in Degree-granting Postsecondary Institutions, by Attendance Status, Sex of Student, and Control and Level of Institution: Selected Years, 1970 through 2026», Digest of Education Statistics, National Center for Education Statistics, https://nces.ed.gov/programs/digest/d16/tables/dt16_303.70.asp.

piensa en lo que cobran las actrices o las presentadoras en comparación con sus colegas masculinos. Ha llegado el momento de reequilibrar la balanza...

La buena noticia es que existe una energía renovada para generar un cambio. Para sentar una base sólida, es necesario que haya colocados determinados pilares clave: la igualdad salarial, la igualdad en el liderazgo y la igualdad de responsabilidades. Christine Lagarde, directora gerente del Fondo Monetario Internacional, señala: «Mundialmente, las mujeres ganan sólo tres cuartas partes de lo que ganan los hombres... incluso con el mismo nivel de educación y por el mismo trabajo.[111]»

- La **igualdad salarial** significa cobrar lo mismo por el mismo trabajo; se sitúa en un lugar destacado.
- La **igualdad en el liderazgo** se conseguirá dando a las mujeres acceso a los niveles más altos de poder, votando a más mujeres para ocupar cargos públicos y directivos, promoviéndolas en organizaciones y comunidades y favoreciendo la educación y la concienciación.
- La **igualdad de responsabilidades** tiene que ver con compartir las responsabilidades en el hogar y en instituir un permiso de maternidad y paternidad, y un servicio de guardería adecuados. Hoy en día, Estados Unidos es el único país industrializado que no ofrece un permiso de maternidad pagado. «En su esfuerzo por alcanzar la igualdad de género, en Suecia cada progenitor tiene derecho a 240 de los 480 días de permiso parental pagado.[112]» En un reciente viaje a ese país, me sorprendió agradablemente ver cuántos padres salían entre semana, a mediodía, con sus bebés. Tal vez podamos aprender unas cuantas cosas...

---

111. Christine Lagarde, «Daring the Difference: The 3 L's of Women's Empowerment», International Monetary Fund (19-5-2014), www.imf.org/en/News/Articles/2015/09/28/04/53/sp051914.

112. Lola Akinmade Åkerström, «10 Things That Make Sweden Family-friendly», Sweden.se (10-1-2018), https://www.spcc.pl/node/12693.

Mientras tanto, en Estados Unidos, las empresas progresistas, muchas de ellas del sector tecnológico, son pioneras en ofrecer un permiso de maternidad generosamente pagado (y en algunos casos, como en el de Netflix, permiso de paternidad). Además de crear buena voluntad y reducir el estrés de modo que los progenitores pueden estar totalmente presentes durante esta fase crítica, al tener implementadas políticas de permisos pagados, estas empresas evitan el coste de tener que buscar y contratar a nuevos empleados. Todo el mundo gana a muchos niveles.

Mientras nos esforzamos por hacer progresar la infraestructura de la sociedad, es igualmente importante echar un vistazo bajo la superficie. Existen creencias generalizadas que impiden que estos cambios se produzcan con la rapidez que nos gustaría. Aparte de algunos ejemplos estimulantes de mujeres que se han guiado por su propia sabiduría y han creado una nueva definición del éxito, hay formas de pensar arraigadas que influyen mucho en la brecha de confianza. A continuación encontrarás un breve resumen. Marca las que son aplicables a ti o a las mujeres de tu vida:

- Las mujeres exitosas suelen restar importancia a sus talentos. «Tuve suerte; estaba en el lugar adecuado en el momento oportuno; tengo un equipo excepcional...» No se atribuyen el mérito a su genialidad o a su trabajo duro.
- Las mujeres cavilan más que los hombres y se quedan estancadas dando vueltas a los detalles de cada aspecto de un problema[113].
- Hay más mujeres que se quedan atrapadas por la presión de hacer las cosas a la perfección, lo que puede retrasar la toma de decisiones y, en casos extremos, resultar paralizante.

---

113. Susan Nolen-Hoeksema y Benita Jackson, «Mediators of the Gender Difference in Rumination», *Psychology of Women Quarterly*, 25, n.º 1 (1-3-2001), pp. 37–47, https://doi.org/10.1111/1471-6402.00005.

- Un informe interno de Hewlett-Packard reveló que, a no ser que cumplan todos los requisitos de un puesto de trabajo, las mujeres ni siquiera lo solicitan, en comparación con los hombres, que confían aprender en el lugar de trabajo, por lo que lo solicitan aunque sólo cumplan el 60% de los requisitos. En un artículo de *Harvard Business Review*, Tara Sophia Mohr explica: «[Las mujeres] no consideraron que en el proceso de contratación los apoyos, las relaciones o un enfoque creativo a la hora de formular su pericia pudiera superar el hecho de no tener las habilidades y experiencias requeridas en los requisitos del empleo.[114]» Se quedaron atrapadas en el redactado de las directrices, pensando que seguir las «normas», lo que las había llevado al éxito académico, se impondría en el mundo laboral, más dinámico. Los hombres tienden a convertir la inseguridad en ira y motivación, lo que conduce a la acción.

- Los niveles más altos de testosterona en los hombres están correlacionados con una mayor toma de riesgos.

- Las mujeres se culpan por defecto, flagelándose mentalmente de dos formas básicas: No soy una madre lo bastante buena; o voy retrasada en el plazo de entrega, haré trabajo extra por la noche. A menudo las dos van de la mano.

- Los hombres se creen un 30% más capaces de lo que son, según un estudio de la Universidad de Columbia: «La principal diferencia a la hora de no seleccionar mujeres para puestos de liderazgo parece atribuible al exceso de confianza de los hombres en sus capacidades.[115]»

---

114. Tara Sophia Mohr, «Why Women Don't Apply for Jobs Unless They're 100% Qualified», *Harvard Business Review* (25-8-2014), https://hbr.org/2014/08/why-women-dont-apply-for-jobs-unless-theyre-100-qualified.

115. «Men's Honest Overconfidence May Lead to Male Domination in the C-suite», comunicado de prensa, Columbia Business School (28-11-2011), www8.gsb.columbia.edu/newsroom/newsn/1879/men8217s-honest-overconfidence-may-lead-to-male-domination-in-the-c8211suite.

- Un estudio realizado por LeanIn.org y McKinsey afirma que aunque «Las mujeres negocian para obtener ascensos y aumentos de sueldo tan a menudo como los hombres... se enfrentan a más negativas... Como es lógico, en comparación con los hombres, es casi tres veces más probable que las mujeres piensen que su género les hará más difícil conseguir un aumento de sueldo, un ascenso o la posibilidad de avanzar.[116]» Como Sísifo, muchas mujeres creen que están constantemente empujando la piedra hacia la cima de la montaña.

- Los hombres suelen recibir ascensos por su potencial en el futuro mientras que las mujeres avanzan gracias a su experiencia en el pasado.

Dadas estas restricciones mentales, no es extraño que le cueste más a las mujeres reivindicar el lugar que les corresponde. A continuación encontrarás diez formas de aumentar la confianza en ti misma:

1. **Anima a las chicas y a las mujeres** a esforzarse menos para que los demás las consideren «buenas» y a esforzarse más para que consideren que tienen empuje, resiliencia y agallas. Autenticidad antes que perfeccionismo. Es mejor valorar el esfuerzo, la tenacidad y la iniciativa que las cualidades de ser simpática, atractiva o agradable. La película *Wonder Woman* provocó un hilo de regocijo que se hizo viral cuando las mujeres empezaron a grabarse encarnando a esa superheroína ruda pero bondadosa. Las mujeres habían reconocido esa parte de sí mismas en la pantalla.

2. **Acepta los superpoderes** de la empatía, la inteligencia emocio-

---

116. «Women in the Workplace 2016», McKinsey & Company (septiembre 2016), https://www.empowerwomen.org/en/resources/documents/2016/11/women-in-the-workplace-2016?lang=en.

nal y el liderazgo centrado en el corazón. Se trata de ventajas inmensas que te ayudarán a avanzar a medida que la inteligencia artificial cobre más impulso.

3. **No te pases demasiado tiempo culpándote o cavilando.** Señalar a los demás o a ti misma no te hará avanzar; te mantendrá estancada. Conoce aquello con lo que *tú* te identificas y elabora un plan. Y sigue adelante.

4. **En caso de duda, elige actuar.** Ya sabes lo suficiente para dar el primer paso.

Que no te intimide lo que no sabes. Puede ser tu punto
más fuerte y garantizar que haces las cosas de forma
diferente a todos los demás.

SARAH BLAKELY

5. **Crea un grupo de personas que te apoyen**, aliados, colaboradores y grupos que compartan tu visión de futuro. Dedica tiempo a desarrollar estas relaciones; te sostendrán.

6. **Usa tu voz + la dura realidad + la pasión** para generar el cambio y abraza la idea de aprender de los errores.

¡Sigue adelante! Tenemos que aceptar que… a veces
meteremos la pata hasta el corvejón. Comprendamos que el
fracaso no es lo contrario al éxito, forma parte del éxito.

ARIANNA HUFFINGTON

7. **Obtén energía de tus valores fundamentales** y básate en ellos para manejar el conflicto y las decisiones que tomas. Obrarás de acuerdo con tu conciencia y dormirás bien por la noche.

8. **La confianza es una opción que puedes elegir.** Las autoras Katty Kay y Claire Shipman señalan en *The Confidence Code*:

«Naciste con un conjunto de genes, y ése es básicamente tu autopista asfaltada. Pero a lo largo de tu vida, puedes construir alrededor de esa autopista puentes, túneles y otras carreteras… que básicamente pueden cambiar cómo eres. [117]» Siempre puedes añadir habilidades y nuevos caminos para aumentar tu confianza. En cualquier situación dada, puedes **tener la intención de elegir el camino de la confianza**, y al recorrerlo con más frecuencia, se amplía hasta ser una carretera. La neuroplasticidad concordaría con ello. Al reforzar cualquier camino neuronal, se fortalece y al final se convierte en tu enfoque principal.

9. **Reivindica tus talentos y tus dones.** Mira lo que has conseguido hasta ahora, en lugar de todo lo que queda en tu lista de cosas que hacer. Interiorízalo y saboréalo; infundirá energía a los siguientes pasos de tu viaje.

10. **Confía en tu capacidad de deducción.** Tu curiosidad, unida a tu intuición, concentración e impulso es una potente fórmula para el progreso. Ha llegado el momento de que tu *percepción* de tus capacidades esté de acuerdo con tus capacidades. Al salir de tu zona de confort y estar en sintonía con tu verdadera naturaleza, confías en quien eres realmente.

Conocer tus puntos fuertes

Para reivindicar tus talentos y tu excepcionalidad, al **desplazarnos de la falta de confianza hacia el flujo de confianza**, conocer tus puntos fuertes personales es una herramienta valiosa.

---

117. The Confidence Code, «Journalists Claire Shipman and Katty Kay Talk about The Confidence Code», YouTube (11-4-2014), https://www.youtube.com/watch?v=NSPshvn56sk.

Si alguien te preguntara cuáles son tus principales puntos fuertes y cómo describirías tu personalidad, ¿podrías responder? La personalidad de cada persona tiene, en distintos grados, veinticuatro puntos fuertes, como la creatividad, la valentía, la amabilidad, el trabajo en equipo, el perdón y la gratitud por mencionar unos cuantos. Puedes obtener tu perfil personal rellenando el cuestionario VIA de la Universidad de Pensilvania que desarrolló el doctor Martin Seligman[118].

Averiguar los puntos fuertes de nuestra personalidad es el primer paso. Para aumentar la confianza, la satisfacción y la felicidad, el desafío consiste en *poner en práctica* nuestros principales puntos fuertes en nuestra vida diaria. Pongamos que uno de tus puntos fuertes es la creatividad y que te estás consumiendo en un limitador trabajo de oficina: la creatividad te estaría informando de que, al ignorar esa faceta de tu vida, te estás perdiendo una fuente de logros y alegría. Si el liderazgo es uno de los puntos fuertes de tu personalidad, significa que, al ejercer todavía más tu liderazgo, experimentarás una satisfacción más profunda además de la confianza que surge de respetar tu yo esencial.

DESAFÍO DEL DIARIO

Anota en tu **diario** tus puntos fuertes particulares, cómo los usas ya, y algunas formas en que puedas hacerlos aflorar todavía más.

Al usar tus puntos fuertes innatos en tu vida cotidiana, descubrirás que cuando actúas en sintonía con lo que es más importante para

---

118. «The VIA Survey», VIA Institute of Character, www.viacharacter.org/www/Character-Strengths-Survey.

ti y tus valores, no sólo creerán y confiarán en ti los demás, sino que experimentarás una confianza más profunda, más alegría, y creerás más en ti mismo; pues estás siendo fiel a quien eres.

Pero eso no es todo, claro. Para ampliar tu mundo y la confianza que tienes dentro de él, es importante hacerte una idea de tu mejor yo, la mejor versión posible de ti mismo. Es el tú que está cumpliendo tu potencial, usando todas las características que quieres encarnar. Es el tú que rebosa fortaleza, capacidad y éxito... en tus términos. Es básicamente cómo quieres mostrarte al mundo.

Tres palabras

Brendon Burchard, autor de *High Performance Habits*, presenta otra forma de definir lo mejor de quien eres[119].

Si tuvieras que describir tu yo interior, ¿qué palabras usarías? Si te pidieran que nombraras algunas cualidades que reflejaran quién aspiras a ser, en otras palabras cómo quieres mostrarte a los demás, ¿serían otras? Este ejercicio te pide que pienses en palabras que revelen atributos que quieres hacer aflorar en ti, cómo quieres que los demás te vean y cualidades que aumentan tu éxito en la vida.

DESAFÍO DEL DIARIO

Toma tu **diario** y sigue las indicaciones. Las instrucciones son las siguientes:

Elige tres palabras que definan lo mejor de quien eres y que te servirán para guiar tus pensamientos y acciones en tu vida personal. A un nivel básico, eres: audaz, compasivo, entusias-

---

119. Brendon Burchard, *High Performance Habits: How Extraordinary People Become That Way*, Hay House, Carlsbad (California), 2017.

ta, reflexivo, amable, creativo, resuelto... La lista es tan larga como personas hay en el mundo. ¿Qué tres palabras describen mejor **cómo aspiras a ser** en el mundo y por qué?

Elige ahora tres palabras que describan **cómo quieres relacionarte con los demás**. Podría ser con tu familia, tus compañeros de trabajo, tus amigos, desconocidos, con todas y cada una de las personas con las que interactúas.

Algunas palabras para propiciar tus pensamientos son: consciente, justo, curioso, inspirador, valiente, agradecido, juguetón, afectuoso... Las palabras que elijas serán únicas para ti. ¿Qué tres palabras describen cómo quieres interactuar en el mundo y cómo quieres que los demás te vean? Anota por qué.

Elige ahora las tres palabras que te recuerdan lo que te ha hecho y lo que te hará **más exitoso** en la vida. ¿Cuáles son los secretos de tu éxito? Algunas ideas: presencia, perseverancia, simpatía, visión de futuro, generosidad, concentración, humor, audacia... ¿Qué palabras te harán más exitoso, y por qué?

Por último, la diferencia entre las personas que simplemente dicen las palabras y las que las ponen en práctica se reduce a tener una mayor razón para mostrarse como su mejor yo lleno de seguridad. ¿Quién o qué te obliga a seguir adelante porque depende de ti? ¿Hay alguien que cree en ti a quien tienes que mostrarte? ¿Necesitas ser tu mejor versión por un motivo que te llega al corazón: quizá quieres acabar con el sufrimiento, quizá quieres ser la voz de quienes no pueden ser escuchados? Sea cual sea el motivo, sabes que no puedes abandonar. Tienes un poderoso «por qué».

Si quieres sacar el máximo provecho de tus palabras, prográmalas en tu móvil a modo de recordatorios. Cuando programes la hora de la alarma en el iPhone, pulsa la opción «nombre» y sustitúyela por tus tres palabras. Ahora, cada vez que te suene la alarma, te recordarás la mejor versión de ti mismo. Mantén la intención de hacerlo. Como la gente es dinámica, estas palabras pueden cambiar, igual que tú. Tal vez quieras volver a hacer este ejercicio cada año para ver si hay alguna cualidad nueva en la que quieres concentrarte.

Cuando decidas que quieres tener más confianza en ti mismo y estés dispuesto a esforzarte en ello, estarás en marcha. A continuación te propongo algunos pasos que pueden servirte de ayuda:

Práctica

La confianza crece con el trabajo interior (conoce tus desencadenantes y ten un plan para lidiar con ellos) y se refuerza con la acción. Los psicólogos lo llaman bucle de confianza-competencia. Cuanto más practicas la guitarra, mejor la tocas... cuanta más confianza tienes al tocarla, más quieres practicar... Repetir las escalas puede ser aburrido, desde luego, pero estos ejercicios contribuyen a educar el oído y proporcionan la base a partir de la cual crear. Los mejores deportistas saben que al entrenar están desarrollando la confianza, la fortaleza mental y las habilidades físicas para dar lo mejor de sí en plena actuación. La repetición aporta competencia. La competencia aporta confianza. La confianza te permite intentar algo nuevo que, de otro modo, quizá te asustaría. Cuando sales de tu zona de confort y vas a por ese desafío, cualquier cosa es posible. La confianza va en aumento...

He aquí un desafío: el próximo mes elige un tema, un nuevo interés o algo que te apasione, inclúyelo en tu agenda e incorpóralo a tu día o semana.

Si hablas de ello, es un sueño, si lo imaginas, es posible, pero si lo programas, es real.

Tony Robbins

Prepárate

Si estás planeando un partido de tenis o cualquier otra actividad en la que quieres servirte de tu confianza, dedica algo de tiempo a prepararte. Esto podría significar cualquier cosa, desde averiguar exactamente qué quieres y por qué hasta visualizar lo bien que podría ir. Tal vez no sepas todos los pasos concretos para alcanzar este objetivo, pero empieza a pensar en ti como la persona que deseas ser en cada nivel física, mental y emocionalmente. Visualiza cómo quieres mostrarte: tu confianza, tu aplomo, tu facilidad, tu humor... lo que sea más importante para ti. Añade detalles para hacer que sea lo más vívido que puedas. Si quieres ser _____, empieza a verlo hecho. ¿Cómo te sentirías, qué verías, qué oirías? Es muy importante que abras tu válvula para estar en sintonía con tu energía ampliada y que cierres después los ojos y lo sientas en tu cuerpo. Entonces puedes empezar a intentarlo en la realidad, actuando como si ya tuvieras ese estado de confianza.

Este es tu trabajo a nivel mental. Pasa a continuación a tu lado pragmático. Prevé los inevitables desafíos, ya que siempre surgen cosas, y ten preparado un Plan B. («Si pasa de esta forma, puedo hacer esto.») Cada obstáculo te permite aprender algo nuevo. Arthur Ashe lo expresa a la perfección: «Una clave importante para el éxito es la confianza en uno mismo. Una clave importante para confiar en uno mismo es la preparación».

Apóyate a ti mismo

Verás que, con tu esfuerzo, avanzas. A veces, sin embargo, a medida que aumentas tu confianza, tu fuerza o tu concentración al trabajar hacia un objetivo, puede cambiar la dinámica con las personas que te rodean, que estaban acostumbradas a verte de cierta forma. Si les molesta que estés creciendo para convertirte en una versión más grande de ti, es importante que no aceptes lo que los demás puedan pensar y te muestres *a ti mismo* algo de amor y de apoyo. Crea un mantra que tenga sentido para ti: «Soy fuerte y hermoso». «La vida se abre para mí; soy imparable». «Cada día crezco». Piensa en lo que te funciona mejor. Piensa en poner estos mensajes en notas adhesivas en lugares clave como el espejo del cuarto de baño o el ordenador, el teléfono o la nevera.

Para vibrar a la frecuencia de la confianza y la positividad, también va bien mantener tus niveles altos con la meditación diaria y la gratitud. Haciendo algo tan sencillo como apuntar en tu diario unas cuantas cosas por las que estás agradecido, además de fijarte en algunas cualidades buenas que viste en ti mismo ese día, aumentará tu sensación de bienestar y tu confianza. También descubrirás que centras menos tu atención en lo que te falta y más en lo que ya tienes. Estás bien tal como eres.

Puedes tener la tentación de compararte con los demás. ¡No lo hagas! En vez de eso, date cuenta de que tu singularidad es lo que cuenta, y rodéate de unas cuantas personas cuidadosamente elegidas a las que les entusiasme ver surgir tu confianza. Solemos tener afinidad con quienes vibran a un nivel similar de energía (tu vibración atrae a tu tribu). Ten la intención de estar cerca de como mínimo algunas personas que te animen, y tú harás lo mismo por ellas. Al valorarte más, concentrarte en lo que te hace sonreír y estar en sintonía con lo que tiene sentido para ti, no puedes evitar aumentar poderosamente tu confianza.

Confianza y cambio

Al revisar tus viejas formas de pensar, reconectarte con tu naturaleza interior y tomar decisiones basándote en tus valores y mejor energía, accedes a una confianza innata que aguarda en tu interior... siempre. La confianza es quien eres en tus niveles más profundos, y está ahí para que accedas a ella y la aumentes. Lo estupendo de la confianza es que no sólo te ayuda a hacer aflorar tu mejor yo, sino que puede ayudarte a usar tus poderes para bien.

TU CONFIANZA + CARIÑO + COMPROMISO = CAMBIO IMPARABLE

Wonder Woman (o nombra a tu superhéroe favorito) no te llega a la suela del zapato.

Al darse cuenta del potencial de uno mismo y confiar en la capacidad propia, se puede construir un mundo mejor.

Su Santidad el dalái lama

Ira

La ira es sólo ira. No es buena. No es mala. Simplemente es.
Lo que importa es lo que haces con ella. Es como todo lo demás.
Puedes usarla para construir o para destruir. Simplemente
tienes que elegir.

JIM BUTCHER

¿Has estado alguna vez tan enfadado que apenas podías soportarlo? ¿Y la idea de lidiar con ello era tan abrumadora que parecía que la ira te consumiría a ti también? Hay una cita de Séneca que lo explica a la perfección: «La ira es como un ácido que puede causar más estragos al recipiente en el que se almacena que a cualquier cosa sobre la que se vierte». Cuando no se conoce la ira, puede aflorar a la superficie, como la lava de un volcán, con una explosión de proporciones épicas, dañando potencialmente a todo el mundo, incluido tú, a su paso. La ira puede viajar también en otra dirección: en lugar de irrumpir hacia fuera, puede implosionar; eso sucede cuando reprimes, niegas o escondes de otro modo la ira en tu interior, lo que puede ser igual de dañino, o incluso más.

Pero la ira tiene otro aspecto: puede ser nuestra maestra y mostrarnos el camino hacia cuestiones que precisan conciencia, atención y una nueva perspectiva.

Hace varios años, en una audiencia privada con el dalái lama, uno de los estudiantes de una película que yo había producido, titulada *Project Happiness*, hizo al dalái lama una pregunta sobre qué hacer con respecto a la ira. El dalái lama nos contó animadamente una historia sobre dos formas distintas de abordar esta potente emoción. El dalái lama había hecho cierta pregunta a dos tibetanos para estudiar las reacciones a la ira: «¿Qué os parecen los chinos?» El dalái lama prosiguió su relato: «Un hombre, antes de hablar incluso, se puso muy colorado. Y entonces dijo: "Sí. Estoy muy enfadado".» Y entonces el dalái lama prosiguió: «Por otro lado, hay algunos tibetanos cuya mente se mantuvo muy tranquila, a pesar de pasar muchos años, por lo menos dos décadas, en un gulag chino... con muchos problemas, con mucho sufrimiento y muchas torturas. Aunque ahora ambos están en un país libre, en India, mentalmente algunos siguen sin ser demasiado libres. Demasiada ira. Demasiado odio. Creo que la mente de los exprisioneros tibetanos más felices, más tranquilos mentalmente, está más libre de estas emociones negativas... El resultado es que esas personas son más felices».

Aunque el primer hombre jamás estuvo encarcelado físicamente, era prisionero de su ira, y los verdaderos exprisioneros, que habían superado su ira, eran ahora libres no sólo físicamente, sino también mentalmente. Si te enfrentas al abuso o huyes de él, la ira no resuelta te acompaña dondequiera que vayas.

La buena noticia es que la ira, como cualquier emoción, cumple un propósito. Es una señal de que hay algo en tu mundo que no está bien: tal vez se ha traspasado un límite; tal vez sientes que se te impide tener algo que quieres de verdad; tal vez te han lastimado tanto que ya no puedes más. Si la gestionas con cuidado, puede guiarte para encontrar una forma mejor de vivir. A niveles moderados, la ira te ayuda a superar un obstáculo, gestionar el dolor y conectarte con tu valor. Si alguna vez has experimentado tu ira de un modo que te desafió a mostrarte con más fuerza y decisión, sabrás que es una emoción poderosa que ofrece la ventaja de la perspicacia, la acción y el impulso.

En este capítulo, estudiaremos todas las facetas de la ira; sus desventajas, los regalos que ofrece, y algunas estrategias prácticas para trabajar con ella cuando surge. Es una emoción potente. Tener más presente cómo abordas la ira es fundamental para aprender a usar su poder para ayudarte a avanzar en tu vida.

Las muchas caras de la ira

En primer lugar, veamos más detenidamente cómo aparece la ira. Es una emoción con una enorme gama de niveles. Piensa en un termómetro que pasa de indicar una temperatura suave a un calor abrasador. La ira comienza con un enojo a un nivel bajo, que va en aumento: se siente resentimiento, frustración, irritación, indignación, malestar, cabreo, furia y se llega incluso ¡a estar cegado por la rabia! Varía según la situación, claro, pero ¿en qué lugar de esta gama sueles encontrarte más a menudo? ¿Hay algún escenario concreto que te provoque este sentimiento? Cuanto más conozcas lo que sientes, mejor dotado estarás para gestionar lo que se presente en tu camino.

Desencadenantes: ¿Por qué surge la ira?

Todos vivimos situaciones que activan la ira; nadie es inmune a ella. Simplemente es una cuestión de grado. A continuación encontrarás algunos escenarios en los que puede surgir la ira. Algunos son más desenfadados y otros están relacionados con heridas más profundas. A medida que los vayas leyendo, fíjate si hay alguno con el que te identifiques:

Existe la simple frustración de estar atrapado en un atasco de tráfico, o Dios no lo quiera, de tener averiado el móvil o el ordenador... Tu perro o tu gato pueden haber hecho sus necesidades en el salón en lugar de hacerlas fuera. Las noticias revelan otro fiasco más; nada que tú puedas controlar; pero que, sin duda, es exasperante. La exasperación aparece cuando se te agota la paciencia; da igual cuántas veces se lo expliques, tu pariente sigue haciéndote la misma pregunta. El enfurruñamiento es cuando la ira se vuelve pasiva; esto no va a ninguna parte, ¿para qué intentarlo entonces? Cualquier persona a quien no se haya tenido en cuenta para un ascenso, o que considera que alguien se ha vuelto en su contra, sabe que es fácil sentirse defraudado, resentido o, en algunos casos, tremendamente traicionado. Estos sentimientos son especialmente punzantes cuando has confiado en las personas implicadas.

¿Has presenciado alguna vez una discusión en la que una persona gritaba y la otra se mostraba cada vez más distante? La que estaba callada, guardando una ira silenciosa, se sentía retraída y, en algunos casos, insensible… Es algo que él o ella no quiere y tal vez no puede manejar. La conducta agresiva, por otro lado, suele empezar si te han provocado o te han sometido a interacciones hostiles: viejas heridas con rostros nuevos te hacen sentir la necesidad de contraatacar o de mantenerte firme.

Si crees que ahí se acaba la cosa, ni hablar, hay más… De hecho, puedes encontrar casi tantos escenarios como personas existen. Si te han faltado al respeto o se han burlado de ti, puedes sentir humillación; ¡eso no tendría que haber pasado! La envidia es otra forma en que se manifiesta la ira: ¿por qué ellos ya tienen lo que yo deseo?

Cuando observas que te inclinas hacia la amargura y la indignación, puede deberse a que te sientes atrapado en una relación poco saludable o incluso vulnerado. Si tu seguridad se ha visto amenazada, si tus valores han sido ignorados, si tu poder está siendo atacado, es cada vez más alarmante. Si se ha traspasado un límite física, mental o emocionalmente, y todavía no alcanzas a ver una salida, las emociones de culpa e ira se intensifican.

Esta emoción tiene muchos aspectos. ¿Con cuáles te identificas más?

Pasado y presente

La ira, como todas las emociones, pueden provocarla personas, situaciones actuales o acontecimientos pasados. La mayoría de las personas tiene creencias de la infancia que se le quedaron tan grabadas en la memoria que influyen a hurtadillas en sus relaciones actuales. Muchas de estas influencias proceden de nuestra familia inmediata. ¿Tenía tendencia un progenitor a expresar ira con frecuencia mediante tácticas pasivo-agresivas, o la reprimía y se retraía para exteriorizarla otro día?

De niños, todos anhelamos seguridad, y la ira es una emoción que da miedo ver. Cada niño desarrolla mecanismos de afrontamiento para superarlo, y estas tendencias perduran en el lenguaje corporal y las actitudes interiores de uno hasta bien entrada la edad adulta. Es normal estallar fácilmente si alguien en quien confiabas, ya sea un miembro de la familia, un amigo o la pareja, te lastimó cuando le habías abierto el corazón; haces lo que puedes para protegerte.

Lo fundamental es que la ira, que es una respuesta fuerte a un perjuicio o una amenaza percibidos por ti o por otras personas, es de hecho una llamada de auxilio. Da igual tu edad, es un intento de liberar dolor emocional para que puedas sentirte menos amenazado, más seguro y más a gusto. Bajo la mayoría de tipos de ira hay un punto de dolor. Por eso estalla la ira. Pero sólo podemos transformar aquello de lo que somos conscientes.

El siguiente ejercicio es poderoso:

DESAFÍO DEL DIARIO

Responde en tu **diario** la pregunta: «¿De qué forma lidiabas con la ira cuando eras pequeño?»

Escribe tres situaciones que recuerdes en las que surgió la ira. Estaría bien que pensaras en tres edades diferentes. Podrías ser *tú* quien se enojara (por lo menos en un ejemplo), o podría ser alguien cercano a ti. Anota después todo lo que puedas recordar:

- Qué pasó en cada situación
- Cómo intentaste gestionarla
- Cómo te terminaste sintiendo
  - tanto mental (pensamientos, miedos)
  - como corporalmente (estómago tenso, pulso acelerado, palmas sudorosas...)
- Qué descubriste

Tómate tu tiempo. Puedes entrar en tantos detalles como quieras.

En otra página, relaciona tres situaciones del último año o dos en las que haya surgido la ira, ya fuera tuya (como mínimo una) o de otra persona. De nuevo, incluye detalles sobre lo que pasó, cómo intentaste gestionarlo, cómo te terminaste sintiendo tanto mental como corporalmente y, por último, qué descubriste.

La siguiente cuestión a examinar es si hay similitudes entre tus reflexiones de la infancia y cómo procesas o ves la ira en la actualidad. ¿Te parecen aleatorios tus ejemplos o detectas un patrón?

Piensa que eres un detective: estás reuniendo información para liberar tu energía y llevar una vida más vibrante. Como la mente tiende a ver las cosas desde un punto de vista negativo, lo que a veces se denomina sesgo negativo, ten cuidado con no utilizar esta información para menospreciarte («Es imposible, tendría que haberlo gestionado de otra forma...»). Al contrario, es un momento para celebrar tu valor por mirar bajo la superficie para empezar. Cuanto más examines tu ira, menos dominará tu vida. Esto es válido para todas las emociones. Tus esfuerzos actuales te conducen a la libertad en el futuro. Este pequeño ejercicio te proporciona muchas percepciones a las que puedes recurrir.

Pistas del cuerpo

A menudo pensamos que las emociones son algo mental, pero nuestro cuerpo nos está dando pistas todo el rato. Cuanto antes las captemos, menos tendrán que crecer para captar nuestra atención. La ira es un ejemplo perfecto, y el trabajo de Paul Ekman expone los rasgos más habituales. Seguramente los conocerás instintivamente, pero la próxima vez que veas a alguien que está enojado, fíjate (y en algunas personas puede ser algo sutil) cómo frunce el ceño, empiezan a brillarle los ojos, saca el mentón hacia delante y se le pone la cara o el cuello colorado[120]. Cuando la ira ya se ha desatado, los labios o la mandíbula se tensan también y el sujeto muestra los dientes. Piensa en un animal antes de atacar. Por si necesita estar a punto para una posible lucha, la sangre fluye automáticamente a los brazos y las manos. Y, naturalmente, el ritmo cardíaco aumenta, lo mismo que la tensión arterial[121]. Todos hemos oído la expresión: «Le hervía la sangre». Eso es la ira personificada.

Ira inconsciente

Para mantener unos límites y protegerse del peligro, cualquier ser, humano o animal, está dotado de este programa preprogramado que interviene automáticamente cuando el cuerpo se siente en peligro. Ni siquiera suele ser una reacción consciente. Si un miembro de tu familia corre peligro, no te lo planteas y sopesas los pros y los contras de protegerlo, simplemente ¡ACTÚAS! Incluso en el reino animal, se producen peleas por el dominio y muestras de ira para

---

120. Paul Ekman, *Emotions Revealed: Recognizing Faces and Feelings to Improve Communication and Emotional Life*, Henry Holt, Nueva York, 2007.

121. Honor Whiteman, «Angry Outbursts May Raise the Risk of Heart Attack». Medical News Today (24-2-2015), https://www.medicalnewstoday.com/articles/289864.php.

establecer quién es el líder. ¿Has visto a un perro oler la comida de otro? Casi al instante se oye el gruñido que hace saber al intruso: «Eso es mío, macho. ¡Atrás!» Los animales no reflexionan, no meditan, actúan.

Desde una perspectiva científica, la ira se inicia en la zona límbica inferior, cerca del tronco encefálico, en la amígdala. Cuando estás amenazado o enojado, la amígdala se vuelve superactiva, y como un centinela emocional que presiente el peligro, activa tu impulso para «luchar, huir o permanecer inmóvil». La intensidad de la ira asume el control de tu capacidad de razonar. Piensa en una niña pequeña llorando a pleno pulmón. Es así cuando tienes un «momento amígdala». Por eso la ira parece tenerte subido en una montaña rusa, y dificulta que te conectes con la corteza prefrontal, la parte de ti que actúa como un progenitor sabio, que ayuda a gestionar las emociones y toma buenas decisiones. Hay quien lo describe como si «te hubieran secuestrado el cerebro». Eso es lo que pasa cuando la gente tiene un ataque de ira.

En este estado, es más fácil decir o hacer cosas que es probable que lamentes. Además de carecer de filtro, la empatía puede salir volando por la ventana, la amabilidad puede desaparecer, y puedes verte literalmente arrastrado por un tsunami de emoción.

Ira contagiosa

¿Te has encontrado alguna vez en una situación en la que alguien estaba tan enojado que podías, literalmente, sentir el enojo? ¿Y cuando te acercaste más, la intensidad de esa ira te alcanzó a ti también? ¿Has ido alguna vez a un sitio nuevo esperando que tuviera cierto aspecto para descubrir que era justo lo contrario? Años atrás, me fascinaba el tema de la paz. Ese asunto estaba envuelto de una enorme pasión, ya que era una época en la que la gente protestaba mundialmente por la guerra de Irak. No podías ver o leer las noticias sin encontrar historias de manifestaciones a favor de la paz en ciudades de todo el país. Así que decidí verlo en persona y llevé a mi hija de nueve años conmigo donde estaba la acción en el centro de San Francisco. No era una manifestación silenciosa; había gente gritando consignas por todos los rincones, banderas y pancartas por todas partes y una energía vibrante más fuerte a cada minuto. Mi hija estaba a mi lado. Yo no apoyo ningún tipo de guerra, pero a ambas nos llamó la atención la intensidad de la ira, una ira incontenible, de hecho, entre quienes se identificaban como pacifistas. La ira puede desatarse como un incendio forestal y atrapar a todos quienes estén en su camino. En grupos de todas las ideologías, cuando se tiene la percepción de una injusticia, no hace falta demasiado para despertar la indignación de masas, el pensamiento de grupo e incluso el odio. El punto precario es que, cuando la ira se vuelve contagiosa, según la cuestión que aborda, incluso las personas bienintencionadas pueden dejarse llevar fácilmente por el fuego violento y perder su conexión con lo que significa ser un ser humano empático que comparte este mundo con otros que también están intentando, simplemente, hacer todo lo que pueden por entenderlo. Pero hay otra forma; hablaremos pronto de eso.

Si profundizamos más, la ira es un intento, a menudo tosco, de liberar dolor no resuelto, como la pena, la tristeza y la vergüenza. Tanto si nos damos cuenta como si no, cargamos con restos de experiencias pasadas, y eso se plasma en nuestras circunstancias cotidianas. Recorremos la vida estallando fácilmente, o dormidos porque eso es más fácil que estar con la angustia que yace bajo la ira. ¿Cuántas personas conoces que van por la vida insensibilizadas, y usan la comida, el ejercicio, las drogas o Netflix para pasar los días?

Lo apasionante es que al escuchar los mensajes de la ira para corregir el rumbo hacia lo mejor que hay en nuestro interior, podemos trabajar *con* esta emoción y permitir que nos ayude a abrir la puerta a más libertad y comodidad. Pero para encauzar este potencial, tenemos que ser conscientes de cómo funciona.

Veamos pues las dos caras de la ira a las que la mayoría de la gente recurre por defecto, antes de estudiar la tercera vía, la vía más transformacional, en la que la ira puede guiarnos hacia una vida mejor.

La mayoría de las personas abordan la ira de dos formas: o bien expresándola exteriormente o bien escondiéndola en su interior.

DESAFÍO DEL DIARIO

Reflexiona en tu **diario** sobre tu reacción habitual a la ira. Cuando vamos con el piloto automático, estos planes de acción inconscientes se repiten durante años, como en el acoso escolar, los abusos u otros traumas... siempre que una persona descarga su dolor en otra. Un ejemplo más sencillo es la historia del empleado que es humillado en el trabajo y que, cuando llega a casa, le propina un puntapié al perro.

La culpa es también una forma natural de enfrentarse a la aflicción. Imaginemos que alguien te ha lastimado o decepcionado de algún modo. ¿Estamos de acuerdo en que eso es algo universal? La mayoría de las personas, para evitar un sentimiento doloroso, recurren casi automáticamente a la culpa o la indignación: «él o ella» causó el problema para empezar. «Él o ella» le impidió intentar alcanzar su objetivo; «él o ella» invadió su espacio; «él o ella» traspasó la línea. ¿Quién quiere examinar sus sentimientos lastimados cuando puede distraerse desviando la atención de los puntos sensibles? Y puede hacer sentir bien tener la ilusión de liberarse del dolor y expulsarlo del organismo con una potente explosión... pero no se han revisado las cuestiones fundamentales y puede haber muchos escombros emocionales que barrer después.

Hay quien piensa que desatar una ira intensa es una expresión de fortaleza, y que la ira puede resultar liberadora, empoderadora incluso, durante un nanosegundo... hasta que el ataque se acaba y aparece la culpa. Pero la ira puede hacer sentir bien durante ese instante porque el ego se convence de que sigue «mandando». Lo cierto es que ese «chute de ego» es una forma aprendida de evitar sentir los miedos subyacentes.

Durante demasiado tiempo hemos sido socializados para creer que es más «aceptable» que los hombres y los chicos expresen ira que tristeza o temor; es mejor que los consideren rudos que gallinas. Hasta este momento, si lo pensamos bien, los hombres y las mujeres han estado atrapados en un sistema patriarcal que ha ideado papeles rígidos y limitadores para *todos* los géneros. Los hombres no lloran... ¿en serio? ¿Qué se supone entonces que tienen que hacer con sus sensaciones de miedo y futilidad? ¿Y es realmente ira lo que experimentan, o es ésa la forma menos arriesgada de ocultar sensaciones de tristeza, falta de valía o vergüenza?

Las normas sociales del pasado refuerzan que la ira es una emoción predominantemente masculina. Normalmente la gente no se burla de los hombres o los chicos si se enojan... son rudos, puede que incluso geniales. Por otro lado, si una mujer se enoja y lo expresa en voz alta, dirán que es una histérica, una bruja o que está descontrolada. Esta visión anticuada de la ira no es buena para nadie. Lastimar a alguien nos lastima a todos. Tengo la esperanza de que este sistema agobiante esté empezando a cambiar y que este no sea un patrón tóxico que la siguiente generación y las que vendrán después tengan que cargar. Todos podemos influir en la velocidad de ese cambio.

Ira interior

El segundo enfoque para librarse de emociones no resueltas es ocultándolas en nuestro interior, relegando la ira a los rincones de nuestra mente y reprimiendo cualquier dolor. Si tienes un colega malo o supercrítico con quien tienes que trabajar, puedes racionalizar: «Esto no supone ninguna amenaza para mi vida; ya me ocuparé de ello más adelante; tendría que ser compasivo». Suena bien, puede que incluso responsable y profesional… pero es una señal de alarma muy real. No aceptar cómo te sientes tiene un inconveniente. Cuando reprimimos deliberadamente la ira que está gritando para captar nuestra atención, estamos ignorando, o incluso rechazando un aspecto de nuestra experiencia que quiere ser reconocido. Tal vez observes que te cuesta más dormir; algo anda mal. Imagina que tu cuerpo y tu voz interior están intentando desesperadamente darte un mensaje. Sofocar la emoción no es sólo despreciar la información que tu voz interior y tu cuerpo están intentando transmitirte; también estás rechazando esas valiosas partes de tu ser.

Es posible incluso perder el contacto con lo que significa ser tu yo auténtico y sentirte como si fueras un actor en tu propia vida. En lugar de parecer estoico y fuerte, puedes estar, de hecho, desconectándote de tu orientación interior y poniéndote en una situación *más* vulnerable. Entonces es cuando pueden empezar a aparecer dolencias y dolores físicos y mentales… migrañas, dolor de estómago o de espalda, una sensación de inquietud. Así que, aunque reprimir la ira parece funcionar a corto plazo, con el tiempo, puede explotar de una forma que conduce a la ansiedad y la depresión.

Expresión consciente

Ira saludable: La buena noticia es que la ira no es el problema. La ira tan sólo te está informando de que tienes que recalibrar algo en tu vida. Del mismo modo que la tecnología no es el problema (cómo la usamos determina si nos ayuda o nos perjudica), la ira puede usarse también para mejorar o empeorar una situación.

La ira es señal de que algo requiere atención, y tanto el cuerpo como la mente están intentando hacértelo saber. Cuando recibes con gusto la ira como mensajera y aceptas que está bien incorporarla a tu conciencia para sanar, terminas siendo más fuerte, más sabio y más resiliente. Al escuchar las pistas, puedes actuar de acuerdo con ellas, deliberada, consciente y hábilmente.

Al dejar que se desmande, la ira acaba con todo lo que encuentra en su camino. Por otro lado, negar esta emoción sólo hace que crezca bajo la superficie. Pero a veces la ira es justo lo que se necesita para lidiar con la injusticia o para deshacer un entuerto, y no es bueno contenerla y que se encone. Tenemos que usarla hábilmente.

De modo que la *forma* en que se expresa la ira es el factor más importante. ¿Es la ira una estrategia útil para conseguir lo que persigues o no? ¿Está abriendo la puerta a resolver un asunto o simplemente ahuyentando a la gente? ¿La explosión de ira instintiva te está ofendiendo a ti o a los demás y reforzando sin querer un patrón tóxico? ¿Puede usarse la ira conscientemente para hacerte avanzar de un modo saludable?

Esto significa que no estás reprimiendo ni negando que tu ira esté ahí; la estás reconociendo. Al percibir la emoción, eres más consciente de ella, y al hacerlo, la ira se transforma en una reacción instintiva que se sitúa en lo que el neurocientífico Antonio Damasio denomina nuestro «flujo mental», en el que podemos «construir respuestas que son distintas a las emocionales». Es algo en lo que los seres humanos diferimos de los animales: nosotros no estamos limitados por nuestros instintos. **En lugar de quedarnos atrapados en nuestras emociones, al percibir/ver nuestras emociones, nuestro yo y el mundo que nos rodea, podemos usar la conciencia para acceder a más opciones a la hora de responder.**

Sólo gestionando conscientemente las situaciones peliagudas y acompañando a la emoción que aflora a la superficie puede surgir un cambio positivo. Piensa en la ira como si fuera alquimia: puede abrir la puerta a la libertad y al crecimiento, y es un cambio que cualquiera puede hacer.

Una de las formas más fáciles de observar nuestras emociones en vez de que ellas nos secuestren es mediante la respiración. Si ya efectúas una práctica de meditación, tendrás tu rutina, pero si es nuevo para ti, empieza por algo sencillo. Siéntate en una silla y respira lentamente unas cuantas veces para calmarte. Siente tus pies en el suelo y tu trasero en la silla. Tienes la espalda erguida pero no rígida. Inspira conscientemente, notando cómo el aire te entra por la nariz y te baja hacia los pulmones. Si te pones la mano en la barriga, notarás que se eleva. Cuenta uno al inspirar y dos al espirar. Notarás que la barriga se contrae al hacerlo. Cuenta hasta diez (cinco respiraciones completas) y repítelo. Hazlo SOLAMENTE un minuto o dos para empezar. Eso es lo que hace que sea fácil hacerlo cada día. No hay una forma mala de hacerlo; es una zona libre de críticas. Cuando te distraes, y todo el mundo lo hace, vuelve a inspirar y cuenta uno. Pensamientos de todo tipo vendrán y se irán. Intenta observarlos y trátalos como nubes que vienen y van. La semana siguiente, añade uno o dos minutos más, y pronto será un hábito que estarás deseando y que te hará empezar bien el día o terminarlo tranquilamente. Es una zona libre de presiones. Empieza poco a poco.

Límites

Uno de los usos más importantes de la ira es recuperar límites que se han quebrantado. Valoro mucho la forma en que Karla McLaren explica que la vulneración de un límite conduce a la ira, y que la ira te conduce a recuperar tus propias fronteras energéticas, a defenderte a ti mismo y a los demás, y sobre todo, a recordarte quién eres[122]. Los límites se vulneran cuando alguien se introduce en tu espacio en contra de tu voluntad. Existen niveles de vulneración, desde la falta de respeto mental o el acoso emocional hasta pasarse de la raya

---

122. McLaren, *The Language of Emotions*.

físicamente, como golpear o abusar sexualmente. Básicamente, todos ellos son asuntos relacionados con el poder, en los que alguien está usando su poder para mermar el de otra persona. Al canalizar tu ira para visualizar un límite fuerte, que tu ira está fortaleciendo, sabes qué te funciona y qué no te parece ya aceptable. Desde esta posición más protegida, puedes entonces actuar.

DESAFÍO DEL DIARIO

Plantéate en tu **diario** si tienes algún límite que quieras fortalecer.

Al desarrollar conscientemente límites que están en sintonía con tus valores, te das la seguridad, la comodidad y la libertad de ser quien eres. Por la misma razón, facilitas que los demás sean también ellos mismos; ya no es necesario que cambien para satisfacer tus expectativas. También eliges no enredarte con los límites de otras personas; mantienes los tuyos bien definidos. Puedes entonces gozar de una fortaleza renovada en lugar de sentirte como una víctima de las prioridades de los demás.

Otra ventaja es que, al usar conscientemente la ira, creas también las condiciones para no ofenderte a ti mismo ni a nadie más. Puedes ser asertivo y compasivo a la vez. Esta ira es reconstituyente, está bien considerada y es útil para todos los implicados.

La ira como impulsor de cambio social

Aunque la ira suele tener mala fama, hay algunas situaciones en que su potente energía es fundamental para proteger a quienes han sido maltratados. Algunas situaciones exigen ese nivel de intensidad para impulsar el cambio. Para Gandhi, Martin Luther King y las sufragistas, la ira era el impulsor necesario para abordar la injusticia social. Fueron capaces de usar esa energía y canalizarla para mejorar las condiciones por un bien superior. Llamada a veces ira moral o social, consiste en arrojar luz sobre situaciones que son tóxicas y agitar las cosas para crear un mundo mejor. ¿No te parece interesante que todos estos grupos usaran tácticas no violentas? A diferencia de los grupos de odio o de los regímenes políticos corruptos, eligieron deliberadamente no dejar que la ira los llevara a derramar sangre. Fueron capaces de encauzar la intensidad de la emoción para propiciar un cambio positivo.

¡Eso, sin embargo, no es fácil! Hace poco oí la fascinante entrevista de Krista Tippett al congresista John Lewis hablando sobre cómo había trabajado codo con codo con Martin Luther King y le había ayudado a preparar a grupos de personas para participar en las manifestaciones[123]. En la entrevista, describía cómo los participantes se reunían días antes de la manifestación para ensayar, como se haría para una obra, los escenarios más complicados que podían presentarse. Practicaban responder con amabilidad en lugar de ser arrastrados por la energía de quienes los reprimirían. Se entrenaban para no igualar el odio y la hostilidad, aunque hubiera personas gritándoles, escupiéndoles o dándoles brutalmente puntapiés en las costillas. ¿Cuántas personas mostrarían un control semejante?

John Lewis y los demás Pasajeros de la Libertad no reprimieron su ira, ni dejaron que los provocaran para ser violentos, lo que habría hecho que los encerraran y silenciaran de inmediato. En vez de eso, utilizaron la ira para alimentar una motivación profundamente arraigada, para definir una intención clara y para actuar como maestros de ajedrez a fin de poder hacer realidad su sueño.

A lo largo del capítulo, hemos visto las formas habituales en que se expresa la ira y también algunas situaciones en las que puede

---

123. Krista Tippett, «On Being with Krista Tippett: John Lewis—Love in Action», On Being (7-5-2017), https://onbeing.org/programs/john-lewis-love-in-action/

usarse para hacernos más fuertes individual y colectivamente. Pasemos ahora a estrategias más prácticas para cambiar cómo gestionamos la ira, con preguntas que amplían nuestra perspectiva y actividades que llevan la energía a un lugar más tranquilo y más empoderado.

Preguntas

Preguntas sencillas para abrir la conciencia

Una forma eficaz de recuperarse de un «momento amígdala» y reactivar la parte pensante del cerebro (la corteza prefrontal) es hacerle unas preguntas sencillas, como: «¿Estoy enojado? ¿Hasta qué punto estoy enojado? ¿Por qué estoy enojado?» Es engañosamente sencillo pero muy efectivo, ya que nos lleva de estar atrapados en la emoción a ser capaces de detenernos y observarla. De este modo, nos recuperamos a nosotros mismos y tenemos más opciones.

¿Puedes identificarla para dominarla?

Cuando aparece la ira, cuanto antes repares en ella, antes descubrirás qué está pasando realmente y podrás abordarlo. El doctor Dan Siegel explica que cuando podemos identificar lo que estamos sintiendo expresándolo con palabras («¡Me estoy enfadando de verdad!»), podemos crear una abertura para que la parte superior del cerebro (corteza) intervenga y envíe literalmente neurotransmisores relajantes a la zona inferior del cerebro (amígdala) para tranquilizarla[124]. Etiquetar tu emoción te proporciona un camino biológico para volver a un estado más relajado.

---

124. «Dan Siegel: Name It to Tame It», Dalai Lama Center for Peace and Education (8-12-2014), www.youtube.com/watch?v=ZcDLzppD4Jc.

¿Tienes la perspectiva general?

Comprueba si estás realmente enojado por lo que acaba de pasar, o si esta sensación es en realidad una acumulación de todas las personas o incidentes que te han exasperado durante ese día. Si te levantaste malhumorado, esta sensación puede retroalimentarse e intensificar cada encuentro. O, si averiguas que la amiga que se ha puesto como una energúmena contigo acababa de enterarse de que su padre tiene cáncer, seguramente no estarías tan disgustado con ella. Piensa en lo que puede haber conducido a un arranque, y que no siempre tienes la perspectiva general.

¿Hay realmente algo que me amenaza o es mi ego?

Hay veces en que magnificamos el peligro percibido en una espiral vertiginosa de emoción. Resulta útil verificar la realidad. Pregúntate: «¿Estoy realmente en peligro o es mi ego que se siente ofendido, rechazado o algo asustado? ¿Estallo porque esta situación me muestra una parte vulnerable de mí mismo que no acepto o no quiero ver?»

¿Y si le doy la vuelta a la tortilla?

Intenta cambiar la frase «Estoy enfadado con Mark» por «En realidad estoy enfadado conmigo mismo». ¿Hay algo de verdad en eso? ¿Siente una parte de ti que te has fallado *a ti mismo*? ¿Has transigido, tolerado algo o cedido cuando te habría gustado gestionarlo de una forma que era más auténtica y empoderadora? La respuesta es que seas amable contigo mismo y que sepas que flagelarte sólo sirve para mantenerte estancado. Por el mero hecho de ser consciente de esta dinámica y vivir con ella, ya estás superándola.

¿Es algo personal o de ámbito general?

¿Se debe el problema a un conflicto con una persona, o es más bien una cuestión generalizada? En una situación familiar, ¿es un conflicto personal entre tú y otro miembro de la familia, o estás lidiando con sistemas de creencias profundamente arraigados (como la culpa, la vergüenza o la escasez) que se remontan generaciones? En el trabajo, ¿es un asunto individual entre tu jefe y tú, o la cultura de la empresa en conjunto enfrenta a una persona contra otra? Pregúntate: «¿Es esta situación algo que puedo controlar o cambiar, o cambiar mi perspectiva al respecto es mi mejor opción?»

¿Es realmente mi problema?

¿Estás en un grupo de personas enojadas? ¿Realmente compartes los mismos valores y te parece importante lo que les enoja? ¿Es algo a lo que quieres enfrentarte, o te está arrastrando una corriente rápida? Hay un proverbio polaco que dice: «No es mi circo, no son mis monos». Tienes elección.

¿Servirá mi ira para conseguir lo que quiero?

La ira es simplemente un mensaje de que tienes que corregir el rumbo de algún aspecto de tu vida. El modo y el momento en que expreses esa ira complicarán las cosas o mejorarán la situación. Pregúntate a ti mismo si expresar tu ira en ese momento te servirá para conseguir lo que deseas. Que estés sintiendo ira no significa que tengas que actuar al respecto. Si tu jefe te ha hecho enfadar, ¿tienes que explotarle en las narices; servirá eso para conseguir lo que quieres? En palabras de Aristóteles: «Cualquiera puede enfadarse, eso es fácil, pero estar enojado con la persona adecuada, en la medida justa, en el momento oportuno, por el propósito adecuado y del modo idóneo, eso no está al alcance de todos y no es fácil».

Puede que no sea fácil, pero la cuestión es que es enteramente posible, y puedes convertir la ira en tu aliada. Imagínate, al nivel más simple, diciéndote a ti mismo: «Muy bien, ira, te veo. ¿Qué estás intentando decirme?» Al escuchar el mensaje que esta poderosa emoción te está dando, tendrás una verdadera ventaja a la hora de corregir el rumbo para avanzar hacia tu siguiente nivel.

Estrategias

Muy bien, puede que estés diciendo que todo eso suena bien en teoría, y que estás abierto a la idea, pero ¿qué debes hacer cuando la ira te domine y te tenga secuestrado? A continuación encontrarás algunas estrategias prácticas y probadas que te proporcionarán una ayuda inmediata. La idea es que veas con cuáles te identificas y las pruebes la próxima vez que aparezca la ira.

Desconecta

Cuando la ira aumenta deprisa, la solución más rápida es marcharte y decir algo como: «Tengo que calmarme, ya hablaremos después». Al darte tiempo para recentrarte, puedes superar tu «momento amígdala», reconectarte con tu corteza cerebral relajante y volver a sentarte al volante. Puedes planear qué sale de tus labios y encargarte de encontrar la mejor solución al problema. Ten en cuenta que si tu tono está cargado de desdén, es probable que no llegues a ninguna parte. CÓMO lo dices es tan importante como lo que dices.

Reduce la velocidad

El psicólogo John Riskind ha desarrollado una estrategia para reducir la velocidad de tu ira.

Si comparas tu ira con la velocidad de un coche, a treinta y cinco millas por hora (unos cincuenta y cinco kilómetros por hora) estás enojado, a cuarenta y cinco millas por hora (unos setenta y dos kilómetros por hora) empiezas a estar irritado, a sesenta millas por hora (unos noventa y seis kilómetros por hora) estás cabreado y a ochenta millas por hora (unos ciento veintiocho kilómetros por hora) estás furioso. Imagina que pones el pie en el freno de un coche para reducir la velocidad de tu reacción. Visualízate a ti mismo (y tu nivel de ira) pasando de ochenta millas por hora a sesenta y a treinta y cinco[125]. De esta forma no sólo evitas un posible choque, sino que creas la oportunidad de conectar con la persona que tienes delante, interpretar su lenguaje corporal y valorar si esta ira merece siquiera que le dediques tu tiempo[126].

Separa el desencadenante

El doctor Michael Levittan ofrece una forma interesante de crear cierto espacio para que puedas reaccionar. Elige un nivel de lo enfadado que estás en este momento, siendo uno la cantidad mínima de ira y diez, la máxima. «¿Estoy en seis o estoy en nueve?» Imagina que introduces tu ira en una caja con ese número impreso, y que ves esa caja delante de ti. Eso te ayuda a reconocer cómo te sientes, separar la ira de la situación que la provocó y detenerte[127].

Ahora estás en situación de decidir qué quieres hacer con ella. Te has dado un espacio para respirar y ahora tienes más libertad para decidir tu siguiente paso.

---

125. Todd Kashdan y Robert Biswas-Diener, «The Right Way to Get Angry», *Greater Good Magazine* (20-10-2014), https://greatergood.berkeley.edu/article/item/the_right_way_to_get_angry.

126. Jessica Stillman, «5 Tips to Productively Channel Your Anger», Inc. (28-10-2014), www.inc.com/jessica-stillman/5-tips-to-productively-channel-your-anger.html.

127. Michael Levittan, «Anger and Anger Management: What Are Some of the Triggers for Anger?», YouTube (4-12-2011), https://www.youtube.com/watch?v=kXQmcA3VQMg.

Haz algo físico

Sal a correr, anda a buen ritmo, baila al son de una música excelente. A veces va bien entrar en tu habitación y gritar (pero no a la otra persona; ¡eso no te ayudará en tus objetivos a largo plazo!). La idea es eliminar la adrenalina de tu organismo y quemar la energía emocional antes de que te consuma. Entonces puedes recuperar la calma y seguir adelante.

Respira

Tu abuela tenía razón. Respirar hondo unas cuantas veces te permite serenarte. Al mantener la intención de querer estar tranquilo, puedes guiarte de vuelta a la respiración, aunque tu mente divague. Podrías imaginarte a ti mismo en el mar y respirar con cada ola que llega. O intentar alternativamente la respiración por la nariz, conocida como *Nadi Sodhana*, que, según se dice, equilibra los dos hemisferios del cerebro[128]. De esta forma, puedes impedir que la chispa de la ira prenda una llama.

Recurre a alguien

Tanto si se trata de un buen amigo como de alguien en quien confías, encuentra tiempo para expresar tus sentimientos. Libera algo de presión de la olla a presión. La idea es sentirte apoyado y, al mismo tiempo, ver si se te ocurren nuevas perspectivas. También puedes expresar tus sentimientos en un diario. Todos tenemos en nuestro interior un yo sabio que es tranquilo y astuto. Conecta con esa parte de ti para responder la pregunta: «¿Qué dirías a un buen amigo que estuviera en esta misma situación?» Tienes más sabiduría de lo que imaginas.

---

128. «Channel-cleaning breath», *Yoga Journal* (28-8-2007), www.yogajournal.com/poses/channel-cleaning-breath.

Siéntela y despréndete de ella

¿Dónde aparece la ira en tu cuerpo? ¿Adopta la forma de dolor de cabeza, nudo en el estómago, pulso acelerado o sofoco en el rostro? En lugar de intentar hacer que desaparezca, quédate con la sensación, como si estuvieras cuidando de un niño que sufre. En lugar de intentar analizarla con la mente, presta atención a las sensaciones corporales. Estás observando los sentimientos en lugar de estar atrapado en ellos. Pronto sentirás que la ira pierde su fuerza y, finalmente, se disipa.

Ve pasar la nube

Las emociones, comparadas con los estados de ánimo, duran apenas segundos. Son nuestros pensamientos quienes las impulsan, las agrandan y las hacen perdurar. Piensa en tu ira como en una nube oscura que puede haber proyectado una sombra sobre ti pero que se está alejando. La ira no te representa, no te define.

DESAFÍO DEL DIARIO

Escribe tres estrategias para gestionar la ira (de las pp. 206-209) que te gusten. Describe en qué próxima situación podrías probarlas. Planea mentalmente cómo pueden serte de ayuda. Si la situación se produce, recurre a estas estrategias. Dedica después un momento a reflexionar cómo funcionaron y por qué. Tal vez quieras explorar otra cosa la próxima vez o comprometerte a implementar una de tus favoritas de la lista. Experiencia a experiencia, adquirirás conciencia no sólo de tus desencadenantes, sino también del mejor modo de abordarlos.

Para terminar este capítulo, quiero compartir una historia que es la reacción más inspiradora a la ira que he visto nunca. Si hubieran disparado a alguien cercano a ti, ¿podrías imaginarte perdonando a quien lo hubiera hecho? El hijo de Mary Johnson fue asesinado a los veinte años por un muchacho de dieciséis años que llevaba una pistola. En el posterior juicio, Mary dijo: «Quería justicia. Era un animal; se merecía que lo enjaularan». [129] Con el paso de los años, el odio y la ira estaban consumiendo a Mary. Un día leyó un poema que la inspiró a ayudar a otras madres cuyos hijos habían sido asesinados. Sabía que si había alguna posibilidad de que aquello fuera a pasar, tendría que reunirse con el asesino de su hijo, Oshea, que había sido condenado a veinticinco años tras las rejas en una cárcel del estado de Minnesota. Mary tenía que ver por sí misma si el perdón era posible. «No perdonar es como un cáncer; te devora de dentro hacia fuera. No tiene que ver con la otra persona. Que lo perdone no disminuye lo que hizo. Sí, asesinó a mi hijo, pero el perdón es para mí». En su primer encuentro Mary dijo a Oshea: «No te conozco y tú no me conoces a mí. No conocías a mi hijo, y él no te conocía, de modo que tenemos que poner los cimientos». [130] Mary empezó a visitar a Oshea regularmente. A lo largo de ese proceso, la ira y el odio fueron poco a poco reemplazados por la curiosidad e incluso el afecto. Cuando se enteró de que Oshea no tendría donde alojarse al salir de la cárcel, lo organizó todo para que Oshea consiguiera un piso en su propio edificio. Actualmente Oshea trabaja en una planta de reciclaje de día y va a la universidad de noche, decidido a hacer algo como compensación y a estar a la altura del potencial que Mary vio en él. Ahora habla sobre el perdón ante numerosas personas en centros comunitarios e iglesias. Y Mary lleva un collar con la fotografía de su hijo en un lado y la de Oshea

---

129. «The Power of Forgiveness», CBS News (7-6-2011), www.youtube.com/watch?v=o2BITY-3Mp4.

130. «Mary Johnson and Oshea Israel», The Forgiveness Project, https://www.theforgivenessproject.com/stories-library/mary-johnson-oshea-israel/.

en el otro. Llama a Oshea su hijo espiritual y viven uno al lado del otro. El efecto del perdón es inolvidable.

Empieza a perdonar

El doctor Fred Luskin describe el perdón como la sensación de paz que aparece en el momento presente cuando te tomas tu dolor de forma menos personal, te responsabilizas de cómo te sientes y te conviertes en un héroe en lugar de una víctima en la historia que cuentas[131].

DESAFÍO DEL DIARIO

Escribe en tu **diario** sobre una persona o situación que te mantiene estancado en la ira.

- ¿Cómo me ha desafiado a aprender y a desarrollarme el hecho de conocer a esta persona?
- ¿Qué percepciones tengo ahora como consecuencia de interaccionar con ella?
- ¿Diría que esta lección está finalizada?
- ¿Qué me haría falta para estar preparado para avanzar en mi vida?

La ira puede ser una reacción instintiva imprevisible o una fuente de información emocional que centra tu atención en hacerte más fuerte, más resuelto y más protector. La ira es una de las emociones más poderosas, y usarla sabiamente no sólo mejora *tu* vida, sino que

---

131. Fred Luskin, «Forgive For Good—Greater Good Magazine», Greater Good Science Center, https://greatergood.berkeley.edu/images/uploads/Forgiveness_-_Fred_Luskin.pdf.

sirve de catalizador para hacer avanzar la humanidad. Cuando la gente se siente amenazada, aparece la ira. Cuando la usamos conscientemente, nos permite restablecer la estabilidad, eliminar el peligro y recuperar nuestro yo esencial, con el que nos sentimos lo bastante seguros para profundizar nuestra autenticidad y surgir del amor. Cada percepción que adquieres, cada perspectiva que amplias y actividad que realizas te acerca más a encontrar las ventajas de cada emoción y a vivir más plenamente con independencia de lo que pase. Confía en que ya estás en marcha.

Tolerancia, aceptación y empatía

Cuando sabemos que estamos conectados con todos los demás, lo natural es simplemente actuar con compasión.

RACHEL NAOMI REMEN

La tolerancia es considerada por la mayoría de la gente como algo que vale la pena tener, ¿no te parece? A la mayoría de las personas le gusta creer que son cariñosas, justas y que quieren lo mejor para los demás, y estoy convencida de que es así a nivel esencial. Aun así, a veces nuestra conducta no representa los valores que propugnamos. ¿Qué sucede?

Existe una premisa subyacente que ignoramos la mayoría del tiempo. Aunque en tanto que seres humanos todos estamos conectados, hay algo que se nos escapa en esta existencia orientada al exterior y a veces loca. Todos nacemos como seres espirituales que habitan un cuerpo humano y a todos nos impulsa exactamente la misma fuerza vital. Piensa en el primer aliento de un niño o en el último que exhalamos antes de regresar a algo superior. Esta energía forma parte de todo el mundo y de todo, y nos conecta a todos, tanto si nos damos cuenta como si no. De esta forma, da igual si el lugar en el que nacemos, el cuerpo que habitamos, los tonos de piel que recibimos no tienen nada en común, interiormente somos más parecidos que distintos. Sólo el miedo, cuando entra en escena, lleva consigo la idea de que estamos todos separados unos de otros y de la energía que nos da a todos la vida. Esto no es cierto, ya que esta energía vive y respira a través de todos nosotros. Pero al olvidar este nivel de conexión profunda, a menudo en cuanto nacemos, aceptamos la ilusión de que, en efecto, estamos separados.

Pero si adoptamos una perspectiva más cotidiana de lo que cada vez se ve más, cuesta ignorar que los signos de la intolerancia y los prejuicios impregnan el ambiente. Aunque queramos ver lo mejor en los demás, con demasiada facilidad nuestros sesgos no reconocidos nublan nuestra visión y nos impulsan a ver la vida desde el punto de vista de la separación. Terminamos fijándonos en nuestras diferencias en lugar de en nuestras similitudes, y eso sucede en todas partes. Seguramente habrás oído frases como «No soporto a esa gente, no son de los nuestros, tan intolerantes, tan críticos, demasiado toscos, demasiado falsos, demasiado raros, demasiado prepotentes, demasiado (incluye tu propio adjetivo)», que significan, todas ellas: «¡No son como nosotros!»

Esta sensación de separación se amplía todos los días. Basta con que echemos un vistazo a los medios de comunicación: por cada historia alentadora que destaca la armonía, hay infinidad de otras que infunden alarma. La intolerancia es producto del miedo «al otro»… el miedo a estar con desconocidos en quienes no confiamos, en situaciones que podrían ser peligrosas, en momentos que son inseguros. Este miedo al peligro hace aflorar un tribalismo que está arraigado en nuestra búsqueda primigenia de seguridad. Es muy sencillo: si nos quedamos con los de nuestra clase, estaremos protegidos. Eso lleva a las personas a querer permanecer dentro de su propio grupo y sirve para validar el pensamiento de «nosotros contra ellos». Vivimos en una época de divisiones sancionadas, justificadas por el miedo colectivo.

Este miedo es generalizado y se transforma fácilmente en prejuicio. ¿Conoces a alguien que esté, digamos, «muy aferrado a sus ideas»? Esta energía podía centrarse en la política, eso es algo conocido, pero podría centrarse también en los equipos deportivos favoritos o en las personas que nos alegra tener como amigos. Sally Kohn, autora de *The Opposite of Hate*, comenta en una entrevista que cuando se estaba documentando para su libro, «Al hablar con neonazis y al hablar con terroristas, la gente cree que su motivación es básicamente buena, en general... Nadie cree estar lleno de odio. Nadie quiere estar lleno de odio. [132]» Muy a menudo, la gente reacciona a lo que percibe como el odio de los demás... y entonces nadie gana.

La palabra «prejuicio» está relacionada con la palabra «prejuzgar». ¿Tienes algún amigo o compañero de trabajo que suele expresar su opinión *antes* de conocer los hechos, antes de tener la perspectiva general y, lo que es más importante, antes de conocer realmente a las personas implicadas? Es probable que esté juzgando esta circunstancia a partir de referencias pasadas (normalmente ni siquiera de primera mano) que pueden no estar siquiera relacionadas con la situación concreta. Como sabemos, en un ambiente de temor, el dolor y el odio se propagan como un reguero de pólvora. La gente odia *cuando* está dolida, cuando tiene miedo y cuando siente que no tiene la seguridad de que estará bien.

En este capítulo veremos las dos capas de la intolerancia: a los demás o a aspectos de nosotros mismos. Veremos la diferencia entre tolerancia y aceptación, y cómo aceptarte más *a ti mismo*. También exploraremos la relación entre tolerancia y empatía, los diversos tipos de empatía y cómo aportan un nivel de conexión que hace más profunda cualquier relación que tengamos. Preparado, ¡vamos allá!

DESAFÍO DEL DIARIO

A veces parece que una situación es la causa, y otras juzgamos una relación que nos presiona constantemente. Si estallas repetidamente, puede que haya en ti algo sin resolver que se está

---

132. «Sally Kohn and Erick Erickson—Relationship Across Rupture», The On Being Project (11-10-2018), https://onbeing.org/programs/sally-kohn-and-erick-erickson-relationship-across-rupture-oct18/.

avivando. En palabras de la doctora Shefali Tsabary: «Los truenos de tu **presente tienen su origen en las tormentas de tu pasado**». Hazte la pregunta siguiente: ¿Podrían ser los juicios que emites también mensajes sobre algo que *tú* tienes que mirar en tu interior?

Escribe en tu **diario** todos los pensamientos que surjan.

¿Qué es una persona tolerante?

La tolerancia se define como «ser comprensivo o indulgente con creencias o prácticas distintas u opuestas a las propias.[133]» Básicamente, estamos dispuestos y somos capaces de tolerar opiniones o conductas con las que no estamos necesariamente de acuerdo.

En un clima en el que imperan los conflictos, hay que ser decidido para seguir siendo tolerante. Se precisa carácter, fortaleza, compostura y confianza para formarse una opinión y no dejarse llevar por las manipulaciones basadas en el miedo. Cuando nos percatamos de que todos tenemos la capacidad de actuar con amabilidad o crueldad, cuesta más sumirse en un estado de culpabilización. Una persona tolerante puede gestionar sus emociones, no dejarse dominar por ellas. La reconocemos por su serenidad interior.

Tolerancia a las creencias

Imagina un mundo donde se respeta la gama de orígenes, costumbres, preferencias y hábitos que hacen que la vida sea diversa y

---

133. *Merriam-Webster*, s.v. «tolerance (*n.*)», www.merriam-webster.com/dictionary/tolerance.

fascinante a la vez. En él se celebrarían las diferencias: los colores, los estilos musicales, los sabores culinarios, la moda, la arquitectura, los rituales y los momentos sagrados de todas las razas y los géneros, especialmente a medida que nos acercamos a una época más fluida e intercultural. La gente estaría viendo constantemente cosas nuevas, adquiriendo nuevas perspectivas y conociendo de primera mano que no hay que tolerar simplemente nuestras diferencias; hay que celebrarlas.

En este mundo se buscaría lo mejor en los demás, sin levantar muros en previsión del siguiente ataque. No nos enseñarían a temer «al otro» sino a hacer una comprobación instintiva al conocer a alguien, con independencia de su origen; confiaríamos en nuestra intuición y nuestros recursos interiores, de modo que no temeríamos mantenernos libres de prejuicios y afectuosos. En este mundo, comprenderíamos que tenemos mucho más en común que lo que parecería separarnos, y que nuestra humanidad compartida es un principio fundamental por el que elegimos regirnos. ¿Un mundo ideal? Sí. Pero si echamos un vistazo a nuestros valores fundamentales, no es algo tan alejado de lo que la mayoría de la gente quiere.

¿Cómo nos volvemos pues tolerantes? Sabemos que la tolerancia es producto de un pensamiento ampliado, de abrirnos a nuevos planteamientos, a otras formas de ver las cosas y a la amplitud de tener espacio para todo ello. La frase «estamos de acuerdo en discrepar» lo expresa a la perfección, y habilidades como la comunicación no violenta pueden ser puntos de inflexión. Aunque no veamos las cosas exactamente de la misma manera, respeto que tú tengas tu propio punto de vista y tú respetas que yo tenga el mío. No podemos esperar ser del mismo parecer en todo; eso sería aburrido de todas formas, pero podemos coincidir en muchos temas, como la importancia de los amigos y la familia, la belleza de la naturaleza, la alegría del amor.

TOLERANTE	INTOLERANTE
Acepta las diferencias; todos formamos parte de nuestra humanidad	Miedo a las diferencias; «ellos» amenazan nuestra seguridad
Pensamiento inclusivo, mente abierta	Pensamiento nosotros/ellos, perspectiva singular
No reactivo, emociones serenas Cortesía, actitud «vive y deja vivir»	Reactivo, emociones agitadas, criterio personal, actitud crítica
Quiere lo mejor para todos	Quiere lo mejor para el grupo con el que se identifica

Piensa en ello como en un árbol. Las hojas representan nuestras diferencias: en el color de los ojos, el tono de piel, las preferencias alimentarias, las fiestas que celebramos, la música que nos gusta, etcétera. Pero los anillos interiores del tronco son las necesidades humanas que todos compartimos: ser amados, formar parte de algo, ser respetados y estar a salvo. En Project Happiness, enseñamos esto a los alumnos de primaria. Si un niño de seis años lo comprende, hay esperanza de que lo haga todo el mundo.

¿Cómo surge la intolerancia?

Según el *Oxford Dictionary*, intolerancia es «la falta de inclinación a aceptar puntos de vista, creencias o conductas que difieren de los nuestros». Se expresa a través de la intransigencia, y es difícil que pase desapercibida. Pero hay otro aspecto que es incluso más sutil. Ese aspecto es el criterio. A nadie le gusta considerarse a sí mismo criticón (¡se trata de una indignación justificada!), pero hay muchas situaciones cotidianas que suponen verdaderos desafíos. Si alguna vez te sentiste frustrado porque un compañero de trabajo nunca comprende algo importante, ni siquiera después de que se lo hayas explicado una y otra vez, ya sabes a qué me refiero. Quizá sea un amigo que llega siempre tarde, por más que le hayas dicho que te molesta o ¿qué me dices de ese miembro de tu familia que es tan agonías que jurarías que disfruta quejándose? ¿Quizá hayas entablado una serie de relaciones que al principio parecían fantásticas; pero que, más adelante, revelan siempre un defecto alarmante de la otra persona?

Sí, todas estas cosas dicen algo sobre la persona a quien estás juzgando, pero al mismo tiempo, especialmente si es un patrón, también puede indicar que afecta a una parte más profunda de ti.

Juzgar a los demás y evitarnos a nosotros mismos

Cuando juzgamos a los demás u observamos que una persona nos disgusta constantemente, puede ser señal de que proyectamos en ellos un aspecto de nosotros mismos que hemos rechazado o que no nos sirve. ¿Podría ser que los estemos acusando de los rasgos exactos que nos negamos a ver en nosotros?

Los expertos en relaciones Katie y Gay Hendricks lo describen del siguiente modo [134]. Pongamos que tienes miedo al rechazo desde la infancia. Es probable que no seas totalmente consciente de este miedo o que lo hayas dejado a un lado. Pero aunque tu mente consciente esté en negación, tu subconsciente está muy alerta, escudriñando siempre el horizonte en busca de oportunidades de solucionar este problema oculto. Debido a eso, iniciarás una nueva relación que activa este tema no resuelto en tu interior. A cierto nivel, una parte de ti entiende que es una lección que tienes que resolver y hace todo lo posible para lograrlo.

Los Hendricks explican que, incluso cuando una nueva relación parezca prometedora y esa pareja no se parezca en nada a la anterior,

---

134. Gay Hendricks y Kathlyn Hendricks, *El camino del corazón consciente: una nueva visión del amor y el compromiso*, Obelisco, Rubí, 2000.

los dramas no resueltos se expresarán. No es una cuestión de *si*, sino de *cuándo*. Una vez ha desaparecido la ilusión del nuevo romance, descubres que él o ella está más comprometido emocionalmente de lo que te gustaría. Tanto si es un trabajo superexigente como un estilo de comunicación defectuoso, el resultado final es que te sientes excluido, rechazado y reproduciendo emociones de la infancia. Dolía entonces e, incluso ahora, hace aflorar viejos miedos: «No puedo evitar sentirme rechazado, me preocupa terminar solo». Como la emoción subyacente de rechazo es demasiado incómoda de aceptar y de abordar, es mucho más fácil criticar a tu pareja («Ya vuelve a las andadas, yendo a lo suyo, sin pensar nunca en mí o en todas las cosas que hay que hacer. ¡Estoy que echo chispas!»).

La solución del ego es impulsarte a proyectar tu frustración y tu dolor en los demás en lugar de lidiar con ello directamente. Ser intolerante con los demás es una señal de que, en el fondo, eres intolerante con un aspecto de ti mismo. Hay quien lo llama tu sombra; es esa parte de ti que nunca te has sentido cómodo expresando... la parte que está reprimida, oculta, encerrada... ¡no vas a abordarla próximamente! Y ésa es exactamente la razón por la que aparece una y otra vez con distintas formas.

¿Qué hacer? En lugar de reproducir los dramas de emociones no resueltas, la solución requiere el valor de mirar en tu interior y acoger en lugar de rechazar las partes lastimadas, asustadas o inseguras. Al recibir de buen grado incluso los sentimientos que no son demasiado agradables, estás aprendiendo a amarte y a aceptarte *a ti mismo* a un nuevo nivel. Aunque aceptarte a ti mismo es un elemento esencial para amar y aceptar a los demás, en realidad esto no tiene nada que ver con ellos; va de que hagas las paces con partes de ti mismo que, hasta este momento, preferías no ver.

Gay Hendricks cuenta cómo en un momento de su vida, sin darse cuenta de que necesitaba más amor y aceptación, terminó criticando a su exmujer por ser demasiado crítica y demasiado sentimental. Explica: «Lo cierto es que yo estaba desconectado de mis sentimientos. No era lo bastante "sensible" a lo que mi mente y mi corazón querían y necesitaban. Así, proyectaba esos aspectos no reconocidos de mí mismo en los demás. En el fondo era criticón. [135]»

¿Te has fijado que quienes critican más a los demás, en el fondo, se juzgan a sí mismos con más dureza, concretamente por esa parte negada de ellos mismos que preferirían no ver? De este modo, la intolerancia es como un espejo mágico que nos muestra lo que hay que sanar para vivir la expresión más plena y más afectuosa de quienes somos. A continuación encontrarás un ejercicio para hacer que esto cobre vida.

DESAFÍO DEL DIARIO

- Escribe en tu **diario**, en la primera columna, el nombre y los rasgos de alguien que te molesta mucho. Qué pasa con esa persona; escribe todo lo que se te ocurra.

  Por ejemplo: «Tengo una amiga que parece indefensa. Siempre tengo que ayudarla. Le encanta discutir, es exigente, necesitada e irritable». Anota lo que realmente te molesta de tu persona.

- En la siguiente columna, pregúntate a ti mismo si hay aspectos de esos rasgos que no has reconocido en ti mismo, ¿tal vez una parte de ti que no has sido capaz de expresar? En este ejemplo, hay una parte de mí a la que le gustaría que hubiera alguien que cuidara de mí, también, y sería divertido poder despotricar de vez en cuando en lugar de ser siempre quien encuentra una solución. A partir de esto, me doy cuenta de que mientras estoy

---

135. Gay Hendricks y Kathlyn Hendricks, «A Big Clue You Don't Love Yourself», *HuffPost* (24-2-2016), https://www.huffpost.com/entry/a-surprising-reason-youre_b_9298854.

juzgando a mi amiga, en realidad estoy proyectando en ella *mi* necesidad no satisfecha en busca de ayuda. Es un punto doloroso para mí, ¡y es precisamente por eso por lo que me parece tan irritante!

• Finalmente, en la tercera columna, describe algo sencillo que puedas hacer para intentar satisfacer tus necesidades. ¿Una llamada telefónica, un plan, una cita? Yo, por mi parte, puedo recibir algo de apoyo en lugar de darlo siempre, y volverme amigo de mis sentimientos en lugar de ignorarlos.

La buena noticia es que ahora que eres consciente de ello, puedes actuar para conseguir lo que necesitas para avanzar. A partir de algo que estaba oculto, conoces ahora la dinámica, y con ese nuevo conocimiento puedes tomar la decisión de dar tu siguiente paso. Inténtalo; puede que te resulte incómodo al principio, pero estás liberando activamente una energía que te ha refrenado. Se precisa un esfuerzo enorme para mantener vigentes esos viejos patrones. Observa la mayor libertad que sientes.

La diferencia entre tolerancia y aceptación

La tolerancia tiene aspectos de la Regla de Oro: trata a los demás como te gustaría que ellos te trataran a ti. Es una mentalidad de «vive y deja vivir», con independencia de los sesgos que tengas. También es la base para vivir en una sociedad civilizada y sacar lo mejor uno de otro. Llámalo «Introducción básica para ser humano».

La aceptación la amplifica todavía más e incluye tratar con calidez y acoger al «otro», aceptar sus opciones, como por ejemplo cómo elige expresarse, cómo se identifica en cuanto al género y a quién elige amar. También podemos aceptar las elecciones de las personas sin compartir su misma perspectiva; eso pasa sin parar. Pensemos en un progenitor que se entera de que su hija sale con alguien de otra religión. Aunque eso podría no ser importante para algunas familias, puede tener una carga muy elevada en otras. Aun así, los progenitores pueden ser tolerantes con el nuevo amor de su hija y actuar de una forma que sea civilizada y educada.

Pero como podrás imaginar, su hija espera que la persona a quien ama no sea simplemente tolerada sino acogida cálidamente en su familia. La aceptación, más que la mera tolerancia, hace que una persona se sienta como en casa. Convierte a los desconocidos en amigos. La mente quiere tolerancia, pero el corazón anhela aceptación.

TOLERANCIA	ACEPTACIÓN
Vive y deja vivir. Podemos convivir	Bienvenido a mi mundo
Trata a los demás como te gustaría que te trataran a ti	No sólo te trato como me gustaría que me trataran a mí, creo que eres majo
Por principio, soy tolerante con un grupo o un individuo: es un sentimiento objetivo más que personal	La aceptación es más personal: te acepto como eres, sin importar las elecciones que hagas en tu vida

Autoaceptación

Otro aspecto de la aceptación va más allá de aceptar a los demás; consiste en aceptarte a ti mismo. La autoaceptación va de valorar la persona que eres ahora mismo, perfectamente imperfecta como somos todos, y 100% merecedor de amor. Si ves que te menosprecias repetidamente con la voz crítica susurrándote: «Eres demasiado inexperto, demasiado reactivo, estás demasiado cansado, demasiado harto, demasiado triste o demasiado asustado para actuar...», date cuenta de que, al ser simplemente consciente de ese trillado guion, ahora puedes reexaminar las viejas creencias que le dieron poder. Permítete aceptar que todas tus facetas son ventajas que te hacen único (tus piernas largas te permiten llegar donde necesitas, tu férrea voluntad y tu arraigada tenacidad garantizan que lo hagas). Acepta que todas tus sensaciones te están aportando una información valiosa. Si eres una persona sensible, tienes más capacidad de amar. Es un don excepcional, no un lastre. Reúne todas estas joyas, y te darás cuenta de la cantidad de recursos que puedes utilizar al diseñar la vida que mereces.

Conciencia de viejos guiones + autovaloración + aceptación de los sentimientos = autoaceptación

La autoaceptación influye también en cómo gestionamos la forma en que la vida se desarrolla. Siempre nos estamos enfrentando a nuevos giros argumentales, y muchas veces lo que esperamos no se presenta como habíamos imaginado. Entonces podemos dudar de nosotros mismos y empezar a cuestionar las decisiones que tomamos en el pasado. ¿Estás estancado en una historia que sigue limitándote, una historia en la que te sientes como un idiota por las decisiones del pasado o lamentas la forma en que ha evolucionado tu vida? ¿Eso está, como un peso encadenado al tobillo, impidiéndote avanzar con un nuevo sueño, una nueva idea, una nueva inspiración? Cuando no aceptas el pasado, cuesta avanzar plenamente hacia el futuro.

El antídoto es verlo con otros ojos. ¿Puedes aceptar que has aprendido algo valioso a lo largo del proceso? Con lo que sabes ahora, ¿abordarías algo parecido de un modo distinto? ¿Puedes admitir que superar esa situación ha reforzado tu claridad y tu determinación? ¿Sientes una mayor gratitud por estar ahora mejor situado para tomar decisiones distintas, basándote en lo que te hace sentir más en sintonía? Debido a que pasaste por esa situación, dispones ahora de nueva información y nuevas estrategias. Lo cierto es que la persona que eres ahora no es la misma persona que eras antes. Puedes decidir tratar bien a la gente o desprenderte de algo no por lo que son, sino por quien eres *tú*.

Quizá puedas estudiar más profundamente a alguien que te había lastimado y ver que esa persona también sufría; no era necesariamente personal. Es aquí donde los «Cuatro acuerdos» de don Miguel Ruiz resultan muy útiles[136]. Estos acuerdos nos recuerdan:

1. Sé impecable con tu palabra.
2. No te tomes nada de modo personal.
3. No hagas suposiciones.
4. Hazlo siempre lo mejor posible.

Imagina que nos concentramos en el segundo acuerdo: «No te tomes nada de modo personal». Nunca se sabe qué le pasó a alguien ese día, ese año o cuando crecía. ¿Podemos juzgar a esa persona? Si una persona se presenta ahora intimidadora, imagínala de niña (visualízala literalmente como un bebé que empieza a andar). Todo el mundo intenta ser aceptado y amado. Cada persona que conoces tiene algo que mostrarte. Aprendemos a medida que crecemos.

Si puedes aceptar que, incluso frente a los desafíos, pasan cosas *para* ti en lugar de *a* ti, entonces abandonas inmediatamente la actitud de víctima, te reconectas con tu fuerte esencia y tienes la capacidad de examinar tus opciones con la mayor percepción que sólo la experiencia puede aportar. Acepta que la vida es tu maestra.

---

136. Miguel Ruiz, *Los cuatro acuerdos*, Urano, Madrid, 2012.

Acepta, y después actúa. Sea lo que sea lo que contenga el momento presente, acéptalo como si lo hubieras elegido. Trabaja siempre con ello, no contra ello. Conviértelo en tu amigo y tu aliado, no en tu enemigo. Esto transformará milagrosamente toda tu vida.

ECKHART TOLLE

Elige entonces concentrarte en pensamientos que te proporcionen energía y esperanza, además de planes que te empoderen, te entusiasmen y reflejen aquello que defiendes.

Cómo la tolerancia, la aceptación y la empatía trabajan juntas

La tolerancia crea un patrón (de modo parecido a la Regla de Oro) para que la humanidad conviva, y la aceptación favorece un espíritu cordial y nos acerca más, pero la empatía hace aflorar lo mejor de nosotros.

La empatía es simplemente la capacidad de ponerse en el lugar de otra persona, imaginar cómo sería estar en su situación y ver la vida con sus ojos. También ayuda a abrir la comprensión, hacer desaparecer las divisiones y crear conexiones valiosas. La empatía es uno de los pilares de la inteligencia emocional. Ser consciente de las emociones y los estados de los demás, reconociendo su lenguaje corporal, sus expresiones y sus indicaciones implícitas, es una ventaja indudable a la hora de forjar conexiones más valiosas. Las personas que son empáticas son menos criticonas, están menos irritadas, gozan de mejores relaciones y son más felices en general. ¡A mí me suena bien!

Tipos de empatía

La empatía tiene diferentes aspectos, y para gozar de una perspectiva general, es importante tenerlos todos en cuenta. Daniel Siegel y Tina Payne Bryson, autores de *The Yes Brain*, superventas del *New York Times*, hablan del «diamante de la empatía», que explora las cinco facetas de expresar empatía para ayudar a los demás y ayudarnos a nosotros mismos. Al repasar cada una de ellas, piensa en una situación en la que experimentaste este tipo de empatía y dedica unos segundos a recordar cómo te afectó.

1. **Toma de perspectiva:** Ver el mundo a través de los ojos de otra persona.
2. **Resonancia emocional:** Sentir los sentimientos de otra persona.
3. **Empatía cognitiva:** Comprender intelectualmente la experiencia total de otra persona.
4. **Empatía compasiva:** Sentir el sufrimiento y querer reducirlo.
5. **Alegría empática:** Experimentar placer con la felicidad, los logros y el bienestar de otra persona.[137]

Al repasar cada una de ellas, piensa en una situación en la que experimentaste este tipo de empatía y dedica unos segundos a recordar cómo te afectó.

1. Toma de perspectiva: Ver el mundo a través de los ojos de otra persona

Es bastante sencillo; se trata de imaginar que ves a través de los ojos de otra persona: qué verías, cómo vivirías tu día, a qué desafíos te enfrentarías y por qué.

---

137. Daniel J. Siegel y Tina Payne Bryson, *The Yes Brain Child: Help Your Child Be More Resilient, Independent and Creative*, Simon & Schuster, Londres, 2018.

2. Resonancia emocional: Sentir los sentimientos de otra persona

Según Paul Ekman, autor de *Emotions Revealed*, la empatía puede expresarse de dos formas [138]. Si te sientes afligido cuando otra persona sufre (piensa en un padre cuyo hijo sufre acoso escolar), es lo que se llama **resonancia idéntica**: te pones en su lugar y comprendes lo que siente. En esta zona libre de críticas, estáis muy conectados entre vosotros y sientes *con* esa persona. Una advertencia: durante ese tiempo, ten en cuenta no asumir todos sus estreses como si fueran tuyos. Recuerda que tu capacidad de ayudarle se verá comprometida si su dolor te incapacita. Tienes que conservar la sensación de tu propia identidad y tus propios sentimientos a la vez que prestas tu atención plena a los suyos.

Resonancia reactiva es cuando expresas lástima o compasión («Oh, pobre, ¿qué puedo hacer?»). Estás expresando afecto y preocupación, pero como la aflicción no se comparte, no estás sintiendo realmente *con* esa persona. Conlleva una sutil jerarquía; tú estás en un buen espacio y esa persona tiene problemas.

3. Empatía cognitiva: Comprender intelectualmente la experiencia total de otra persona

Cuando tu mente comprende la experiencia total de otra persona, eso no significa necesariamente que te sientas del mismo modo que ella. Chris Voss, exnegociador principal del FBI en situaciones de secuestros y autor de *Never Split the Difference* [139], escribe: «Como negociador en situaciones con rehenes, podía escuchar empáticamente a cualquiera, incluso a terroristas, una vez caía en la cuenta de que comprender el punto de vista de alguien no es lo mismo que

---

138. Ekman, *Emotions Revealed*.

139. Chris Voss y Tahl Raz, *Never Split the Difference: Negotiating As If Your Life Depended on It*, Random House Business Books, Londres, 2017.

estar de acuerdo con él.[140]» Este tipo de empatía es más mental que sentida.

4. Empatía compasiva: Percibir el sufrimiento y querer reducirlo

Esta faceta introduce el elemento de la acción. No sólo comprendes lo que alguien está sintiendo, percibes su sufrimiento y te preocupas lo suficiente como para querer hacer algo para ayudar. Esta cualidad impulsada por el corazón puede sentirse por una persona, un grupo o la humanidad.

5. Alegría empática: Experimentar placer con la felicidad, los logros y el bienestar de otra persona

Eres feliz cuando otra persona obtiene un ascenso, logra un objetivo, lleva a casa un nuevo cachorro, encuentra el amor, se recupera de una enfermedad, etcétera. Su felicidad es tu felicidad.

Según la situación, puedes recurrir a un tipo de empatía u otra, o incluso a una combinación. Todos estos tipos de empatía desempeñan un papel a la hora de tener una vida con sentido y dedicada. Cuando aprendemos a comprender y compartir los sentimientos de otra persona, actuamos de una forma que conduce a tener mejores relaciones, amistades más profundas y comunidades más fuertes. La empatía es una de las formas más poderosas de estrechar relaciones.

Cómo incorporar más empatía a tu vida

La buena noticia es que la empatía no es un rasgo con el que nacemos o no. Es, de hecho, una habilidad que puede aprenderse. La

---

140. «How to Talk Politics Without Starting Fights and Ruining Relationships», Oprah. com (abril 2018), http://www.oprah.com/inspiration/how-to-talk-with-people-you-disagree-with-politically.

empatía es también una forma de reducir el acoso de raíz donde-quiera que aparece: el patio del colegio, las relaciones de poder en la oficina o la vida cotidiana.

A continuación encontrarás cinco pasos probados para cultivar la empatía que hemos utilizado en colegios de todo Estados Unidos y muchos otros países, y que van bien a cualquier edad. Cualquiera interesado en la inteligencia emocional se beneficiará mucho de tener en cuenta estos pasos.

- **Observa y escucha:** ¿Cuáles son las palabras que está diciendo la otra persona y qué mensaje transmite su lenguaje corporal?
- **Recuerda:** ¿Hubo algún momento en que te sintieras de modo parecido?
- **Imagina:** Mira bajo la superficie y accede al modo en que la otra persona podría sentirse. Si estuvieras en su lugar, ¿cómo te sentirías?
- **Pregunta:** Habla con la otra persona directamente y pregúntale: «¿Qué estás sintiendo en este momento?»
- **Muestra que te preocupa:** Haz saber a la otra persona que te preocupas por ella mediante tus palabras y tus acciones.

Este proceso nos conduce a sintonizar con lo que otra persona está diciendo tanto con las palabras que expresa como con las palabras que no dice. El cuerpo transmite también mucha información, siempre y cuando sepamos interpretarla. Obtendrás puntos extra si te fijas: ¿Te está mirando directamente esa persona o desvía la mirada; si está sonriendo, lo hace sólo con la zona de la boca o también con los ojos? ¿Hace ademán de apartarse o de acercarse; tiene el cuerpo relajado o rígido? ¿Tiene las manos tranquilas o inquietas? ¿Adopta una postura expansiva o retraída? Incluso sin las palabras, ¿qué tipo de energía está comunicando la otra persona, y coinciden las palabras con lo que el cuerpo está diciendo? A veces sabes si alguien está teniendo un mal día simplemente por la forma como se mueve y por la energía que introduce en la habitación. Todos podemos desarrollar la habilidad de captar estos aspectos si prestamos atención.

Cuando recordamos momentos en que nos sentimos de una forma parecida, conectamos con nuestros bancos de recuerdos de experiencias. No tiene que ser una situación exactamente igual, sino algo con un tono emocional parecido. Si te dices a ti mismo: «Eso me recuerda cómo me sentí cuando…» estás conectando con este aspecto de la empatía.

Al imaginar cómo debe sentirse esa persona, visualizamos cómo sería ver con sus ojos. Eso nos ayuda a hacernos una idea de quién es, qué quiere y por qué eso es importante. Podemos imaginar lo que la condujo hasta aquí y cómo se siente por dentro en comparación con lo que muestra exteriormente. Presta atención a tu intuición; es aquí cuando tu intuición puede desempeñar un papel vital.

Preguntar directamente lo que la otra persona está sintiendo le da la oportunidad de expresar lo que está pasando desde su punto de vista. ¿Te pide ayuda? ¿Necesita salir de esa situación? ¿Hay otras personas con las que puede contar también? **Tanto si dice mucho como si dice muy poco,** esta es una oportunidad de hacer una importante verificación de la realidad.

La persona que interviene y muestra que se preocupa, ya sea prestándole atención o animándole a planear los siguientes pasos, puede ayudar a que esa persona se sienta más apoyada, conectada y segura. Se precisa valor para respaldar a alguien; especialmente si existe presión de grupo para mirar hacia otro lado. Esto puede marcar la diferencia. A veces una palabra amable o un gesto empático restablece una sensación de conexión, dignidad y esperanza en un momento crítico. Cuanto más nos concentremos en la empatía y la usemos en situaciones cotidianas, más pueden los demás captar también las pistas.

DESAFÍO DEL DIARIO

Escribe en tu **diario** los cinco pasos para cultivar la empatía. Piensa en una situación en la que podrían resultar útiles o reflexiona sobre una situación del pasado en la que podrían haberte sido de ayuda. Permítete preparar algunas formas en las que puedas abordar una situación que suponga un desafío en el futuro.

El lenguaje de la empatía

Existe un lenguaje para la empatía que muestra a los demás que pueden contar contigo, y que también puede aprenderse. La mayoría de las personas piensan que el mejor modo de ayudar a alguien es sugiriendo una «solución» a su problema o exponiéndole el aspecto positivo («Es verdad que tu casa se ha incendiado, pero por lo menos la tenías asegurada»). Aunque bienintencionado, esto no suele ser lo que más necesita esa persona, e incluso puede hacerla sentir peor. Al empatizar de verdad y «sentir con» ella, decir algo como «Tiene que ser muy duro; siento que estés pasando por ello. Puedes contar conmigo», la ayudas a sentir la calidez de una verdadera conexión, que es lo que suele necesitar más.

Estamos interconectados

Dan Siegel hace hincapié en que enseñar empatía no trata simplemente de ver la vida con los ojos de otra persona y comprender cómo se siente. Esto es una parte. La otra tiene que ver con desarrollar un cerebro que está orientado a preocuparse por los demás. Explica además que esto eleva nuestra existencia «hacia vivir una vida llena de sentido, conexión y formar parte de un todo más amplio»[141]. La función de la empatía en el cerebro es recordarnos que no somos entes aislados en este planeta, sino que también estamos interconectados con todos los demás.

En este capítulo hemos visto cómo la tolerancia, la aceptación y la empatía trabajan de la mano para darnos la estructura, la actitud y un conjunto de habilidades para crear un mundo mejor. Nos proporcionan los pilares para una vida llena de respeto, afecto y apoyo mutuo.

Estamos conectados de una forma profunda. Lo que parecería dividirnos es, en realidad, lo que nos aproxima cuando reconocemos que los supuestos enemigos son de hecho nuestros mayores maestros. Al reaccionar a ellos, descubrimos las partes fragmentadas de nosotros mismos que precisan algo de ternura y atención. Nos enseñan que estamos todos conectados a través de nuestra necesidad de amor y aceptación. Todos tenemos la capacidad de desarrollar estas cualidades en nuestro interior e influir inevitablemente en quienes nos rodean. Esta es mi esperanza y mi llamamiento: que podamos intencionadamente, a partir de conocernos a nosotros mismos y de sanar nuestras emociones, elegir sacar lo mejor de nosotros mismos y el uno del otro.

Thich Nhat Hanh lo expresa a la perfección: «Estamos aquí para despertar de la ilusión de nuestra división». Si estás leyendo este capítulo, ya estás en ello.

---

141. Siegel, Dan, y Tina Payne Bryson Bryson, «How to Raise a Child Who Cares», Ideas. ted.com (16-5-2018), https://ideas.ted.com/how-to-raise-a-child-who-cares/.

Culpa y vergüenza

La culpa es el dolor de muelas del alma.

TOMMY COTTON

Nadie quiere la culpa. A ver, ¿quién elegiría sentirse culpable? Pero ¿y si te dijera que la culpa puede ser tu cómplice silencioso? Sí, me refiero a que puede ser un aliado. El sonido de la culpa es el toque de rebato de tu sabiduría interior para que recuperes el rumbo. La culpa es tu recordatorio interior, un mensaje de ti para ti indicándote que puedes estar ignorando tu brújula moral y actuando de un modo que no está en sintonía con tus valores fundamentales. Te da la oportunidad de reflexionar sobre tus acciones y realizar un cambio positivo.

En este capítulo pasaremos revista a la culpa y su prima, la vergüenza. Empezando con la culpa, exploraremos la mejor forma de decir que lo sientes y qué motiva que distintos tipos de personas se sientan culpables. Descubre dónde te sitúas tú. Entonces pasaremos a los tres tipos de culpa que pueden mantenernos estancados: la culpa no resuelta, la culpa del superviviente y la culpa por separación (y por deslealtad). ¿Alguien te hace sentir culpable? Verás algunas estrategias efectivas para tratar con la culpa. Y si crees que la culpa y la vergüenza son lo mismo, te llevarás una sorpresa. Veremos la diferencia entre estas dos emociones e introduciremos siete medidas para navegar por estas aguas turbias de modo que puedas llegar a salvo a buen puerto.

El lado positivo de la culpa

Abordar la culpa puede ser una de las formas más rápidas de aprender de tus errores y avanzar. Si has lastimado a alguien con tu comportamiento, la culpa tiene la capacidad de hacerte volver al buen camino. En pocas palabras: hiciste algo de lo que no te sientes orgulloso, tienes remordimientos y, en vez de culpar a los demás, quieres enmendarte. Consideras que es responsabilidad tuya (prescindes del juego de echarse la culpa) y está en tus manos gestionarlo.

Pongamos que oíste a varias personas cotillear sobre una amiga. En lugar de enfrentarte a ellas («Pero bueno, ¿qué pasa? Lo está haciendo lo mejor que puede»), *tú mismo* pusiste en circulación el rumor entre otro grupo de amistades como modo de acercarte más a ellas. Es una tendencia humana... Pero después, tus acciones te hacen sentir mal. En lugar de ignorar, racionalizar o esconder ese sentimiento, una parte de ti te está gritando que lastimar a otra persona, decir algo equivocado o no decir nada cuando podrías haber hablado a su favor es impropio de ti. No es lo que defiendes, y no es cómo quieres mostrarte al mundo. Eso es algo bueno: no sólo tu consciencia te está hablando, sino que tú estás oyendo el mensaje.

¿Qué puedes hacer? La solución es corregir el rumbo, y cuanto antes lo hagas, menos tiempo llevarás la culpa como un pesado collar alrededor de tu cuello. Notarás una sensación de alivio cuando repares el daño. Obtendrás puntos extra si te preguntas a ti mismo: «¿Qué lección me intenta enseñar esta situación?»

La mayoría de las personas te aconsejaría que te limitaras a decir que lo sientes. De niños nos lo enseñaron: «Di que lo sientes; discúlpate y ya está». Pero *cómo* lo haces importa. Para sacar el máximo provecho de una situación ya incómoda, decir que lo sientes te ayudará a pasar página y a cambiar las cosas para la otra persona sólo si eres sincero. Una de las formas más directas de hacerlo es ponerte realmente en su lugar. Imagina por un instante cómo se sintió y cómo el incidente puede haber minado su confianza y su claridad. Si fueras esa persona, ¿cómo te habrías sentido en esa situación? Con esta visión y empatía puedes estar seguro de que tu mensaje será auténtico y valioso. ¿Acaso no te das siempre cuenta de si una disculpa es real o si se trata tan sólo de palabras vacías?

La buena noticia es que nunca es demasiado tarde para decir que lo sientes. Aunque todos sentimos culpa de vez en cuando, las personas que sufren adicciones pueden sentirse culpables más veces. Tienen cierto nivel de experiencia en esta cuestión. Resulta que no uno sino dos de los pasos del Programa de doce pasos tienen que ver con reparar el daño:

1. Hice una lista de personas a quienes había hecho daño, y me dispuse a arreglar las cosas con todas ellas.
2. Reparé el daño directamente a esas personas cuando era posible, salvo cuando hacerlo las perjudicaría a ellas o a otras personas [142].

El impulso para reparar el daño puede presentarse años después de los incidentes que provocaron el sentimiento de culpa, y eso no importa. La cuestión es que adquieres conciencia de las personas a quienes has lastimado, y te preocupas por ellas. La gente suele estar tan absorta en sus cosas, tan cargada de problemas, que no se percata del todo de que ha hecho algo que ha lastimado a otra persona. De modo que todo empieza al ser consciente de que algo anda mal y tener la intención de hacer algo al respecto.

A partir de ese nuevo nivel de comprensión, puedes actuar para disculparte y lograr así que tus pensamientos y tu energía dejen de

---

142. «The Twelve Steps of Alcoholics Anonymous», Alcoholics Anonymous Great Britain, www.alcoholics-anonymous.org.uk/about-aa/the-12-steps-of-aa.

estar estancados en las cosas desafortunadas que hiciste. Ahora eres más juicioso.

Reparar el daño va un paso más allá de una disculpa verbal. Incluye asumir la responsabilidad de las consecuencias y esforzarse por intentar enmendar el entuerto. Esa acción podría consistir en pagar una vieja deuda o reparar algo que se rompió. En un caso extremo, si alguien fue culpable de un accidente automovilístico que causó una víctima mortal, esa persona podría decidir hacerse donante de órganos. Aunque no pueda devolver la vida que se perdió, puede potencialmente salvar otra.

Esta intención duradera funciona a dos niveles: En primer lugar, mediante la reflexión y la conciencia, haces aflorar tus sentimientos a la superficie. De este modo interrumpes tu enconamiento interior, y haces algo de lo que puedes sentirte orgulloso. En segundo lugar, contribuyes al proceso de sanación de la persona a la que has lastimado. Sanación multiplicada por dos.

Tanto si ofreces una disculpa como si actúas para reparar el daño, no puedes controlar cómo o si los demás aceptarán tu oferta… pero hazlo igualmente. Abordarlos con sinceridad, de corazón, es todo lo que puedes hacer, y saber que has hecho todo lo que has podido basta.

DESAFÍO DEL DIARIO

Describe en tu **diario** una vez en que te sentiste culpable. Si reparaste el daño entonces, ¿cómo te hizo sentir y cómo afectó a la relación? Si todavía no has reparado el daño, ¿estás dispuesto a hacerlo ahora? ¿Cuál sería tu primer paso?

¿Qué motiva que te sientas culpable?

¿Por qué surge la culpa? ¿Te has fijado alguna vez que, cuando te sientes culpable de un incidente, tu amigo puede haberlo visto de una forma totalmente distinta? La gente puede abordar la misma situación con actitudes y perspectivas muy diferentes. Esto nos conduce a algunas preguntas más profundas: ¿Qué motiva que nos portemos del modo en que lo hacemos? ¿Y cómo racionalizamos nuestra conducta? Nuestra *motivación* y cómo la justificamos tiene mucho que ver con el hecho de que nos sintamos culpables o no en una situación dada. Lo que hace que una persona se sienta culpable ni siquiera afecta a otra.

El psicólogo Lawrence Kohlberg [143] abordó esta cuestión realizando un experimento científico que ideó. Se preguntó a los participantes cómo reaccionarían ante una situación compleja. Piensa cómo responderías tú al siguiente dilema:

Sam está fuera de sí porque su mujer tiene mucha fiebre y parece ser que podría morir. Va corriendo a ver al médico de su pequeño municipio, quien le sugiere una medicina especial que ha creado un farmacéutico. Por lo visto, aunque al farmacéutico le costó doscientos dólares crearla, el precio de venta del medicamento es de dos mil dólares. Sam no dispone ni mucho menos de esa cantidad de dinero. Le suplica al farmacéutico que acepte el dinero del que dispone y le propone saldar la deuda según un calendario de pagos. El farmacéutico no puede hacerlo, ya que entonces tendría que hacer excepciones con todo el mundo. Desesperado, Sam consigue la mitad del dinero gracias a sus vecinos, pero todavía no es suficiente y el tiempo se acaba. Esa noche decide que conseguirá la medicina de su mujer sea como sea. Hace algo que nunca había hecho: entra ilegalmente en la farmacia cuando está cerrada y roba

143. «Lawrence Kohlberg: Stage Based Moral Development», Domain Based Moral Education Lab, www.moraledk12.org/lawrence-kohlberg.

la medicina, que revierte la situación de su mujer y le devuelve la salud.

La mayoría de la gente podría hacer lo mismo, pero según Kohlberg, que preguntó a miles de personas en su estudio no lo que Sam tendría que haber hecho sino «¿Qué *motivó* a Sam a hacer lo que hizo?», los participantes en el estudio científico dieron seis razones principales para justificar la acción de Sam. Estas razones fueron clasificadas en tres categorías (relacionadas a continuación), que básicamente explican por qué la gente hace lo que hace.

Cuando leas las siguientes razones, pregúntate con cuáles de ellas te identificas más.

1. Obediencia: Lo que hacemos se basa en miedos y deseos *personales*, normalmente para evitar ser castigado o para obtener recompensas.

Este nivel de motivación gira alrededor de lo que *tú* decides hacer más que en las normas que impone la sociedad. Para Sam era personalmente importante conseguir la medicina para su mujer. No quería robar; no estaba en su naturaleza. Aunque seguramente se sintió culpable e hizo todo lo que pudo por encontrar otra forma, se vio abocado a una situación en la que tenía que adoptar una postura. Además, había ofrecido pagar los doscientos dólares, que era el coste real de la medicina, y el farmacéutico lo había rechazado. Aunque seguramente el farmacéutico llamaría a la policía (castigo), Sam tenía que actuar para salvar a su mujer.

¿Te has sentido alguna vez culpable porque decidiste asumir algo que normalmente ni siquiera te plantearías? ¿Y si tu jefe te pidiera que hicieras algo poco ético?[144] Si tuvieras un conflicto interior, ¿harías lo que tu jefe te pidiera (si no, podría despedirte) a pesar de que, en el fondo, hubiera algo que te escamara? O si fuera

---

144. Lomas, *El poder positivo de las emociones negativas*.

un patrón repetitivo que te hace perder el sueño y sentirte estresado, ¿te regirías por tus valores y te negarías? Cualquiera que haya estado en esta situación ha conocido este tipo de culpa.

Recompensas: Otras personas están motivadas para hacer algo porque quieren disfrutar de los beneficios y las recompensas, y punto. Estarás de acuerdo en que si la motivación de Sam hubiera sido el incentivo de disfrutar más años con su mujer, eso sería una razón suficiente para hacer lo que hizo. Pero hacer algo por tu propio interés puede ser también complejo. ¿Y si exageras tus habilidades en una entrevista de trabajo o te comes los mejores bombones de una caja nueva? ¿Sientes después arrepentimiento o puedes justificar tu decisión y sentirte bien al respecto? Cada circunstancia es distinta, pero una de las mejores cosas que puede enseñarte la culpa es preguntarte a ti mismo.

Al revisar la motivación y el hecho de hacer lo que *tú* deseas, hay que aclarar que cuidarse a *uno mismo* no tiene nada de egoísta. En realidad, es lo contrario. Cuidar de tu energía, ya sea física, mental, emocional o espiritual es una de las cosas más responsables que puedes hacer. Al cargar pilas tienes más que compartir con los demás. Cuando te sientes menos agotado, pasas a ser también más productivo. ¡*No* te sientas culpable por incluir en tu agenda algo de tiempo para ti! Tanto si es un paseo como una carrera, una clase de yoga o una siesta reconstituyente, tanto si programas tiempo para leer un libro como para meditar o simplemente no hacer nada, tienes que dedicar algo de tiempo a relajarte. Sólo quince minutos intencionados al día pueden cambiar mucho las cosas. Resérvate este tiempo libre de culpa: te refrescará, renovará tu energía y te dará un valioso espacio para respirar. Pista: Si no lo incluyes en tu agenda, será lo primero que sacrifiques. Respeta este tiempo revitalizador como harías con una visita al médico. Piensa en ello como en medicina preventiva para el alma.

2. La segunda categoría de motivación está incentivada por lo que los *demás* piensan o hacen. Hay personas que valoran mucho la aprobación social y algunas que se sienten muy cómodas cuando cumplen las normas de la sociedad.

Conformidad: Digamos que Sam no sólo sabía que quería ayudar a su mujer a que se curara, también sabía que si no robaba ese fármaco, los progenitores y la familia de su esposa nunca le permitirían olvidarlo… jamás. Si has estado en una situación en la que sentiste una enorme presión social para seguir un camino determinado, aunque no fuera tu primera opción, estarás familiarizado con este tipo de culpa. La presión social existe. El pensamiento de grupo es muy persuasivo. Ceder a él puede parecer a veces el camino que ofrece menos resistencia, y debido a ello, la mejor opción.

Cumplimiento de la ley: Por otro lado, hay quienes interpretan la ley al pie de la letra y que condenarían a Sam por saltársela. El farmacéutico se situaría en esta categoría. Él cree que si tuviera que hacer una excepción cada vez que le cuentan una historia lacrimógena, su negocio se iría a pique. Está totalmente convencido de que las normas existen por una razón: para que la sociedad funcione.

La presión que ejercen familiares, amigos o compañeros (presión de grupo) existe. Si se usa para animar a las personas a trabajar en equipo o, por ejemplo, para reclutar a algunos amigos para llevar comida a alguien que se recupera de una enfermedad, es algo estupendo. Ahora bien, si alguien te hace sentir culpable para hacerte vivir de acuerdo con sus valores (como cuándo y con quién debes casarte) o para imponerte otras «normas» arcaicas que no están en sintonía con tus valores, ten criterio. Ya sabes lo que se dice: «No dejes que nadie te imponga nada».

Otro aspecto negativo de la presión de grupo es cuando se convierte en acoso. Pongamos que se señala a alguien de tu colegio o lugar de trabajo por algo que tú sabes que no ha hecho: ¿Te diría tu culpa que intervengas y digas algo? ¿O tu preocupación por ser el siguiente a estar en la picota te impediría hacer lo que crees que es lo correcto? ¿Y si ves que alguien hace algo poco ético en tu trabajo? ¿Darías la voz de alarma e informarías de la injusticia, o cubrirías las espaldas a tu compañero y mirarías para otro lado? ¿Te decantarías por la justicia o te decantarías por la lealtad?

Cada situación es diferente, pero se trata de preguntas interesantes. Cuando da la impresión de ser una situación en la que nadie gana y opinas que el mejor camino en esa situación concreta es hacer algo a pesar tuyo, recuerda ser compasivo contigo mismo. Y eso no es fácil. Lo estás haciendo lo mejor que puedes para encontrar una respuesta. La pregunta principal es qué puedes aprender de la situación y cómo, en el futuro, este conocimiento puede dar forma a tu vida. Si se lo permites, a medida que avances, tu culpa puede orientarte a actuar de un modo que esté en sintonía con tus valores.

3. La tercera categoría de motivación tiene un imperativo moral.
Algunas personas están motivadas por una llamada superior:
propugnan contribuir a crear un sistema que respete los derechos
individuales, o que siga los principios universales largamente
probados como la amabilidad o lo sagrado de la vida.

Derechos humanos: Si Sam estuviera motivado por esta categoría, pensaría que de ningún modo va a dejar morir a su mujer sólo porque las farmacéuticas y la ley defiendan unos beneficios tan enormes. Eso está rotundamente mal; ¡todos los días la gente necesita y se merece una atención mejor! Y, además, su mujer tiene derecho a vivir. Lo haría por ella.

Ética universal: Tenemos también el precepto universal de que toda vida debería considerarse sagrada, por lo que las leyes de la sociedad no son la instancia suprema en este tipo de situaciones.

Al leer todo esto, ¿crees que estás generalmente motivado por deseos personales, constructos sociales o valores universales? Aunque todas estas motivaciones tienen su momento y su lugar, hay ocasiones en las que puedes cambiar de categoría. Si te has sentido culpable por mirar sólo por tus propios intereses y haces algo para reparar el daño ocasionado, puede que te acabes abriendo a acciones que podrías hacer para que las cosas les vayan mejor a los demás. Si has experimentado culpa por acoso social, tal vez te sientas motivado a adoptar la postura de proteger a los demás de ese mismo tipo de cosas. La culpa es una maestra extraordinaria. Cuando integramos las lecciones de esta emoción, estamos más en sintonía no sólo con lo que nos funciona a nosotros sino también con lo que es mejor para el bien común.

Cómo la culpa puede mantenernos estancados

Hay dos clases de culpa: la que te ahoga hasta que no sirves para nada, y la que incita a tu alma a realizar tu propósito.

SABAA TAHIR

La culpa apela a nuestra consciencia y nos ayuda a mejorar las relaciones personales, pero si no se aborda, puede aumentar hasta el punto de mantenernos estancados en un lugar malsano. Veamos los tres tipos de culpa que hay que tener en cuenta en las relaciones: la culpa no resuelta, la culpa del superviviente y la culpa por separación (o deslealtad). Experimentamos estas formas de culpa *en nuestro interior* pues no proceden de una fuente externa. Cada una de ellas tiene su propio recorrido y sus propios desafíos, pero si somos conscientes de ellas, cada una puede también acercarnos más a la mejor versión de nosotros mismos.

La **culpa no resuelta** es la que persiste como unas décimas de fiebre, siempre bajo la superficie. Te hace sentir siempre agobiado y ocupa espacio en tus pensamientos. Piensa en ella como en un bien inmueble que, de otro modo, podría utilizarse para la creatividad, la alegría y la realización. Puedes sentirte debilitado y no saber siquiera por qué. Una salida consiste en afrontar de frente la situación y esforzarte al máximo por disculparte y reparar el daño. Si la culpa no resuelta se ignora o se reprime, incluso si no se aborda, las dos personas implicadas lo saben y eso genera tensión en el ambiente. Al final, afecta al modo en que nos comportamos con una persona concreta y, en algunos casos, provoca incluso que amigos o familiares tomen partido. Un intento sincero de disculparte y mejorar la comunicación obra maravillas para contribuir a resolver la situación. Pero si la persona está más polarizada, plantéate pedir a alguien neutral que actúe como mediador. Cuando sabes que has hecho todo lo que has podido, ha llegado el momento de recuperar tu vida. Date permiso para pasar página.

El segundo tipo de culpa, la **culpa del superviviente**, es lo que sentimos cuando hemos sobrevivido cuando alguien cercano a nosotros ha perecido. Cuando unos progenitores pierden a su hijo en un accidente de coche («Tendría que haber sido yo»), cuando una persona conserva su empleo mientras que todo el departamento se va al paro («Yo estoy soltero; podría encontrar otra cosa, pero ellos tienen familias de las que ocuparse»), cuando una universitaria estudia en Estados Unidos mientras bombardean su país y mueren miembros de su familia («¿Cómo puedo perseguir mis sueños egoístas cuando mi familia se enfrenta a la muerte?»), cuando un hermano está sano y el otro tiene una discapacidad grave («¿Cómo puedo yo vivir así y él estar postrado en una silla de ruedas para siempre?»). Quienes salen indemnes pueden sentirse extraordinariamente culpables. No es algo de lo que tengas el control. Como observa Guy Winch en su libro *Emotional First Aid*: «Lo que hace que la culpa del superviviente sea especialmente difícil de expiar es que no hay acciones que se tengan que enmendar, ni rupturas de relaciones que arreglar, ni disculpas pendientes que dar».

Algo que puede ayudar es preguntar quién es realmente responsable. Si hubo disturbios sociales, un desastre natural o una enfermedad debilitante, es importante recordar que aunque desees que el resultado hubiera sido otro, tú no eres responsable de lo que pasó. Una perspectiva que me ha ayudado es que, aunque a menudo no podemos entender todas sus razones, la vida tiene su propio plan maestro. La verdad inevitable es que todos vamos a morir. Pero aquí y ahora, estamos aquí por una razón.

Date espacio para afligirte, y si aparecen síntomas de TEPT (sobresaltarse fácilmente, estar alerta, con los nervios de punta y sentirse aislado)[145] [146], obtén ayuda profesional. Intenta recordar que no estás solo, aunque sientas que lo estás.

Es difícil entenderlo, en especial cuando nuestros seres queridos han sufrido lesiones graves o han muerto. El desafío es abandonar con el tiempo ese lugar de tristeza personal para abrir tu perspectiva de modo que incluya a los demás y finalmente usar tu energía para hacer algo por otra persona.

Una de las mejores formas de superar el dolor y de lidiar con la culpa es vivir la vida al máximo *en honor* de la persona a la que has sobrevivido. Tras el tiroteo masivo en la Escuela Primaria de Sandy Hook, algunos miembros de las familias que se enfrentaron a pérdidas irreparables transformaron su dolor en acción y crearon Sandy Hook Promise, una organización nacional sin ánimo de lucro dedicada a concienciar a la gente sobre el peligro de las armas de fuego. «Nuestro propósito es honrar a todas las víctimas de violencia armada convirtiendo nuestra tragedia en un momento de transformación proporcionando programas y prácticas que protejan a los niños… e impidan la pérdida trágica y sin sentido de vidas.[147]» Nadie sueña con tener que

---

145. «Lawrence Kohlberg: Stage Based Moral Development», Domain Based Moral Education Lab, www.moraledk12.org/lawrence-kohlberg.

146. «Post-traumatic Stress Disorder», NIH National Institutes of Mental Health, www.nimh.nih.gov/health/publications/post-traumatic-stress-disorder-ptsd/index.shtml.

147. «Sandy Hook Promise», Sandy Hook Promise, https://www.sandyhookpromise.org/.

asumir algo semejante. Estoy segura de que los progenitores que perdieron a sus hijos habrían preferido seguir teniéndolos a su lado, en lugar de verse constreñidos por el propósito vehemente de generar un cambio positivo. Pero trabajar para ayudar a los demás en honor de un ser querido contribuye a entender la tragedia. Al ayudar a los demás, a menudo nos sanamos a nosotros mismos.

La tercera categoría de culpa incluye la **culpa por separación** y la **culpa por deslealtad**, que están estrechamente relacionadas. La culpa por separación aparece cuando te sientes culpable de dejar atrás a los demás al avanzar en tu vida. ¿Deberías aceptar el nuevo empleo si conlleva estar más alejado de tus progenitores? ¿Deberías asistir a una conferencia si tus hijos tienen la gripe? La culpa por deslealtad surge cuando vivir tu auténtica vida amenaza los valores o las expectativas de tus familiares o de otros miembros de tu comunidad. Si tu orientación sexual o de género no está en sintonía con lo que tu familia espera, podrías sentirte culpable incluso de sacar el tema a colación. Si eres artista de vocación y tu familia espera que seas médico, puede resultar extenuante pensar siquiera en la decepción que se llevará.

Aunque se necesita valor para mantener estas difíciles conversaciones, si tus seres queridos desean realmente que seas feliz y pueden temer menos lo que personas ajenas a vosotros piensen de su posición en la sociedad, vale siempre la pena arriesgarse a ser auténtico. Igual que tú quieres lo mejor para ellos, puede que los demás estén a la altura de las circunstancias y quieran lo mejor para ti. La culpa puede ser un portal a una conexión más profunda.

Si, sin embargo, aceptar otra perspectiva supera la capacidad de tu familia en este momento, podrías manifestar educadamente que ciertos temas no deben abordarse en la mesa: no están sujetos a discusión, y puedes decidir no enredarte si las emociones se intensifican. Date cuenta de que has hecho lo que puedes para plantar la semilla de cara a conversaciones futuras, si existe interés. Pero, mientras tanto, si la dinámica se vuelve cada vez más unilateral, podrías decidir limitar el tiempo que interaccionas con ellos. Ante todo, te lo debes a ti mismo, a tu propio futuro y a aquéllos cuyas vidas afectarás al ser fiel a tu yo esencial y escuchar tu voz interior.

Alerta ante quien te hace sentir culpable

En comparación con los tres tipos de culpa que puedes experimentar, que te hagan sentir culpable te viene impuesto por otras personas, por fuentes externas. ¿Has notado alguna vez que alguien intentaba «usar» la culpa en tu contra sólo para obtener lo que quería? Si has escapado a esta dinámica humana, ¡eres una de las pocas personas que lo ha conseguido! A veces lo vemos venir, pero con quienes son expertos en hacerte sentir culpable puede ser algo sutil y ladino, y más difícil de detectar. Cuando una relación está cada vez más impregnada de sentimientos de culpa, o si te están manipulando para que actúes de una forma que no te permite crecer, ha llegado el momento de profundizar. A continuación encontrarás unas cuantas señales de alarma que te indican que te están haciendo sentir culpable.

¿Has observado que esta persona hace que sientas que, por más que te esfuerces por complacerla, nunca lo consigues? Puede que también te compare con los demás, con el mensaje implícito de que nunca eres lo bastante bueno. ¿Te está coaccionando para que aceptes ciertas condiciones porque «si yo te importara de verdad, harías…»? ¿O crees que no puedes decir que no porque la otra persona te lo reprocharía, indignada, o se vendría abajo, llena de tristeza? ¿Encarna a la víctima enojada o al mártir desinteresado que ha hecho mucho por ti? Por último, ¿son tus necesidades de independencia, individualidad y alegría percibidas como menos importantes en la relación, y crees que tienes que comprometer tu verdadera expresión para mantener el *statu quo*?[148] ¡Alerta ante quien te hace sentir culpable!

---

148. Janey Davies, «What Is a Guilt Trip and How to Recognize If Someone Is Using It on You», Learning Mind (3-6-2017), www.learning-mind.com/guilt-trip.

Si este es el caso, piensa que esta relación se basa en la manipulación, no en un afecto verdadero. Sé consciente de tus desencadenantes.

DESAFÍO DEL DIARIO

Escribe en tu **diario** «Me siento culpable cuando...» y establece ciertos límites que te impidan estar en esa situación o que te ayuden a superarla. Ha llegado el momento de ver la relación tal como es, no como te gustaría que fuera.

No dejes que nadie te debilite subrepticiamente para que satisfagas sus necesidades no resueltas. Ha llegado el momento de reconocer la dinámica subyacente y adoptar la actitud de crecer para ser la mejor versión de ti mismo. No dejes que te acosen psicológicamente. En palabras de Eleanor Roosevelt: «Nadie puede hacerte sentir inferior sin tu consentimiento».

La diferencia entre culpa y vergüenza

Mientras que la culpa te recuerda que has cometido un error, la vergüenza te dice claramente que tú *eres* el error. La culpa tiene que ver con algo que hiciste que no se correspondía con tu código moral y te hizo sentir incómodo. Te empuja a tomar el control y a cambiar tu conducta. Conduce a reparar el agravio, sanar heridas pasadas y construir mejores relaciones.

La vergüenza, en cambio, es la sensación de que algo anda mal en tu interior. Una persona que experimenta una profunda vergüenza cree que la esencia misma de su ser es defectuosa. La profesora de psicología June Tangney, en su estudio con 550 alumnos de quinto curso (entre diez y once años), a los que se hizo un seguimiento en octavo curso (entre catorce y quince años) y, de nuevo, a los dieciocho años, descubrió que experimentar vergüenza a temprana edad hace que la vida sea mucho más difícil después. Su investigación, que exploraba los distintos efectos de la culpa y la vergüenza, reveló que era menos probable que los alumnos que eran más propensos a los sentimientos de culpa se automedicaran con fármacos y consumieran alcohol, y más probable que practicaran sexo seguro. En el caso de quienes tenían tendencia a sentir vergüenza, era lo contrario: era más probable que bebieran a una edad más temprana y que practicaran sexo inseguro, y menos probable que solicitaran plaza en una universidad. A medida que la vergüenza crecía, su esperanza de un futuro positivo se desvanecía. Tangney afirmó además: «Cuando una persona siente vergüenza, se concentra en el yo; a menudo se siente impotente, inútil o expuesta. Cuando una persona se siente culpable, tiene tendencia a concentrarse en la conducta. La culpa es más proactiva.[149]» También tiene relación con la empatía hacia los demás y con actuar para corregir los errores, en que la vergüenza recurre a la ira, a culparse a uno mismo y al aislamiento.

Brené Brown lo expresa a la perfección: «La vergüenza necesita tres cosas para crecer de manera exponencial en nuestra vida: secreto, silencio y crítica». La vergüenza provoca que la gente se sienta separada de los demás y que a menudo le resulte demasiado embarazoso pedir ayuda.

En un mundo en el que se supone que tenemos que ser «felices», la vergüenza no es un tema del que demasiada gente quiera pasar tiempo hablando. Es una emoción solapada, a menudo difícil de detectar y que tendemos a ocultar incluso a nosotros mismos. Según Thomas Scheff, profesor emérito de Sociología en la Universidad de

---

149. Holloway, J. Daw, «Guilt Can Do Good», *Monitor on Psychology*, https://www.apa.org/monitor/nov05/guilt.

California en Santa Bárbara: «En la modernidad, la vergüenza es la emoción más bloqueada y escondida, y por lo tanto, la más destructiva. Las emociones son como la respiración: sólo causan problemas cuando se bloquea. [150]»

La vergüenza genera adicciones, trastornos de la alimentación y otros intentos de controlar, desviar los sentimientos negativos o volverse insensibles a ellos. En cambio, la culpa conduce a adicciones sanadoras, a actuar para rectificar el pasado y a encontrar soluciones para el presente y para el futuro. Mientras que la vergüenza aumenta la sensación de falta de control sobre lo que pasará, la culpa fomenta la esperanza de que «puedo mejorarlo».

CULPA	VERGÜENZA
Cometí un error	Yo soy un error
Reconozco que mi conducta estuvo mal	Los demás ven mis defectos fundamentales
Siento remordimientos por mis acciones	Siento amargura y culpo a los demás
Pido ayuda a los demás	Esto es asunto mío
Busco soluciones	Me automedico para sobrellevarlo

Esto sugiere que cuando queremos ayudar a alguien que nos importa a hacerlo mejor, es más útil concentrarnos en la *conducta* que tiene que cambiar en lugar de hacer que esa persona se sienta mal consigo misma («La próxima vez, saca a pasear al perro en cuanto llegues a casa» frente a «No se te dan bien las mascotas; no puedo confiarte el cuidado de nada»). Puede ser una distinción manifiesta o sutil, pero es poderosa.

150. Andrea Estrada, «You Should Be Ashamed—or Maybe Not», The Current, UC Santa Barbara (7-3-2014), www.news.ucsb.edu/2014/014006/you-should-be-ashamed-%E2%80%94-or-maybe-not.

Medidas para la culpa y la vergüenza

A continuación encontrarás siete estrategias para abordar la culpa y la vergüenza, que te ayudarán a liberarte de los grilletes de las viejas creencias que te hacen sentir inferior a quien eres en realidad. Cada una de ellas adopta un enfoque distinto para ayudarte a superarlas. Encuentra una o dos que te gusten, o pruébalas todas.

1. Discúlpate bien

Aunque sea con la mejor intención, a veces una disculpa no es bien recibida. Aunque no puedes controlar la reacción de la otra persona, sabes que has hecho todo lo posible para abordarlo de la forma más completa que puedes. A continuación encontrarás cinco pasos para ayudarte a cubrir todos los aspectos:

- No interrumpas. Deja que explique lo que pasó desde su punto de vista para poder verlo con sus ojos.
- Hazle saber que comprendes su punto de vista (tanto si coincides con él como si no). Comunica: «Veo cómo te hizo sentir…, y comprendo por qué». Estás validando sus emociones.
- Expresa remordimientos por el dolor que sintió.
- Ofrece una forma de compensar o expiar tus acciones; eso muestra que quieres asumir toda la responsabilidad y hacer algo al respecto. Puede que rechace tu ofrecimiento, pero apreciará la oferta.
- Manifiesta que comprendes que tus acciones vulneraron las expectativas y detalla los pasos que estás dando para impedir que eso se repita en el futuro. Eso ayudará a reconstruir la confianza [151].

---

151. Guy Winch, *Emotional First Aid: Healing Rejection, Guilt, Failure, and Other Everyday Hurts,* (Penguin, New York, 2014) pp. 123-28.

2. Fíjate en tus pensamientos

Algo que hay que recordar es que tú no eres tus pensamientos. Los pensamientos y los sentimientos vienen y van; no definen tu yo esencial. Cuando conoces tus desencadenantes, puedes observarlos más fácilmente en lugar de limitarte a reaccionar. La meditación mindfulness[152] es otra forma poderosa de ayudarte a regular tus emociones, aliviar el estrés y distanciarte de tus pensamientos en lugar de dejarte arrastrar por ellos. Imagina que estás observando tus pensamientos; cuando identificas lo que estás sintiendo, te das cuenta de que tú no eres lo que te está pasando por la cabeza.

3. Reconoce tus sentimientos

Para superar estas emociones, hay que sacarlas a la luz compartiéndolas. Elige a alguien en quien confíes, alguien que tenga empatía y que sepa que nadie es perfecto y que lo estás haciendo lo mejor que puedes. Juntos, en una conversación, puedes liberar tus sentimientos del halo de secreto, probar una nueva perspectiva y explorar formas prácticas de avanzar. Sé sincero con lo que dices. Expresa lo que ha sido incómodo decir para alcanzar la libertad que quieres. Lo más valiente que puedes hacer es ser honesto y sincero... contigo mismo.

> Cuando escondemos la historia, somos para siempre el tema de la historia. Si somos dueños de la historia, podemos narrar el final.
>
> BRENÉ BROWN

---

152. Jon Kabat Zinn, «The Science of Mindfulness», *Greater Good Magazine* (mayo 2010), https://greatergood.berkeley.edu/video/item/the_science_of_mindfulness.

4. Convierte los desencadenantes de la culpa y la vergüenza en tus aliados

DESAFÍO DEL DIARIO

Identifica en tu **diario** una cosa que te haga sentir culpable. Puede ser un pensamiento evidente o puede ser uno que se esconde en un rincón de tu mente. Elabora después un plan para reparar el daño. Tú y la persona con la que conectas os sentiréis mejor. Y si no puede aceptarlo, sabrás que has intentado sinceramente enmendar la situación y has plantado una semilla. Siéntete orgulloso de ti mismo por ello.

En cuanto a la vergüenza, aunque no nos guste admitirlo, todos tenemos desencadenantes. En general, tiene que ver con no estar a la altura de una imagen de cómo «tendría que» ser. «Tendrías que ser siempre fuerte, tendrías que hacerlo siempre bien, y tendrías que hacer siempre que parezca fácil...» ¡NO! Estos mitos no reflejan la vida real y hacen que todos nos sintamos ineptos y desempoderados. Cualquiera que haya sentido que «no es lo bastante bueno» ha tenido sus escarceos con la vergüenza.

Si alguna vez te has flagelado a ti mismo porque te costó terminar un proyecto, sabrás también que la culpa o la vergüenza no andan demasiado lejos. Es como un ciclo que te mantiene estancado. Procrastinas, culpabilizas a alguien o te culpas a ti mismo, y se vuelve más difícil ponerte siquiera en marcha. Pero tienes algunas opciones. Plantéate dividir el objetivo en partes y celebra la finalización de cualquiera de las mismas. Decide darte una oportunidad. En lugar de dejarte llevar por el hábito mental de culparte a ti mismo, planea algunas tareas terriblemente sencillas para recuperar tu confianza. Puedes dar la vuelta a la culpa o la vergüenza y ver cómo progresas, pero empieza por algo sencillo. Cuanto más consciente eres de lo que provoca tus sentimientos de vergüenza, más fácil es contrarrestarlos.

DESAFÍO DEL DIARIO

Examina las cosas que te generan vergüenza y anótalas en tu **diario**. Escribe algo sencillo que puedes hacer para dar un paso adelante.

---

5. Desafía tus creencias

Reflexiona sobre algunas de las creencias subyacentes que te impulsan. Identifica una suposición o un relato en tu mente que te refrene. Byron Katie, en «El Trabajo», ha creado una forma genial de superar las creencias limitadoras. En resumen, te desafía a responder cuatro preguntas:

- ¿Es eso verdad?
- ¿Tienes la absoluta certeza de que eso es verdad?
- ¿Cómo reaccionas cuando tienes ese pensamiento?
- ¿Quién serías sin ese pensamiento?

Plantéate estas preguntas y ahonda más en los detalles para comprender cómo influyen tus pensamientos en tus sentimientos sobre ti mismo y sobre la vida en general[153]. Se trata de una forma

---

153. Byron Katie, «Do the Work», The Work, http://thework.com/en/do-work. Byron Katie, Stephen Mitchell, *Amar lo que es – Cuatro preguntas que pueden cambiar tu vida*, Urano, Madrid, 2002.

poderosa de examinar la historia que te cuentas a ti mismo, exponer qué partes de ella te están refrenando literalmente, y elegir otra perspectiva para impulsarte adelante.

6. Haz intervenir al aliado interior

Cuando hay culpa o vergüenza, tu crítico interior intentará llevar la batuta. Recuérdate a ti mismo que todos cometemos errores, todos tenemos debilidades. No eres el único (aunque te parezca que lo eres) que pasa por un momento doloroso; todos tenemos que enfrentarnos a nuestra propia versión de ello. La investigadora Jessica Van Vliet escribe: «Empezamos a darnos cuenta de que no somos sólo nosotros. Otras personas hacen cosas que son igual de malas o incluso peores a veces, de modo que no somos las peores personas del mundo. Empezamos a decirnos a nosotros mismos "Esto es humano; yo soy humana; los demás son humanos".[154]»

Es normal sentir lo que sientes. Criticarnos a nosotros mismos, aunque solamos recurrir a ello por defecto, nos mantiene estancados. Recuerda que nuestras acciones están limitadas por nuestra conciencia en aquel momento. Todos aprendemos a medida que avanzamos. Nadie nació sabiendo navegar por todas las situaciones. La vida es nuestra maestra.

Anteriormente mencioné la técnica de hablarte a ti mismo como hablarías a un buen amigo o a un niño pequeño. ¿Qué dirías a tu yo de cinco años para ayudarlo a superar las dificultades? En lugar de regañarlo inconscientemente, intentarías tranquilizarlo intencionadamente. Hazlo ahora. Cierra los ojos y rodéate con los brazos como si te dieras un abrazo. Di tu nombre como si te hablaras a ti mismo.

---

154. David Sack, «5 Ways to Silence Shame», *Psychology Today*, https://www.psychologytoday.com/us/blog/where-science-meets-the-steps/201501/5-ways-silence-shame.

«Esta situación ha sido dura; parecía terrible. Pero pasará, y pronto volverás la vista atrás y verás que te ha hecho más fuerte. Lo superarás, cariño, siempre lo haces...»

Elige también una muletilla que puedas decirte a ti mismo cada vez que notas que tu voz crítica/ego negativo están asomando la cabeza. Podría ser «perfectamente imperfecto», «la vida es un conjunto de lecciones», «ya es tuyo» o cualquier otra que te guste. Considéralo parte de tu caja de herramientas cuando el crítico interior empieza a actuar. Aunque no lo creas del todo aún, te estás encargando de redirigir tus pensamientos hacia un lugar más acogedor. Cuanto más practiques ser compasivo contigo mismo, más fácil te será recurrir a esta forma tan efectiva de avanzar. Como el doctor Jeffrey Schwartz lo describe: «Esto significa que si repites el mismo acto una y otra vez, con independencia de si esa acción tiene un impacto positivo o negativo sobre ti, haces que los circuitos cerebrales relacionados con ese acto sean más fuertes y más poderosos... lo que significa que será mucho más probable que el cerebro repita esa conducta o hábito automáticamente cuando surja una situación parecida. [155]» Cuando practicas ser compasivo contigo mismo, estás utilizando esta dinámica para diseñar la mejor versión de ti mismo.

7. Conecta

Recurrir a los demás no es señal de debilidad. Al contrario, es señal de muchísimo valor: el valor de reconocer sentirse vulnerable, defectuoso, imperfecto. Hay que ser fuerte para admitir: «Bueno, soy humano, y me iría bien que alguien me escuchara, me echara una mano o simplemente me abrazara ahora mismo». La mayoría de la gente

---

155. Jeffrey M. Schwartz and Rebecca Gladding, *You Are Not Your Brain: The 4-step Solution for Changing Bad Habits, Ending Unhealthy Thinking, and Taking Control of Your Life*, Penguin Group, Nueva York, 2012.

trata de fingir que puede apañárselas sola. Brené Brown explica: «Lo duro de lo que nos mantiene desconectados es nuestro miedo a no merecer estar conectados».

Lo curioso es que, en lugar de alejar a los demás, nos acerca más. Estamos hechos para conectar. En el fondo de nuestro corazón, todos queremos lo mejor para los demás. Todo lo demás está motivado por las defensas generadas por el dolor.

Al recurrir a las personas importantes de nuestra vida, o a una fe en algo superior, sembramos las semillas para amarnos a nosotros mismos, lo que nos lleva a confiar en nosotros mismos, a empoderarnos y a reivindicar quiénes somos realmente. Además, aceptarnos en todas nuestras expresiones nos permite aceptar a los demás, lo que contribuye, de un modo fundamental, a crear una sociedad centrada en la tolerancia, la empatía y el amor.

Medida: Queda hoy a una hora en concreto con alguien con quien puedas hablar. Acudir a un profesional médico no es señal de debilidad; es una señal proactiva de fortaleza. Estas emociones pueden hacerte sentir aislado y el antídoto para ello es expresar tus sentimientos y explorar intencionadamente formas mejores de abordarlos con alguien en quien confías. Mantente abierto a actualizar cómo te ves a ti mismo. A veces un cambio puede abrirte a nuevas y sorprendentes percepciones que abren la puerta a un cambio positivo. Toma el móvil; envía un mensaje. Haz una acción concreta en esa dirección.

En resumen: que hayas sentido culpa no te condena a ser culpable. Que hayas sentido vergüenza no significa que seas vergonzoso. La culpa nos enseña a volver a estar en sintonía con nuestros valores. La vergüenza nos orienta para que seamos conscientes de las heridas ocultas de modo que podamos hacerlas aflorar a la superficie y sanarlas. En el fondo, la energía de estas dos emociones, cuando se aborda, puede redirigirse hacia una nueva sensación de libertad, poder y posibilidad. Deja que te lleven a lo que está a la espera de surgir.

Amor

El amor es el secreto del universo. Reside en la energía de un latido, la majestuosidad de las montañas, la gota más pequeña del rocío hasta la inmensidad de las galaxias[156].

RANDY TARAN

El amor es una energía que nos conecta a unos con otros, con los animales, con la naturaleza, con lo desconocido. Anhela habitar nuestra verdadera naturaleza, la esencia espiritual que trasciende el tiempo y el espacio, la parte de nosotros que no conoce límites, que es ilimitada y está profundamente en paz. Es nuestra verdadera naturaleza, más allá de las capas de personalidad, ego o males del mundo. Es la esencia tranquila que prevalece a través de los buenos momentos, los malos momentos e incluso las vidas. Es a lo que accedemos en la meditación, la contemplación y los momentos trascendentes. Como es arriba es abajo, todos poseemos ya esta energía en cada célula, del mismo modo que impregna toda la creación. Es la fuerza que une el universo.

En un sentido más pragmático, el amor es una fuerza «que une a la humanidad: desde el vínculo primigenio entre madre e hijo hasta la amistad, el amor romántico, el amor a la gente o el amor a

---

156. Randy Taran, «Alphabet of Happiness: "L"», *The Huffington Post* (23-1-2014), www.huffingtonpost.com/randy-taran/happiness-tips_b_4216428.html.

algo superior. [157]» Lo notamos en la mirada de un ser querido y en la unión de dos almas. «Nacemos del amor, al amor y dejamos este mundo dirigiéndonos hacia un reencuentro con el amor.» Todos queremos amar y ser amados, pero en un sentido espiritual ya somos amados, y la razón principal por la que estamos aquí es amar. ¿Podemos comprender eso? ¿Y si pudiera ser realmente así de sencillo?

La esencia del amor aviva nuestra mejor naturaleza; el amor activa lo mejor de nuestro interior y nos inspira a compartirlo con los demás. ¿Recuerdas un momento en que tuvieras el corazón tan satisfecho que querías que todo el mundo sintiera lo mismo? ¿O un momento en que sentiste una comunión profunda con una persona? El amor nos conecta de una forma profunda y nos dirige hacia la bondad, la comprensión, el perdón y la trascendencia. Nos recuerda quiénes somos realmente. Cuando la gente conecta mediante la vibración del amor, se enciende la sensación de que cualquier cosa es posible. El amor es el impulsor de un cambio positivo.

Pero si vieras la cultura con la lente del lenguaje cotidiano, la palabra «amor» tiene un significado completamente distinto. ¡Y puede ser intenso! Estar «enamorado» puede ser como estar subido en una montaña rusa. ¿Has tenido alguna vez la sensación de que había tanto amor en tu corazón que apenas podías contenerlo? ¿O has tenido alguna vez el corazón tan roto al final de una relación que no tenías idea de cómo podrías recuperarte y seguir adelante? Este tipo de amor, la versión apasionada, medio loca y obsesionada, puede secuestrar tus emociones y dejarte sin aliento, y lo hace. Las sustancias químicas que se liberan en el cerebro tienen mucho que ver con ello.

En este capítulo, exploraremos los muchos aspectos del amor, desde el amor a uno mismo hasta el amor incondicional a otras personas. Ahondaremos en el amor romántico y en cómo las sustancias químicas de tu cerebro inspiran el deseo, el amor y la conexión. También veremos las fases del amor y qué favorece que el amor

---

157. Ibídem.

llegue lejos. Pasaremos después a la amistad, al amor a la gente y al amor a algo superior, y finalmente aportaremos algunas formas probadas de tener una mejor comunicación y sentirse más conectado. Es un tema fascinante. ¡Vamos allá!

Tipos de amor

¿Cómo puede una palabra tener tantos significados? Tanto si es el amor a uno mismo como el amor de un progenitor por su hijo, el amor romántico, la amistad, el amor a la humanidad o el amor a algo superior, cada clase de amor posee una energía diferente, y cada una desempeña un papel especial en nuestra vida.

Amor a uno mismo

Amar a los demás es más fácil cuando se cimenta en el amor a uno mismo. Es la base de cualquier relación y permite infinidad de posibilidades. Quizá pienses que es más fácil decirlo que hacerlo, pero «No es lo que eres lo que te refrena, es lo que piensas que no eres» (anónimo). Algunas personas creen que amarse a sí mismas consiste en defenderse, conocer su valía, obtener el respeto que se merecen y labrarse su espacio. Pero ¿y si eso no fuera todo? Existe una forma más generalizada de ver qué es amarnos a nosotros mismos. Examinémoslo más a fondo.

Todos nacemos encarnando el amor. Todos poseemos la chispa de la divinidad, la creatividad y la grandeza en nuestro interior. Según lo que nos encontramos, los hábitos que adoptamos, la actitud y la vibración que cultivamos, podemos alcanzar nuestro potencial o quedarnos estancados. A menudo oscilamos entre ambas cosas. Hay algo seguro: cuanto más claro tengamos quiénes somos realmente, más en sintonía estaremos con nuestra verdadera naturaleza, que es amor.

DESAFÍO DEL DIARIO

Anota en tu **diario** una vez en que hayas experimentado cada clase de amor y cómo te hizo sentir tanto en tu cuerpo como en tu mente. ¿Hay algún tipo del que te gustaría tener más?

TIPO DE AMOR	NATURALEZA DEL AMOR	DESCRIPCIÓN
Amor a uno mismo	• Sentirse conectado con una sensación positiva de uno mismo (agradecer y apreciar quien eres) • Tu verdadera naturaleza es el amor	La base de relaciones saludables
Amor de un progenitor por su hijo	• El hijo es dependiente • Conexión a través del corazón	Una expresión saludable de este amor es incondicional
Amor romántico	• Las primeras fases pueden ser superintensas • La creatividad lo mantiene fresco • Puede tener dinámicas de poder • El cuerpo es el vehículo	Puede inundar los sentidos y ser trascendente

Amistad	• Aristóteles la equiparó con la «buena voluntad compartida», porque la amistad es útil y placentera, y porque el amigo es una buena persona • Hay respeto mutuo • Conexión mental/ emocional	Las amistades de verdad mejoran a ambas partes. A veces la amistad se vuelve romántica
Amor a la gente	• Fuerte intención de preocuparse por el bien superior; juntos crecemos • Una persona que se preocupa por muchas • ¿Cómo podemos crear un mundo en el que todos podamos prosperar?	Puede ser a través de una causa que serviría a la mayoría de la gente Una causa que te permite expresar el amor ideal
Amor a algo superior	• Sensación de comunión con el misterio de la vida; a través de Dios, la religión o la espiritualidad, el poder de la naturaleza, la energía vital • Puede accederse a él a través del corazón o del lado espiritual	Amor trascendente: mirar el cielo estrellado, ver un recién nacido, sentir lo divino

El amor a nosotros mismos consiste en reconocer nuestra esencia fundamental: la fortaleza, la belleza, la paz y el propósito que todos poseemos. Eso es realmente quienes somos, y podríamos alcanzar a sentirlo fugazmente en momentos de calma, o cuando estamos en un estado de flujo. Nos sentimos conectados con algo superior; no estamos solos. Dudar de nosotros mismos, criticarnos y sabotearnos son simplemente señales de que estamos desconectados de nuestra verdadera naturaleza. Nos creemos la ilusión de que somos insignificantes, frágiles y que estamos maltrechos; estamos atrapados en esa mentira.

Y es fácil. El entorno destaca mucho más lo que no somos (no lo bastante buenos, etc.) en detrimento de recordarnos quiénes somos realmente. ¿Y si te haces amigo de ti mismo, te respetas, te animas y encuentras placer en ti mismo? ¿Has hecho alguna vez algo que te ha hecho reír, y te lo has pasado bien siendo tú? Amarte a ti mismo es una invitación a reconciliarte contigo mismo. En palabras de Steve Maraboli: «La relación más poderosa que tendrás en tu vida es la relación contigo mismo».

Aprender a crear las condiciones en las que es más fácil amarte a ti mismo puede significar también ver con mayor claridad lo que quieres e identificar lo que mejora tu vida y lo que no. ¿Qué personas, empleos, creencias y hábitos te sirven, y cuáles has dejado atrás? ¿Qué tipo de energía quieres encarnar; qué tipo de vibración quieres activar? Existe algo llamado coherencia cardíaca[158], que nos permite aprender a adaptar intencionadamente nuestro ritmo cardíaco para favorecer los sentimientos de conexión, calma y amor. No somos víctimas de las circunstancias; *podemos* influir en cómo nos sentimos.

No es ninguna casualidad que el corazón sea el símbolo del amor. Mi amigo James Doty, neurocirujano de Stanford y autor de *La tienda de magia*, comenta: «El corazón es donde encontramos nuestro

---

158. «The Quick Coherence Technique for Adults», HeartMath Institute, www.heartmath. org/resources/heartmath-tools/quick-coherence-technique-for-adults.

confort y nuestra seguridad en el más oscuro de los lugares. Es lo que nos mantiene unidos y lo que se rompe cuando nos separamos. El corazón tiene su propia clase de magia: el amor[159].»

Cuando estamos en sintonía con la energía del amor, podemos recordar que somos mucho más que los desafíos a los que nos enfrentamos, los miedos o las creencias que tenemos. Es también un recordatorio de que el amor, el respeto y la amabilidad que queremos de los demás tienen que ser algo que ofrezcamos nosotros primero. Cuando *reconocemos* nuestra verdadera naturaleza, sabemos que no es algo a lo que tenemos que aspirar; ya está ahí. Amarse a uno mismo es la base de toda buena relación. En palabras de Ralph Waldo Emerson: «Tenemos que ser nosotros mismos antes de ser de otra persona».

Amor incondicional

Este tipo de amor entre dos personas no conoce límites y está presente sean cuales sean las circunstancias. El amor entre una madre y su hijo es un ejemplo perfecto. De pequeños, dependemos de un progenitor o cuidador que cuide de nosotros, que nos alimente cuando tenemos hambre, que nos ayude a dormir. Una parte de ser progenitor es instintiva. Los humanos llevan milenios criando a sus hijos, y, aunque no hay normas generales, suelen apañárselas. El cuerpo ayuda. Cuando la «hormona de los abrazos», la oxitocina, se libera durante la lactancia materna, aumenta el vínculo entre madre e hijo. A no ser que se presente una depresión postparto u otra dificultad emocional, normalmente los progenitores lo hacen bien. Sin duda, lo hacen lo mejor que pueden con los conocimientos que poseen y con las limitaciones a las que se enfrentan. No es fácil,

---

159. James R. Doty, *La tienda de magia: el viaje de un neurocirujano por los misterios del cerebro y los secretos del corazón*, Urano, Madrid, 2016.

pero lo hacen lo mejor que pueden. Aprendemos a medida que crecemos.

Otro aspecto del amor incondicional es cuando quieres lo mejor para otra persona y te importa menos el provecho que saques tú de ello. Oímos toda clase de historias de progenitores que se sacrifican para que sus hijos tengan un futuro mejor. Quieres lo mejor para otra persona; aunque discrepes, aunque te dejes llevar por tus emociones, existe un vínculo subyacente que no puede romperse.

Amor romántico: cómo las sustancias químicas de tu cerebro inspiran deseo, amor y conexión

El amor romántico tiene su propia naturaleza. En cierta medida, las experiencias de la infancia (sentirnos amados, valiosos, sentido de pertenencia), además de las hormonas secretadas en distintas partes del cerebro, influyen en cómo navegamos por él. Del cerebro para abajo, estamos diseñados para conectar. Nuestra biología evolucionó hace millones de años para que la especie no dejara de fortalecerse. La neurocientífica Lucy Brown y la antropóloga biológica Helen Fisher han identificado tres sistemas cerebrales distintos para el apareamiento[160].

- **Libido:** sirve para determinar cuál es la pareja idónea. En este proceso intervienen el estrógeno y la testosterona. También se liberan feromonas, unas sustancias químicas inodoras que sólo reconoce una posible pareja sexual. Algunos perfumes contienen feromonas para que la persona que los lleva resulte deseable al instante. ¿A alguien le suena el almizcle?
- **Atracción o amor romántico intensos:** nos empuja a concentrarnos en una pareja sexual. Aquí se activa la adrenalina, lo que provoca la aceleración de los latidos cardíacos y una con-

---

160. «What Is Romantic Love?», The Anatomy of Love, https://theanatomyoflove.com/what-is-love/what-is-love.

centración inquebrantable en la pareja potencial. Se suman la noradrenalina y la serotonina, y también la dopamina, que provoca una sensación de felicidad y que está también relacionada con la adicción[161]. ¿Te sorprende?

- **Vínculo profundo:** se activa para una unión duradera (a fin de estar juntos para criar al hijo). Para ello se libera oxitocina, la hormona del «amor» o de los «abrazos» al abrazar, besar y practicar sexo. Además de vasopresina y dopamina, que favorecen que las parejas permanezcan juntas[162].

Hay veces que me asombran los intricados sistemas que intervienen en nuestro cuerpo y en la naturaleza, y esta es una de ellas. Mientras nosotros pensamos que los sentimientos se presentan sin más, la Madre Naturaleza, en toda su sabiduría, nos ha proporcionado un cóctel de sustancias químicas para darnos un empujoncito.

Las fases del amor

Esto nos lleva a las fases del amor. En las películas, se trata del primer indicio del encaprichamiento, o la pasión, el drama intenso, y quién sabe... Pero eso no es todo.

Enamorarse

Es la fase en la que todo es nuevo y vives obsesionado, sin aliento: «¿Me enviará un mensaje, qué significa realmente ese mensaje, le gusto lo suficiente, cuándo volveremos a vernos?» Mucho drama, al borde de la adicción. Fisher afirma: «Sabemos que el sistema de

161. «The 3 Stages of Love and Hormones», MyVita Wellness Institute, www. myvitawellness.com/3-stages-love-hormones.

162. «Helen Fisher: What We Want», The Anatomy of Love, https://theanatomyoflove. com/what-is-love/helen-fisher-want.

circuitos cerebrales del amor romántico sigue el mismo camino que todas las demás adicciones». Como está vinculado con el sistema de recompensas relacionado con la dopamina, anhelas estar con esa persona y no puedes dejar de pensar en ella. ¡Eso explica unas cuantas cosas! Es una adicción natural, encaminada a la supervivencia de la especie, y existe por un propósito. Así que si te sientes «adicto al amor», especialmente en las fases iniciales, no es ningún fallo de diseño, forma parte del plan.

En el ámbito de lo erótico, en el que el deseo es la chispa, el misterio, la exploración de lo desconocido es un elemento muy importante. Al principio de una relación, todavía no os conocéis bien; todo es nuevo y apasionante. Existe una curiosidad automática, una necesidad imperiosa de descubrir cosas nuevas sobre el otro, tanto física como emocionalmente. Este ambiente tan cargado proporciona el oxígeno necesario para que arda el fuego del deseo.

Estar enamorado

La relación puede convertirse enseguida en el centro de la vida. ¿Has tenido alguna vez un amigo que ha iniciado una relación romántica y con quien no podías citarte nunca, y menos aún tener una conversación a fondo? Puede que dejara de ver a sus amigos o de llevar a cabo sus actividades regulares para tener libertad de estar con su nueva pareja cuando sintiera el impulso de hacerlo. Todo eso está muy bien. Pero al hacerlo, también estaba cerrando una parte de su vida que lo nutría, por no hablar de que le proporcionaba un sentido de identidad personal. Cuando en una relación una persona (o ambas) renuncia a cierto porcentaje de lo que le define a cambio de «ser complaciente» o «hacer que las cosas funcionen» y aporta menos de su yo auténtico a la relación, esta es menos que la suma de sus dos partes. Esto no quiere decir que el compromiso no sea importante. Pero si estáis en esa situación, no tenéis que homogeneizar ni negar las características únicas que ambos aportáis.

DESAFÍO DEL DIARIO

En tu **diario**, reflexiona sobre las preguntas: ¿Has perdido alguna vez tu sentido del yo en una relación romántica? ¿A qué estrategias puedes recurrir para mantenerte fuerte y cariñoso al mismo tiempo?

Entonces... llega el momento en que te quitas las gafas de color de rosa. Cuando la ilusión inicial de pensar que realmente os «entendéis» y que la nueva pareja puede prácticamente caminar sobre las aguas empieza a desvanecerse, aparece algo nuevo. Eres capaz de ver sus rarezas y sus idiosincrasias. Dependiendo de lo mucho que haya idealizado una persona la relación, puede sentirse desde decepcionada o destrozada hasta agradablemente sorprendida. Puede ser mejor de lo que creía o puede decirse «¿En qué estaría yo pensando?» Algunas personas se toman este momento como un desafío. «Aunque sea algo irritante, podemos hacer que funcione. (¡Le enseñaré/Lo o la cambiaré!» Trabajo en curso...

Eso puede ser complicado. Hacer una cruzada para cambiar a alguien podría significar simplemente que hay algo en ti que no te hace feliz. Tal vez sea una necesidad del ego, o podrías creer que tu pareja tiene que dominar áreas en las que tú todavía no has alcanzado tu potencial. A cierto nivel, la mayoría de las personas sabemos que no podemos cambiar a nadie; sólo podemos cambiarnos a nosotros mismos. Y, lo que es más importante, convertirnos en nuestros propios amigos.

Como hemos visto, cuando nos amamos a nosotros mismos, es mucho más fácil amar a otra persona. Cuando estamos conectados con la energía del amor, estamos mucho más predispuestos a ver la naturaleza cariñosa de quienes nos rodean. Vemos bajo la superficie y conectamos con esa parte de ellos. Existe una mayor aceptación de los demás. Hay alegría, compromiso y una conexión más profunda. También existe la base del respeto mutuo, la amistad, el reconocimiento y la confianza. Os gusta de verdad estar en compañía el uno del otro, y estar juntos os hacer sentir bien.

Naturalmente, habrá conflictos. Entablar una relación es la forma más rápida de aprender las lecciones por las que estamos aquí. Pero si nos amamos a nosotros mismos y vemos a los demás con los ojos del amor, es mucho más fácil resolver lo que se presente y salir de ello más fuerte, más sabio y preparado para llevar el amor a un nivel más profundo.

Treinta y seis preguntas para estrechar las relaciones

Otra forma en que la gente puede estrechar las relaciones es mediante una serie de preguntas diseñadas para acelerar el proceso. ¿Estarías de acuerdo en que cuando conoces a alguien y compartís vuestros valores, vulnerabilidades, sueños y aspiraciones, los cimientos de la comprensión y la confianza se refuerzan? Normalmente, toda esta fase de conocerse el uno al otro se desarrolla poco a poco; es un proceso y lleva tiempo. ¿Y si pudieras hacer un experimento, y, mediante este sistema organizado, acelerar todo el proceso?

A continuación encontrarás treinta y seis preguntas que ayudan a hacer más profunda una relación y que están basadas en los estudios de los psicólogos Arthur Aron, Edward Melinat y otros[163]. Recurrid al cuestionario sólo si sentís curiosidad y estáis preparados y deseosos de tener una conversación que os haga pensar. Estas preguntas se han planteado cuando había personas (enamorados

---

163. Arthur Aron, Edward Melinat, Elaine N. Aron, Robert Darrin Vallone y Renee J. Bator, «The Experimental Generation of Interpersonal Closeness: A Procedure and Some Preliminary Findings», *Personality and Social Psychology Bulletin*, 23, n.º 4 (1997), pp. 363–77, http://journals.sagepub.com/doi/pdf/10.1177/0146167297234003.

o parejas, amigos o familiares) que querían conocerse a un nivel más profundo. Hay quien podría pensar que estas preguntas se plantean demasiado pronto, y a otras personas podría parecerles que las preguntas son un catalizador fantástico para una conexión más profunda.

El cuestionario funciona del siguiente modo: las preguntas se agrupan en tres grupos, y cada grupo profundiza un poco más.

- Haceos uno a otro las preguntas del primer grupo durante quince minutos. Cada persona tendría que responder cada pregunta, pero habría que hacer las preguntas por turnos («Yo haré la primera, tú harás la segunda...»).
- Pasados quince minutos, aunque no hayáis finalizado las preguntas, pasad al segundo grupo.
- Pasados quince minutos, empezad el tercer grupo, el último grupo de preguntas.

Primer grupo

1. Si pudieras elegir a cualquier persona del mundo, ¿a quién invitarías a cenar?
2. ¿Te gustaría ser famoso? ¿En qué sentido?
3. Antes de hacer una llamada telefónica, ¿ensayas alguna vez lo que vas a decir? ¿Por qué?
4. ¿Qué es para ti un día «perfecto»?
5. ¿Cuándo fue la última vez que te cantaste a ti mismo? ¿Y a otra persona?
6. Si pudieras vivir hasta los noventa conservando la mente o el cuerpo de una persona de treinta años los últimos sesenta años de tu vida, ¿cuál de las dos cosas elegirías?
7. ¿Tienes un presentimiento secreto sobre cómo vas a morir?
8. Di tres cosas que tú y tu pareja parezcáis tener en común.
9. ¿Por qué te sientes más agradecido en tu vida?

10. Si pudieras cambiar algo sobre el modo en que te educaron, ¿qué sería?

11. Dedica cuatro minutos a contar a tu pareja la historia de tu vida con todo lujo de detalles.

12. Si pudieras despertarte mañana y mientras dormías hubieras adquirido una cualidad o habilidad, ¿cuál sería?

Segundo grupo

13. Si una bola de cristal pudiera decirte la verdad sobre ti mismo, tu vida, el futuro, o cualquier otra cosa, ¿qué querrías saber?

14. ¿Hay algo que hayas soñado hacer desde hace mucho tiempo? ¿Por qué no lo has hecho?

15. ¿Cuál es el mayor logro de tu vida?

16. ¿Qué valoras más de una amistad?

17. ¿Cuál es tu recuerdo más preciado?

18. ¿Cuál es tu recuerdo más terrible?

19. Si supieras que vas a morir de repente en un año, ¿cambiarías algo tu modo de vida actual? ¿Por qué?

20. ¿Qué significa la amistad para ti?

21. ¿Qué papeles desempeñan el amor y el cariño en tu vida?

22. Compartid por turnos algo que consideréis una característica positiva de vuestra pareja. Enumerad un total de cinco cosas.

23. ¿Es cercana y afectuosa tu familia? ¿Crees que tu infancia fue más feliz que la de la mayoría de personas?

24. ¿Qué opinas de tu relación con tu madre?

Tercer grupo

25. Enunciad cada uno tres frases ciertas usando la primera persona del plural. Por ejemplo: «Estamos en esta habitación sintiéndonos…»

26. Termina esta frase: «Ojalá hubiera alguien a quien pudiera contar...»

27. Si vas a ser amigo íntimo de tu pareja, cuéntale qué sería importante que él o ella supiera.

28. Dile a tu pareja lo que te gusta de ella; sé muy sincero y di cosas que no dirías a alguien a quien acabaras de conocer.

29. Cuenta a tu pareja un momento embarazoso de tu vida.

30. ¿Cuándo lloraste por última vez delante de alguien? ¿Y a solas?

31. Di a tu pareja algo que ya te gusta de él o ella.

32. ¿Qué es demasiado serio para bromear sobre ello?

33. Si fueras a morir esta noche sin tener oportunidad de comunicarte con nadie, ¿qué lamentarías más no haber dicho a alguien? ¿Por qué no se lo has dicho todavía?

34. Tu casa, con todo lo que posees, se incendia. Tras poner a salvo a tus seres queridos y tus mascotas, tienes tiempo para entrar corriendo sin correr peligro para salvar una cosa. ¿Cuál sería? ¿Por qué?

35. De todos los miembros de tu familia, ¿quién te afectaría más si muriera? ¿Por qué?

36. Comparte un problema personal con tu pareja y pídele consejo sobre cómo él o ella lo abordaría. Pide también a tu pareja que te explique cómo pareces sentirte con respecto al problema que has elegido.

¿Qué facilita que el amor llegue lejos?

Una vez habéis construido mutuamente algo de confianza y de historia, la relación puede fortalecerse o puede permanecer más bien inamovible. Tal vez conozcas parejas que llevan juntas desde siempre, y seguramente unas han sido más felices que otras. ¿Qué hace que una relación larga vaya bien? En un interesante experimento, se comparó a personas de cincuenta y sesenta años que afirmaban seguir locamente enamoradas con parejas más jóvenes, de entre edades comprendidas entre los dieciocho y los veintiséis años, que acababan de enamorarse[164]. En los escáneres cerebrales, las mismas regiones del cerebro relacionadas con el amor se iluminaron en ambos casos, pero en el de los recién enamorados, las áreas de la ansiedad mostraron también una mayor actividad[165]. (Seguramente pensaban cosas del tipo: «¿Dije lo correcto, se me ve gordo, es mi media naranja?»)

En comparación, las parejas de más edad tenían más actividad en el área del cerebro asociada con la calma y la supresión de dolor, relacionada con las «ilusiones positivas». Ummm… ¿significa eso que para que dure una relación tenemos que vivir con ilusiones y no ver la realidad? De hecho, no se trata de engañarte a ti mismo, sino que más bien tiene que ver con un cambio de perspectiva. Lo que el experimento reveló es que las parejas de más edad eran capaces de pasar por alto las cualidades de su pareja que no les gustaban y concentrar su atención en las que sí. Eran capaces de buscar los aspectos positivos y, básicamente, de sacarle el mejor partido a lo que te da la vida. Por ejemplo: «Habla tan despacio y se lo toma todo con tanta calma que ¡me pone de los nervios! Pero, por otro lado, me encanta y valoro tener conversaciones realmente profundas y fascinantes, sin prisas, que tienen un nivel muy alto». Cuando te concentras en lo positivo y decides conscientemente colocar eso en un lugar destacado, estás agradecido por las cosas buenas y las ayudas a crecer. Más alegría, más aventura, más reconocimiento, satisfacción, paciencia, humor. Eso te hace más feliz, eleva tu vibración, influye en quienes te rodean y hace que todo el mundo se sienta bien.

---

164. «Helen Fisher: What We Want».

165. «Love Forever», The Anatomy of Love, https://theanatomyoflove.com/blog/videos/love-forever/.

¿Cuál es tu lenguaje del amor?

Para que una relación larga florezca, tanto si es entre enamorados como si es entre amigos, familiares o compañeros de trabajo, la comunicación es fundamental. Dependiendo de la constitución de nuestros circuitos cerebrales, todos tenemos formas distintas de comunicarnos y de recibir amor de los demás. Algunas personas responden a las palabras de reconocimiento y amabilidad, otras se sienten más conectadas a través del contacto y también las hay que prefieren un detalle cariñoso sin motivo alguno. Gary Chapman, en su libro *The 5 Love Languages*, describe cómo funciona[166].

Estos son los cinco lenguajes:

- Palabras de afirmación
- Tiempo de calidad
- Contacto físico
- Recibir regalos
- Actos de servicio

Cada persona del planeta los prioriza siguiendo su propio orden. Algunas personas prefieren los actos de servicio, seguidos del tiempo de calidad y, después, del contacto físico. Sus parejas podrían elegir el contacto físico seguido de las palabras de afirmación y, después, del tiempo de calidad. Es distinto para cada persona. Una palabra amable puede significarlo todo para una persona, pero no tener valor para otra, que prefiere la acción. («No puedo con el alma; si pudieras ayudarme haciendo este recado te amaría para siempre.») A algunas les gustan las muestras de cariño mientras que para otras no hay nada igual que el cariño físico en sí y un abrazo caluroso lo significa todo. («Las flores están bien, pero se marchitarán; yo sólo

---

166. Gary D. Chapman y Jocelyn Green, *The 5 Love Languages: The Secret to Love That Lasts*, Northfield Publishing, Chicago, 2017.

necesito que me abracen.») Para otras, la experiencia de tener aventuras juntas las hace sentir amadas y conectadas.

Es fácil ver que, si no conocemos el lenguaje del amor de otra persona, aunque le demostremos nuestro amor con la mejor intención del mundo, le estamos hablando en un lenguaje desconocido, y nada de lo que hacemos tiene traducción. Muchas personas han usado el cuestionario de los Cinco lenguajes del amor para mejorar sus relaciones personales o para crear una cultura de trabajo en la que todo el mundo se sienta valorado[167]. Se trata de dejar que la gente que te importa lo sepa, que entienda el lenguaje en que te expresas.

DESAFÍO DEL DIARIO

Tras haber hecho el cuestionario de los Cinco lenguajes del amor, anota en tu **diario** tus tres lenguajes principales. ¿Cuáles son algunas de las formas en las que puedes compartir esto con quienes te rodean?

Amistad

En una época de extremo ajetreo, de «miedo a perderse algo» y de prioridades encontradas, tienes suerte de tener unos cuantos amigos de verdad que te conozcan bien y que quieren lo mejor para ti pase lo que pase.

Tú también quieres lo mejor para ellos. Aristóteles lo equiparó con la «buena voluntad compartida», no sólo porque la amistad es

---

167. Gary Chapman, «Discover Your Love Language», The 5 Love Languages, www.5lovelanguages.com/profile.

útil y placentera, sino porque consideras que tu amigo es una buena persona. Ves lo mejor en esa persona del mismo modo que ella ve lo mejor en ti. Existe respeto mutuo.

Lo genial de las amistades verdaderas es que existe una confianza que se ha ganado con los años, lo que te permite bajar la guardia y ser más vulnerable de lo que serías con otras personas. Piensa en un amigo de verdad como en una burbuja de amor. Según Barbara Fredrickson, psicóloga social y autora de *Love 2.0*: «El amor se despliega entre las personas (*en* las transacciones interpersonales), de modo que pertenece a todas las partes implicadas... Reside en las conexiones.[168]» Y puede crear un bucle. La amabilidad engendra amabilidad; las sonrisas generan más sonrisas. En este lugar conectado y seguro puedes reír o llorar, sentirte aceptado, compartir tus desafíos y saber que tu amigo te cubrirá las espaldas. Mientras tus amigos en la prosperidad están a tu lado en los buenos momentos, los amigos de verdad mantienen la conexión y muestran amabilidad incluso cuando las cosas se ponen feas.

Los amigos saben también que se cometen errores y que siempre estamos aprendiendo. Además quieren saber cómo estás realmente más allá de las palabras... Los amigos se perdonan entre sí porque se preocupan por conocer la causa del conflicto. La mayoría de las veces, no es nada personal. En los buenos momentos, estarán también a tu lado para celebrar tus victorias. En lugar de sentirse amenazados o tener envidia, tu éxito los hace verdaderamente felices.

¿Has observado alguna vez que puedes tener distintas clases de amigos para las diferentes actividades que te gustan? A un amigo le encanta ir al cine, otro es ideal para las aventuras al aire libre y un tercero disfruta con las discusiones filosóficas hasta bien entrada la noche. La cuestión es que tienes muchos aspectos, así

---

168. Barbara L. Fredrickson, *Love 2.0: How Our Supreme Emotion Affects Everything We Feel, Think, Do, and Become*, Hudson Street Press, Nueva York, 2013.

que no esperes que una persona sea tu amigo siempre a punto para todo. Cuando empiezas a identificar lo que quieres, y todas tus áreas de interés, llegarán nuevos amigos a compartir esos aspectos de ti.

Cuando amas a las personas y te gusta estar con ellas, ellas lo notan y también quieren estar contigo. Cuando estás verdaderamente interesado en ellas, lo notan. Incluso en situaciones en las que todavía no conoces a la persona, si tu energía es acogedora, como si dijeras: «Hola, viejo amigo, me alegro de volver a verte», interactuarás de una forma mucho más conectada. Todo el mundo quiere ser considerado un amigo, y las personas anhelan estar con quienes les ofrecen sentimientos de aceptación, amistad y amor.

Piensa una cosa: ¿y si la persona que tú crees ser un adversario fuera en realidad un amigo disfrazado? ¿Y si alguien que tú crees ser un obstáculo estuviera en realidad aquí para ayudarte a crecer? Piensa en tu relación como en una carrera de obstáculos que te hizo más rápido, más fuerte, más comprensivo y, sin duda, más entendido. ¿Hay alguien en tu pasado que desempeñara ese papel para ti?

Meditación de la bondad amorosa

¿Has observado alguna vez que, cuando crees que alguien es una persona de buen corazón, la próxima vez que la ves, existe una hermosa y calurosa conexión? Lo contrario también es cierto: si temes estar con alguien a quien consideras una persona desagradable, cuando te encuentras con ella, da la impresión de que se levanta un muro entre vosotros.

Bondad amorosa significa ternura y consideración hacia los demás. Esta meditación, que puede encontrarse fácilmente en internet, es una forma engañosamente sencilla de desarrollar sentimientos de bondad, afecto y conexión con los demás, a la vez que te hace sentir mejor durante el proceso.

La investigación ha revelado que la meditación de la bondad amorosa[169] te hace sentir más satisfecho contigo mismo y más conectado con los demás[170]. También aumenta la emoción positiva, la inteligencia emocional y la longitud de tus telómeros (lo que previene el envejecimiento) a la vez que reduce la autocrítica, el dolor crónico, las migrañas y los síntomas depresivos[171].

A mi amigo Chade-Meng Tan, anteriormente «Jolly Good Fellow» («muchacho excelente») de Google y actualmente autor de *Joy on Demand*[172], superventas del *New York Times*, le gusta hablar sobre la bondad amorosa. A veces presenta un curioso experimento a su público. Les propone que al día siguiente, cada hora durante ocho horas, elijan al azar dos personas que pasen ante su escritorio, oficina o dondequiera que estén, y simplemente les envíen estos pensamientos: «Deseo que esta persona sea feliz, y deseo que esta otra persona sea también feliz». Tienen que pensarlo durante diez segundos, nada más. No es necesario que hablen con esas personas ni siquiera que establezcan contacto visual con ellas; simplemente deben enviarles ese mensaje silencioso.

Al día siguiente, tras una charla, Meng recibió un correo electrónico de una de las personas que había asistido. Esa mujer le explicaba: «Detesto mi trabajo. No soporto ir a trabajar todos los días. Pero el lunes asistí a su charla, el martes hice los deberes, y el martes fue el día más feliz que he vivido en siete años». El día más feliz en siete años era resultado de un total de ochenta segundos (diez segundos cada hora durante ocho horas) de bondad amorosa, sin

169. Emma Seppälä, «Loving-Kindness Meditation», Greater Good in Action, https://ggia. berkeley.edu/practice/loving_kindness_meditation#data-tab-how.

170. «Loving-Kindness Meditation (Greater Good in Action)», Practice | Greater Good in Action, https://ggia.berkeley.edu/practice/loving_kindness_meditation#data-tab-why.

171. Emma Seppälä, «18 Science-based Reasons to Try Loving-kindness Meditation», *Mindful* (1-10-2018), www.mindful.org/18-science-based-reasons-to-try-loving-kindness-meditation.

172. Chade-Meng Tan, *Joy on Demand: The Art of Discovering the Happiness Within*, HarperOne, Nueva York, 2017.

que se dijera una sola palabra. Enviar buenos deseos a otra persona es una estrategia secreta, imperceptible para nadie más, que eleva *tu* felicidad y *tus* sensaciones de conexión de formas imprevistas. Los pensamientos son poderosos.

Amor a la gente

¿Hay alguien en tu vida que se preocupe realmente por la gente y por hacer de este mundo un lugar mejor? En las noticias aparecen personas que cambian el mundo en los negocios, la ciencia y la tecnología, entre muchas otras disciplinas. Algunas ganan premios Nobel, pero la mayoría, no. Existen famosos forjadores de cambios como Gandhi o Martin Luther King, que captan la atención de la gente. Pero la mayoría de las personas jamás son conocidas. Causan impacto, pero de forma mucho más discreta.

De hecho, es probable que tengas a muchas de estas personas delante de las narices. Piensa en el maestro que enseña a los niños su potencial, en el músico que alegra la vida a la gente con su instrumento y en el líder tecnológico que facilita las cosas ofreciendo generosos permisos de paternidad además de tiempo libre remunerado por maternidad. Está el empresario social que lucha por los recursos sostenibles y el profesor de yoga que da clase a niños o a gente mayor, y el artista que aporta belleza al mundo. Cuando ocurre un desastre natural, personas de todos los ámbitos de la vida aúnan esfuerzos para salvar a quienes están atrapados entre los escombros. Un bombero regresa a la escena del incendio para rescatar a quienes quedaron atrás. Alguien inicia una campaña de colaboración masiva para ayudar a un compañero de trabajo a pagar la operación quirúrgica que necesita. Un niño le para los pies al abusón y se hace amigo de la víctima de acoso.

Hay héroes olvidados de todo tipo. Están a nuestro alrededor, entre nosotros y en nosotros. Reconoce a las personas de tu comunidad como los líderes que son y reconoce también esa cualidad en ti. Da igual la medida del gesto, lo que importa es que lo hiciste. Todo el mundo tiene la capacidad de ser esa persona para alguien.

En el fondo, la gente es buena. Quiere lo mejor para sí misma, para su familia y para incluso las personas a quienes no conoce. Hoy en día la cuestión es cómo podemos trabajar juntos para crear un mundo donde todos podamos prosperar. Se empieza con pequeñas acciones, y todo el mundo puede apuntarse. Todo el mundo, sin importar su edad, su situación o su talla puede ser una fuerza del bien.

Amor a algo superior

Recuerdo una vez cuando tenía unos siete años. Se acercaba el solsticio de verano y los días eran largos. Hacía una noche agradable y apenas soplaba una brisa. Estaba sentada con mi familia en el jardín y estábamos contemplando el firmamento. El cielo era una bóveda llena de infinidad de estrellas, y estábamos buscando la Estrella Polar, la Vía Láctea y cualquier constelación que les viniera a la cabeza a mis padres. Era mágico, era sagrado. Yo me sentía como un elemento diminuto en un inmenso cosmos misterioso y, aun así, conectada con todo ello. Fue como si mi corazón y el tiempo se detuvieran en aquel momento imborrable de sobrecogimiento.

¿Cómo podía existir tanta majestuosidad, tanta belleza indescriptible? Fue el instante en que supe que formábamos parte de algo superior. Algunas personas encuentran esta sensación en una iglesia, un templo, una mezquita o un grupo espiritual. Otras la encuentran escalando montañas, bajando con los esquís desde lo alto de una loma, buceando en el océano o lanzándose en paracaídas desde un avión. Podría descubrirse en el Gran Cañón, mirando las secuoyas, o incluso el brote de una flor que despierta de su letargo invernal. Tal vez esté en ver cómo nace un niño o cuando un alma pasa de este reino al siguiente. Tanto si la llamas Dios, lo divino, la fuente, el espíritu, *ruach* como prana, existe una fuerza vital que infunde vigor a cada persona y nos da vida. Hazte amigo del misterio, sé consciente de que formas parte de él, y de que tu grandeza es mayor de lo que imaginas.

El amor, sea cual sea su forma, abre la puerta a nuestra verdadera naturaleza y a que nos mostremos como la mejor versión de nosotros mismos al mundo. Es lo que nos une, nos ayuda a conectar profundamente e impulsa un cambio positivo. Amar nos predispone a experimentar la plenitud de la vida. Nos recuerda por qué estamos aquí y nos permite ver que la vida nos está inspirando. El amor es quien eres; deja que brille y su efecto se notará más lejos de lo que imaginas. Ya posees las semillas de la grandeza. Riégalas a menudo y tu propia experiencia te confirmará que todo lo que necesitas está en tu interior.

Conclusión

Existe una energía en cada persona que sabe qué es sentirse centrado, fuerte y conectado con quienes somos realmente. Tanto si lo llamas tu verdadera naturaleza, tu brújula interior como tu yo superior, es a lo que recurrimos en los momentos de calma, o en la naturaleza, o cuando estamos en estado de flujo. A mí, por mi parte, me encanta vivir ahí. Para mí, es donde el tiempo se detiene. Lo bueno sobre nuestras emociones es que, aunque puedan parecer *alejarnos* de este estado de calma, especialmente cuando estamos en medio de un episodio, son en realidad el *vehículo* para que abandonemos nuestros viejos patrones y volvamos a conectarnos con nuestro yo esencial.

Las emociones son toques de rebato que nos ayudan a comprender lo que puede haberse desviado del camino en nuestra vida, o lo que puede ser tan maravilloso que simplemente interiorizándolo nos ayuda a estar en sintonía con quienes somos realmente. A medida que aprendemos a navegar por, a trabajar con y a aprender de nuestras emociones, recordamos que tenemos opciones y que, como respuesta, el mundo puede abrirse.

Las emociones son efímeras. Vienen y van, a no ser que elijamos cavilar sobre ellas y darles así más energía. Cuando estamos saboreando las cosas buenas, como una conversación encantadora, una comida deliciosa o la belleza que nos rodea, nuestras emociones nos hacen sentir mejor. Cuando las situaciones son más difíciles, nuestras emociones nos lo indican y, con un poco de reflexión, nos señalan otras formas de abordar lo que tenemos delante.

Conciencia

Cuando pensamos en episodios emocionales, de los que parecen surgir de la nada y apoderarse de nuestra mente, va bien saber que podemos tener cierta conciencia. Cuando los sentimientos empiezan a intensificarse, puedes preguntarte a ti mismo y conocer cuáles son las condiciones que contribuyen a que esa emoción cobre vida propia. Si notas que albergas ira, ¿estás irritable debido al hambre? ¿O esas pequeñas irritaciones se han ido acumulando a lo largo del día? Eso podría ser un factor instigador. Si te sientes triste y no dormiste bien por la noche, tus emociones pueden estar más a flor de piel. Si la ansiedad se está adueñando de ti, ¿estás preocupado por tu trabajo, por el dinero, por una operación a la que debe someterse tu perro? ¿Qué está oculto en los recovecos de tu mente? Es lo que llamamos la previa del partido. Igual que los deportistas hacen entrenamientos y visualizaciones para prepararse para un partido, ¿qué clase de pensamientos practicas para prepararte para tu día? ¿Son pensamientos que te debilitan o pensamientos que te llevan a lo que te gusta y quieres tener en tu vida?

Después están los desencadenantes mentales. ¿Hay un incidente (un examen, una boda, un viaje) que te genera alegría y expectativas, o un sentimiento tan fuerte que no sabes qué hacer con él? Tal vez recuerdes la última vez que viste a un viejo amigo y te mueres de ganas de retomarlo donde lo dejasteis, o puede que todavía albergues un sentimiento de culpa por una ruptura desagradable que influye en cada persona nueva con la que sales. Las actitudes pasadas pueden perdurar y provocarte a no ser que las desarmes con tu conciencia. Por ejemplo: «Sé que voy a entrar en una habitación donde están todos los amigos de mi ex. ¿Qué puedo hacer para superar la velada y pasármelo bien incluso?» Para las emociones felices, no es algo importante, pero para las que suponen un desafío, puedes prepararte con una estrategia de juego.

No te olvides de tu cuerpo. Conservamos nuestra energía en nuestro cuerpo, que es increíble a la hora de darnos pistas ¡si decidimos prestar atención! Si tienes una sensación de opresión en la barriga, el mensaje puede ser que algo no va bien. Si tienes el pulso acelerado, están aumentando las expectativas. Si tienes mariposas en el estómago, estás canalizando tu valor para lo que vas a hacer. Algunas personas sugieren que tenemos tres cerebros: corazón, cabeza e intestinos. No pases por alto los mensajes del corazón y los intestinos. El cuerpo posee una sabiduría que siente las emociones que tu mente puede negar. Hay formas de aliviar las tensiones que se acumulan en el cuerpo. La acupuntura, el masaje de tejido profundo y la terapia craneosacral son modalidades que mucha gente ha utilizado para liberar bloqueos emocionales. No podemos separar el cuerpo del cerebro. Ambos nos dan mensajes importantes sobre nuestras emociones y aumentan nuestra conciencia.

Elección

En momentos complejos, cuando parece que el mundo está sumido en el caos, va bien recordar que seguimos teniendo opciones. Una mayor conciencia de nuestras emociones y sus desencadenantes nos permiten acceder al siguiente nivel de acción para la vida que queremos crear mediante elecciones. Imagina que eres un atleta. Estás a punto de correr la carrera, jugar el partido o descender los rápidos en kayak. La cosa se pone intensa y tú lo sabes. Ha llegado el momento de tomar decisiones. ¿Vas a dejarte llevar por el impulso (un camino potencialmente destructivo) o elegirás ser quien navegue por lo que te encuentres en el camino (un camino constructivo)? ¿Cuál es tu estrategia de juego? ¿Cómo quieres sentirte en esa situación? Un atleta podría decir: «Si un corredor me adelanta, me dosificaré y me situaré en el carril interior. Si alguien me impide lanzar con la mano derecha, lanzaré el balón con la izquierda. Si hay un descenso rápido del nivel del agua, recurriré al plan B...» En el momento en que te planteas tus opciones estás preparado para **dirigir tu energía hacia el resultado que quieres intencionadamente**. Al hacerlo, renuncias efectivamente a la otra opción, que consiste en no elegir ninguna opción y recurrir por defecto a los viejos patrones que no te permitieron avanzar. Cuando nos damos cuenta de que tenemos opciones, escuchamos el mensaje de nuestras emociones, elegimos cómo queremos dirigirlas y, de este modo, podemos usar el poder de nuestras emociones para transformar nuestra vida para bien.

Integración

Después de que la emoción haya surgido y remitido, e incluso después de que hayamos usado con éxito nuestras emociones para dirigirnos hacia un resultado mejor, podríamos tener la tentación de soltar el aire, seguir adelante con nuestro día y marcharnos del terreno de juego. Eso sería desaprovechar una oportunidad enorme. En lugar de eso, dedica un momento a preguntarte: «¿Qué observé, qué funcionó bien y qué haría de otra forma la próxima vez?» Los mejores entrenadores resumen el partido con sus jugadores y repasan mentalmente las jugadas para planear estrategias para el siguiente partido. Es así como crecemos, tanto en habilidades como en sabiduría. Hay muchas menos lesiones, más éxitos y mucha más diversión.

Nuestras emociones están listas para ayudarnos. Lo vemos cuando la culpa nos hace recuperar nuestros valores, cuando la ira nos ayuda a establecer límites y cuando el miedo nos ayuda a ser más conscientes. Si estamos dispuestos a adquirir *perspectiva* con respecto a nuestras emociones en lugar de dejarnos llevar por ellas, podemos descubrir sus mensajes, su orientación y sus regalos. Todos tenemos esa oportunidad.

¿Y si es difícil cambiar? A menudo estamos apegados a patrones familiares aunque nos mantengan estancados. Como siempre, existe la opción personal. De acuerdo, puede ser inquietante salir de nuestra zona de confort, pero para sentirse plenamente vivo se oscila entre territorio familiar y nuevas situaciones, un paisaje desconocido. Si estás llamado a expandirte y tu intuición te susurra ideas por la noche, no las ignores. Una parte de ti está preparada para expandirse. Algunos miedos al cambio tienen que ver con el pensamiento en blanco y negro. Pero no es una cuestión de aferrarse a las viejas costumbres o abandonarlo todo. Más bien es cuestión de cómo podemos integrar quienes somos ahora con quienes podemos ser.

La buena noticia es que podemos aprender a estabilizar nuestras emociones y dejar un margen también para la curiosidad, el cambio y el crecimiento. Si eres cauteloso por naturaleza, aventúrate a salir de tu zona de confort y prueba un nuevo enfoque. Si te va ir en pos de la novedad, céntrate en algunas de las prácticas con las que te identificas y persevera en ellas. Notarás el cambio.

Hay tantas opciones en este libro que te sentirás instintivamente atraído por algunas de ellas en cada capítulo. Deja que eso te sirva de guía.

Los dones de tus emociones

La **felicidad** te introduce a volver a entrenar tu cerebro adquiriendo los siete hábitos de la felicidad: mindfulness, gratitud, autocuidado, generosidad, autenticidad, conexión social y estar en sintonía con tu propósito. Mira cuál(es) te gusta(n) más; es el lugar perfecto para empezar.

Hay que respetar la **tristeza** en lugar de sofocarla. No es lo mismo que la depresión, sino algo que nos ofrece un refugio seguro cuando más lo necesitamos. Puede llevarse las ilusiones con sus lágrimas y aportarte claridad y determinación para los siguientes pasos. Prioriza, sobre todo, las conexiones valiosas.

El **deseo** es una fuerza. Mueve montañas, te da el impulso para alcanzar tus objetivos y permite que tu pasión se encienda. Cuando deseas lo que está en sintonía con tus valores fundamentales, eres imparable.

El **miedo** te agudiza los sentidos y te mantiene alerta. Es una reacción física instintiva. El miedo mental puede protegerte o encarcelarte. Si tienes viejos patrones que ya no te sirven, no los reprimas, libéralos. El miedo no es quien eres. Es un recordatorio de que tienes que reconectarte con tu yo esencial y lo que realmente importa.

La **ansiedad** tiene mucho que ver con la cultura en que vivimos y con todas las presiones ocultas a las que nos enfrentamos. Podemos decidir cuánto de todo eso tiene sentido. Un poco de ansiedad es saludable. En cuanto a los demás tipos, existen formas probadas de superarlos. Esta emoción nos incita a corregir el rumbo y a diseñar nuestra vida.

La **confianza** nos incita a conectarnos con la energía pura que queremos emitir y que procede de elegir nuestra actitud, reconocer nuestros dones y aceptarnos a nosotros mismos; es decir, saber que, como seres humanos, somos lo bastante buenos.

La **ira** aparece cuando no se respetan los límites. Puede ser una fuerza que lo destruye todo a su paso o puede usarse con habilidad, como hicieron Gandhi y Martin Luther King. En ese sentido, la ira proporciona el ardor para enmendar un entuerto y trazar una línea roja donde no había ninguna.

La **tolerancia** consiste en ser consciente de las necesidades fundamentales que tiene todo ser humano: ser respetado, formar parte de algo, sentirse seguro y ser amado. Nadie nace siendo intolerante. A cierto nivel, todos estamos conectados. Si pudiéramos reconocer que nuestros enemigos son en realidad nuestros maestros y que a través de ellos estamos reivindicando partes negadas de nosotros mismos, estaríamos todos mejor.

La **culpa** nos hace saber claramente que nos hemos alejado de nuestros valores interiores. Nos proporciona la oportunidad de arreglar las cosas. La vergüenza es más profunda, porque no tenemos la percepción de que hemos cometido un error, sino de que nosotros somos el error. Ambas abren la puerta al cambio positivo si abordamos las causas con compasión.

El **amor** es la fuerza primigenia del universo y tiene muchas caras. Aunque está diseñado para ser adictivo en las primeras fases del amor romántico, nos lleva también a nuestra naturaleza más elevada y puede despertar una sensación de trascendencia. El amor posee un poder enorme, como nosotros cuando accedemos a él, porque es la esencia fundamental de quienes somos.

Recuperar tu verdadera naturaleza

En este viaje de desmitificación de nuestras emociones, hemos aprendido que hay un motivo por el que cada emoción existe. Cada una desempeña un papel a la hora de orientarnos para que recuperemos nuestra verdadera naturaleza. El mundo predica división, carencia, competición y conflicto. Nosotros nacemos en plenitud, paz interior y consciencia plena. Podemos elegir creer que no somos lo suficiente buenos o podemos superar las ilusiones y conectarnos con la plenitud de quienes somos verdaderamente. Cada persona tiene esa capacidad, sin excepciones.

Tenemos que quitarnos las orejeras y recordarnos a nosotros mismos que no nos identificamos con la división, sino que estamos preparados para tomar las decisiones que nos ayudarán a mantenernos en sintonía con nuestros valores fundamentales, nuestra naturaleza más elevada y nuestros recursos interiores. Las emociones son nuestras aliadas y nuestras guías en este viaje, nos señalan qué funciona y qué no, qué queremos y qué no, y cuál es la calidad de la energía que estamos emitiendo al mundo y que nos volverá como un bumerán. **Somos responsables de nuestra propia energía, y cuando aprendemos a navegar por ella, tomamos las riendas de nuestra vida.**

En estos tiempos tan complejos, tenemos que recordar que cada persona es artífice de su vida. No podemos controlar lo que nos encontramos, pero podemos influir en nuestra reacción. Podemos decidir cómo queremos sentirnos en este momento sobre algo. Eso nos proporciona un sentido de agencia, lo que significa que no estamos al albur del viento. Estamos centrados en nuestros propios valores, preferencias y en la capacidad de dirigir nuestra energía. La energía se nota más allá de nosotros y afecta a otras personas de nuestra vida y nuestro mundo. Así que acepta tu potencial, fluye, reivindica tu creatividad y tu amor. Tus emociones son herramientas para conseguirlo. Y cuando el ego trata de dejarte estancado, y lo hará, recuerda que eres mucho más grande que eso. Lo mejor está aún por venir. Sé consciente de todo lo que albergas en tu interior, y deja que tus emociones revelen tu poder.

Agradecimientos

Tengo que empezar por mis padres, que me dieron la educación exacta que necesitaba para impulsarme en la dirección de mis pasiones. A mi madre, cuya empatía no tiene igual, y a mi difunto padre, que conservó la alegría de vivir hasta sus últimos días.

Estoy agradecido a cada uno de mis hermanos. Alana, no hay palabras que puedan describir cómo agradezco tu aliento tan constante y sentido a lo largo de cada paso de este viaje.

Algunas personas son lo bastante afortunadas de tener un maestro que ve en ellas lo que ellas no ven en sí mismas. A la señora Bardo, que me llevaba a su clase de secundaria a la hora del almuerzo y me animaba a escribir con Mozart de fondo; influyó enormemente en mi vida.

Gracias a Heidi Berger, Donna Bernstein, Dana Cappiello, Mimi Cukier, Hector Estrada, Melissa Hollatz, Minerva Jeminez, Diane Leeder, Vivian Lehmann, Patricia Schermerhorn, David Waldman y Joe Webber; sois personas queridas y especiales en mi vida. Karen Joiner, tus percepciones, sabiduría y apoyo constante me han guiado a lo largo de los años.

A Joseph Carbone y Grace Loo; sois fuerzas que guían mi vida. Mi amor y mi gratitud son profundos; formáis parte de mi familia.

A mis maravillosos amigos de la Dalai Lama Foundation, os lo agradezco muchísimo, especialmente a Marsha Clark, que atisbó una idea y abrió la puerta para que esta aventura diera comienzo. A Jim Doty, Tony Hoeber, Darlene Markovich, Tom Nazario, Jim

Schuyler, Tenzin Tethong, estoy muy orgullosa de las ondas que generamos.

Quiero dar las gracias a George Lucas, que sacó tiempo para una clase de adolescentes con preguntas profundas. A Richie Davidson, eres una gran inspiración para mí, y a Richard Gere, fue diáfano tu compromiso con el camino del corazón. Nunca dejará de emocionarme la generosidad y amabilidad del dalái lama; has grabado tu compasión en mi corazón.

A mi talentoso equipo, pasado y presente, de Project Happiness, aunar nuestras energías ha dado origen a un sueño. Un agradecimiento especial a Maria Lineger, coautora de *Project Happiness Handbook*, y a Isabella Anderson, Julie Arnheim, Kavita Avtar, Holly DeYoung, Brook Dorff, Samantha Feinberg, Ellie Ford, Stefie Gan, Seema Handu, Emmanuel Ivorgba, Abby Konopasky, Jill Pettegrew, Brian Rusch, Rolando Sandor, Sarah Tambling, nuestra querida asesora Carole Pertofsky y al amigo Shankar Hemmady.

Gracias a todo el equipo de Folio, a Scott Hoffamn, a quien conocí primero y que me dijo: «Tengo la persona indicada para ti». Tenías toda la razón. A mi agente literario, Jeff Silberman, creíste en este libro y en mí desde el principio, y tu diligencia y tenacidad a lo largo de todo este proceso, por no hablar de tu amabilidad innata, ha convertido esta experiencia en un placer.

A Daniela Rapp, editora de St. Martin's Press, agradezco muchísimo tus percepciones, tu franqueza y tu perspectiva llena de matices. Tuviste una visión del libro desde el principio y me diste la libertad de profundizar más de lo que había creído posible. Me siento muy afortunada de que nuestros caminos se hayan cruzado. Al equipo de SMP, vuestro talento y vuestra atención destacan.

A David, mi amor, mi pareja, mi querido amigo, sé que nuestra profunda conexión va más allá de esta vida. Gracias siempre por tu presencia, pasión y percepción. A mis queridos Alex, Benjy y Zoe, mis maestros: cada uno de vosotros posee una sabiduría superior a sus años y es un regalo para todos quienes os conocen; estoy muy orgullosa de quienes sois y de aquello con lo que os identificáis. No puedo olvidarme de nuestro perro *Happy*, el mejor compañero de escritura del universo.

Por último, un agradecimiento especial a los amigos pasados, presentes y futuros. Estamos todos tan conectados que espero que este libro sirva de vehículo para que todos nos encontremos y reconozcamos que somos uno solo.

Bibliografía seleccionada

Me documenté exhaustivamente para este libro, pero éstas son las fuentes más destacadas. Cada una de ellas ofrece una gran cantidad de información que puede hacer más provechoso tu viaje.

Ben-Shahar, Tal, *Ganar felicidad*, RBA, Barcelona, 2008.

Brown, Brené, *El poder de ser vulnerable: ¿qué te atreverías a hacer si el miedo no te paralizara*, Urano, Madrid, 2016.

Burchard, Brendon, *High Performance Habits: How Extraordinary People Become That Way*, Hay House, Carlsbad (California), 2017.

Chapman, Gary D. y Jocelyn Green, *The 5 Love Languages: The Secret to Love That Lasts*, Northfield Publishing, Chicago, 2017.

Chatterjee, Rangan, *How to Make Disease Disappear*, HarperOne, Nueva York, 2018.

Csikszentmihalyi, Mihaly, *Flow and the Foundations of Positive Psychology: The Collected Works of Mihaly Csikszentmihalyi*, Springer, Nueva York, 2014. También puede consultarse *Fluir (Flow): una psicología de la felicidad*, Kairós, Barcelona, 1997.

David, Susan, *Agilidad emocional*, Sirio, Málaga, 2018.

Doty, James R., *La tienda de magia: el viaje de un neurocirujano por los misterios del cerebro y los secretos del corazón*, Urano, Madrid, 2016.

Ekman, Paul, *Emotions Revealed: Recognizing Faces and Feelings to Improve Communication and Emotional Life*, Henry Holt, Nueva York, 2007.

Emmons, Robert A., *Thanks! How the New Science of Gratitude Can Make You Happier*, Houghton Mifflin Company, Boston, 2007.

Feldman, David B., y Lee Daniel Kravetz. *Supersurvivors: The Surprising Link Between Suffering and Success*, HarperWave, Nueva York, 2014.

Fredrickson, Barbara L., *Love 2.0: How Our Supreme Emotion Affects Everything We Feel, Think, Do, and Become*, Hudson Street Press, Nueva York, 2013.

Grabhorn, Lynn, *Excuse Me, Your Life Is Waiting: The Astonishing Power of Feelings*, Hampton Roads, Charlottesville (Virginia), 2015.

Hanson, Rick, *Hardwiring Happiness: The New Brain Science of Contentment, Calm, and Confidence*, Harmony Books, Nueva York, 2019.

Hanson, Rick y Forrest Hanson, *Resilient: How to Grow an Unshakable Core of Calm, Strength, and Happiness*, Harmony Books, Nueva York, 2018.

Harris, Nadine Burke, *The Deepest Well: Healing the Long-term Effects of Childhood Adversity*, Houghton Mifflin Harcourt, Boston, 2018.

Horwitz, Allan V. y Jerome C. Wakefield, *The Loss of Sadness: How Psychiatry Transformed Normal Sorrow into Depressive Disorder*, Oxford University Press, Oxford, 2014.

Kashdan, Todd y Robert Biswas-Diener, *The Upside of Your Dark Side: Why Being Your Whole Self—Not Just Your "Good" Self—Drives Success and Fulfillment*, Hudson Street Press, Nueva York, 2014.

Katie, Byron y Stephen Mitchell, *Amar lo que es: cuatro preguntas que pueden cambiar tu vida*, Urano, Madrid, 2008.

Kay, Katty y Claire Shipman, *The Confidence Code: The Science and Art of Self-assurance—What Women Should Know*, HarperBusiness, Nueva York, 2018.

Lomas, Tim, *El poder positivo de las emociones negativas: libera tu lado oscuro para encontrar la felicidad*, Urano, Madrid, 2018.

Lopez, Shane J., *Making Hope Happen: Create the Future You Want for Yourself and Others*, Atria Paperback, Nueva York, 2014.

Luskin, Fred, *Forgive for Good: A Proven Prescription for Health and Happiness*, HarperSanFrancisco, San Francisco, 2003.

McLaren, Karla, *The Language of Emotions: What Your Feelings Are Trying to Tell You*, Sounds True, Boulder (Colorado), 2010.

Mohr, Tara, *Playing Big: Find Your Voice, Your Mission, Your Message*, Avery, Nueva York, 2015.

Neff, Kristin, *Sé amable contigo mismo: el arte de la compasión hacia uno mismo*, Paidós Ibérica, Barcelona, 2016.

Odessky, Helen y John Duffy, *Stop Anxiety from Stopping You: The Breakthrough Program for Conquering Panic and Social Anxiety*, Mango Publishing, Coral Gables (Florida), 2017.

Parnia, Sam y Josh Young, *Resurrecciones: la ciencia que está borrando la frontera entre la vida y la muerte*, Esfera de los Libros, Madrid, 2014.

Pert, Candace B., *Molecules of Emotion: Why You Feel the Way You Feel*, Scribner, Nueva York, 2003.

Robbins, Mel, *The 5 Second Rule: Transform Your Life, Work, and Confidence with Everyday Courage*, Savio Republic, 2017.

Sandberg, Sheryl y Adam M. Grant, *Opción B: afrontar la adversidad, desarrollar la resiliencia y alcanzar la felicidad*, Conecta, Barcelona, 2017.

Schwartz, Jeffrey y Rebecca Gladding, *You Are Not Your Brain: The 4-step Solution for Changing Bad Habits, Ending Unhealthy Thinking, and Taking Control of Your Life*, Penguin Group, Nueva York, 2012.

Seligman, Martin E. P., *La vida que florece*, Ediciones B, Barcelona, 2011.

Seppälä, Emma, *The Happiness Track: How to Apply the Science of Happiness to Accelerate Your Success*, HarperOne, Nueva York, 2016.

Siegel, Daniel J. y Tina Payne Bryson, *The Yes Brain Child: Help Your Child Be More Resilient, Independent and Creative*, Simon & Schuster, Londres, 2018.

Tan, Chade-Meng, *Joy on Demand: The Art of Discovering the Happiness Within*, Harper One, Nueva York, 2017.

Taran, Randy y Maria Lineger, *Project Happiness Handbook*, Project Happiness, Palo Alto (California), 2009.

Vallerand, Robert J., *The Psychology of Passion: A Dualistic Model*, Oxford University Press, Oxford, 2015.

Voss, Chris y Tahl Raz, *Never Split the Difference: Negotiating As If Your Life Depended on It*, Random House Business Books, Londres, 2017.

Ware, Bronnie, *The Top Five Regrets of the Dying: A Life Transformed by the Dearly Departing*, Hay House, Carlsbad (California), 2003.

Willard, Christopher, *Raising Resilience: The Wisdom and Science of Happy Families and Thriving Children*, Sounds True, Boulder (Colorado), 2017.

Winch, Guy, *Primeros auxilios emocionales: consejos prácticos para tratar el fracaso, el rechazo, la culpa y otros problemas psicológicos cotidianos*, Paidós Ibérica, Barcelona, 2014.

Recursos adicionales

Lista de libros, aplicaciones, sitios web y organizaciones mencionadas a lo largo del libro, y de otros recursos que pueden ser interesantes.

Descargo de responsabilidad: Los sitios web y las aplicaciones a veces desaparecen, y algunos enlaces pueden quedar anticuados con el tiempo. Que alguno de ellos no aparezca tal como está descrito es una oportunidad para reflexionar sobre la impermanencia, para respirar conscientemente y, tal vez, para buscarlos de otro modo.

Felicidad

The Atlas of Emotions: para identificar y describir cómo te sientes y por qué. http://atlasofemotions.org

Greater Good Science Center: excelente fuente de conocimientos basados en la ciencia para llevar un vida con sentido. https://greatergood.berkeley.edu

Tal Ben-Shahar: www.happier.tv, www.talbenshahar.com

Positive Psychology Center, University of Pennsylvania: https://ppc.sas.upenn.edu

Penn Resilience Program/PERMA Workshops: https://ppc.sas.upenn.edu/services/penn-resilience-training

Rick Hanson, recursos de: www.rickhanson.net/key-offerings

The Center for Compassion and Altruism Research and Education (CCARE), Stanford University: http://ccare.stanford.edu

Center for Mindfulness, University of Massachusetts Medical
School: https://www.ummhealth.org/center-mindfulness
Los Siete Hábitos de la Felicidad: www.facebook.com/
projecthappiness, www.instagram.com/projecthappiness_org
Kris Carr: https://kriscarr.com
Perdón: https://learningtoforgive.com
Voluntariado: www.volunteermatch.org, www.idealist.org

Tristeza

Jean Twenge: www.jeantwenge.com
Organización Mundial de la Salud:
www.who.int/news-room/fact-sheets/detail/depression
Nutrición funcional: https://drhyman.com
Gestionar la depresión con clases en línea con la doctora Ellen
Vora, psiquiatra holística: www.mindbodygreen.com/classes/
managing-depression-mind-body-spirit-approach
Curso Option B en LinkedIn con Sheryl Sandberg y Adam Grant:
www.linkedin.com/learning/sheryl-sandberg-and-adam-grant-
on-option-b-building-resilience/the-importance-of-resilience
Recursos para la resiliencia: https://optionb.org/build-resilience
Recursos para el dolor del duelo:
https://optionb.org/category/grief-and-loss/resources
Vivir sin arrepentimientos:
https://bronnieware.com/6-free-lessons

Deseo

Robert Emmons: www.takingcharge.csh.umn.edu/making-
gratitude-part-everyday-life-tips-dr-robert-emmons
Emmons, Robert A., *Thanks! How the New Science of Gratitude
Can Make You Happier*, Houghton Mifflin, Nueva York,
2007.

Wapnick, Emilie, *How to Be Everything: A Guide for Those Who (Still) Don't Know What They Want to Be When They Grow Up*, HarperOne, Nueva York, 2018.

¿Eres multipotencial? www.ted.com/speakers/emilie_wapnick

Vallerand, Robert J., *Psychology of Passion: A Dualistic Model*, Oxford University Press, Oxford, 2015.

«Bob Vallerand on the Psychology of Passion», *Making Positive Psychology Work*, podcast interview: www.michellemcquaid. com/podcast/mppw05-bob-vallerand-psychology-passion

Miedo

«Overcoming a Fear», Greater Good in Action: https://ggia.berkeley.edu/practice/overcoming_a_fear#.

Robbins, Mel, *The 5 Second Rule: Transform Your Life, Work, and Confidence with Everyday Courage*, Savio Republic, 2017

Center for Mindful Self-compassion: https://centerformsc.org

Mental Health Foundation, recursos de la: www.mentalhealth.org.uk/our-work

Ansiedad

Encuentra un terapeuta (Estados Unidos): www.psychologytoday. com/us/therapists

American Psychological Association: www.apa.org/helpcenter/ anxiety.aspx

Ansiedad, recursos: https://adaa.org/living-with-anxiety/ask-and-learn/resources

National Suicide Prevention Lifeline: https:// suicidepreventionlifeline.org, 1-800-273-8255

Crisis Text Line: text HOME to 741741, www.crisistextline.org

«Got Your ACE Score?» https://acestoohigh.com/got-your-ace-score

«Video: Dr. Weil's Breathing Exercises: 4-7-8 Breath»: www.drweil.
com/videos-features/videos/breathing-exercises-4-7-8-breath

Confianza

Dweck, Carol S., *Mindset la actitud del éxito*, Sirio, Málaga, 2016.
Cuestionario de fortalezas, www.viacharacter.org/www/Character-
Strengths-Survey
«Mel Robbins: The Skill of Confidence and How to Take Control
of Your
«Mind!»: www.youtube.com/watch?v=TVAcs5AHhF4
Amy Morin, «How Do You Measure Your Self-worth?»,
Psychology Today (11-7-2017), www.psychologytoday.com/us/
blog/what-mentally-strong-people-dont-do/201707/how-do-
you-measure-your-self-worth

Ira

Todd Kashdan y Robert Biswas-Diener, «The Right Way to Get
Angry», Greater Good Magazine (20-10-2014),
https://greatergood.berkeley.edu/article/item/the_right_way_
to_get_angry.
Lidiar con la ira: www.apa.org/helpcenter/controlling-anger.aspx
Gestionar la ira: www.mayoclinic.org/healthy-lifestyle/adult-
health/in-depth/anger-management/art-20045434
McCarthy, Jenna, «What's Your Anger Style?», revista *Real Simple*,
www.realsimple.com/health/mind-mood/best-manage-your-anger.

Tolerancia, aceptación y empatía

Relaciones: Hendricks, Gay y Kathlyn Hendricks, *El camino del
corazón consciente: una nueva visión del amor y el compromiso*,
Obelisco, Rubí, 2000.

Crianza de los hijos: Tsabary, Shefali, *Padres conscientes*, Ediciones B, Barcelona, 2015.

Aceptar todas las emociones: MacLellan, Lila, «Accepting Your Darkest Emotions Is the Key to Psychological Health», *Quartz* (23-7-2017), https://qz.com/1034450/accepting-your-darkest-emotions-is-the-key-to-psychological-health.

Culpa y vergüenza

«Shame Versus Guilt –Brené Brown», Jan Fleury (21-9-2015), www.youtube.com/watch?v=DqGFrId-IQg.

Davies, Janey, «What Is a Guilt Trip and How to Recognize If Someone Is Using It on You», *Learning Mind* (3-6-2017), www.learning-mind.com/guilt-trip.

Holloway, J. Daw, «Guilt Can Do Good», *Monitor on Psychology*, 36, núm. 10 (noviembre 2005). www.apa.org/monitor/nov05/guilt.aspx.

Amor

Anatomy of Love Quiz: https://theanatomyoflove.com/relationship-quizzes/helen-fishers-personality-test.

Técnica de coherencia rápida para adultos: www.heartmath.org/resources/heartmath-tools/quick-coherence-technique-for-adults.

Love Languages Quiz: www.5lovelanguages.com/profile.

Meditación de la bondad amorosa: http://marc.ucla.edu/mindful-meditations